中文表达技巧丛书

唇枪舌剑

言辩的智慧

（修订版）

吴礼权 著

暨南大学出版社
JINAN UNIVERSITY PRESS

中国·广州

图书在版编目（CIP）数据

唇枪舌剑：言辩的智慧（修订版）/吴礼权著. —广州：暨南大学出版社，2014.1（2014.9 重印）

（中文表达技巧丛书）

ISBN 978 - 7 - 5668 - 0557 - 7

Ⅰ. ①唇⋯　Ⅱ. ①吴⋯　Ⅲ. ①汉语—语言艺术　Ⅳ. ①H119

中国版本图书馆 CIP 数据核字（2013）第 086674 号

⋯⋯⋯⋯⋯⋯⋯⋯⋯⋯⋯⋯⋯⋯⋯⋯⋯⋯⋯⋯⋯⋯⋯⋯⋯⋯⋯⋯⋯⋯⋯⋯⋯⋯⋯⋯⋯

唇枪舌剑：言辩的智慧（修订版）

著　　者　吴礼权

出 版 人　徐义雄
策划编辑　杜小陆
责任编辑　周玉宏
责任校对　刘　璇
出版发行　暨南大学出版社（广州暨南大学　邮编：510630）
网　　址　http：//www. jnupress. com　http：//press. jnu. edu. cn
电　　话　总编室（8620）85221601
　　　　　营销部（8620）85225284　85228291　85228292（邮购）
排　　版　弓设计
印　　刷　佛山市浩文彩色印刷有限公司
开　　本　787mm×960mm　1/16
印　　张　14.5
字　　数　206 千
版　　次　2014 年 1 月第 1 版
印　　次　2014 年 9 月第 2 次
定　　价　29.80 元

（暨大版图书如有印装质量问题，请与出版社总编室联系调换）

编辑寄语

　　本书系著名修辞学家、中国古典文学专家、历史小说家，复旦大学中国语言文学研究所教授、博士生导师吴礼权博士所著。是作者 25 岁风华正茂、激扬文字时代的处女作，为 20 世纪 90 年代最畅销的学术随笔丛书"中国的智慧"之一种，1991 年 10 月由浙江人民出版社出版。

　　此书自 1991 年出版至今，20 年间一直是读书界的畅销书与常销书。曾先后在中国大陆印行数十万册，1993 年引进到台湾后，一直是台湾书市上的宠儿。迄今在台湾地区计有国际村文库本、林郁出版社本、台原出版社本、新潮社本等四个版本，是各家出版社竞逐的畅销读物。

　　修订版相较于原版，在内容上有了相当大的变动。作者结合 20 多年来读者的阅读反馈，不仅对原书出版编辑中个别明显的错漏之处进行了纠正，还对个别观点或提法的表述作了调整甚至改写。特别值得注意的是，修订版中还对原书中一些相对陈旧或偏僻的语料例证进行了更换，为修订版注入了新鲜血液。另外，原版叙述历史掌故时大多直引文言（包括人物对话语言），这对文言基础较弱的读者形成了一定的障碍。修订版则将原版中的人物对话全部改成了优美流畅的白话，大大方便了读者阅读。修订版在将原版文言叙事或文言对话的内容改成白话的同时，为了让有兴趣的读者了解原掌故的原文，将掌故原文以当页注或插页的形式予以处理，以便读者文言与白话相对照，从中学习文言文，增强古文献的阅读能力。修订版对原版还有一个重要的修订，就是对全书目录作了调整。原版每一小节的目录都是直录文言文原话，此次全部改换成另外的表达，以方便读者一目了然读懂每一章节的内容。至于全书之后增加

1

的参考文献目录，则是为引导读者延伸阅读与学术研究参考之用。

修订版既保持了作者年少青涩时的思想与文字锋芒，又体现了作者人到中年后的学术与思想的深度。因此，修订版将是有心、热心的读者研究作者思想、学术、文字成长历程的好教材。

——暨南大学出版社人文社科分社

前　言

人能创造一切物质的、精神的无比丰富、宝贵之财富。何以然？

因为人有语言。从近代意义上的语言分析的角度看，西方较之东方更早地注意到了语言研究在哲学探讨中的巨大意义。因此，早在古希腊时代，赫拉克利特、苏格拉底、柏拉图、亚里士多德等著名哲学家，在对于概念和范畴的分析时，就注意到结合语言分析（language analysis）来进行。

可以说，20世纪是语言研究一统天下的时代。无论是西方，还是东方，时下最"摩登"的符号学（Semiotics）、神话学（Mythologics）、文化人类学（Cultural Anthropology）、诗学（Poetics）、模仿学（Mimologiques）、小说社会学（Fictitious Sociology）、意象修辞学（Rhetoric of the Image）、指号学（Semiotic）等，无一不与语言研究密切相关，有些还直接套用了现代语言学的最新理论。至于近年来东方国家颇为流行的文学文本分析（analysis of literary text）、文学结构和风格分析（analysis of literary structure and style）、文体及意象分析（analysis of style and image）、叙事结构分析（analysis of narrative structure）、批评的解剖（anatomy of criticism）等文学研究方法，皆源于现代西方结构主义语言学（Linguistics of Structuralism）的理论及方法。

既然现代语言学与语言哲学研究取得了重要成就，东西方的许多学科的研究者们也相继采用、汲取了现代语言学及语言哲学研究的方法，并取得了新的学科突破，那么，运用现代西方最先进的语义分析（analysis of semantic meaning）、语篇分析（analysis of text）等方法，对中国古代历史先哲的语言智慧作一尝试探讨与解构分析（analysis of dis-structure），把他们语言技巧的深层结构（deep struc-

1

ture）、深层语义（deep semantic meaning）向现代人作一展示，使人们明白先哲们语言智慧的底蕴所在就大有文章可做了。

基于这种思考，本书将对游说、侍对、讽谏、排调等各类言语作品进行分析、解构，力图真实地再现中国历史先哲们言语作品的真义所在，恰切地阐释其言语发生时的心理态势，全面地把握言语交际双方对答、论辩、排调等言语活动背后所蕴含的语境因素，深入地发掘言语交际双方所共有的历史文化背景，以期准确地破译交际者（Communicator）和受交际者（Communicatee）之所以这样说而不那样说的语言奥秘，使更多的现代人从中得到一些言语交际技巧、策略、艺术等方面的启迪，使他们懂得较多的言语交际原则，提高自己的言语交际水平，为自己今后言语交际任务的圆满完成提供一些可借鉴的经验。

也许有人会认为，语言是人类最平常的东西，是每一个有语言能力的人都会使用的。但是，我们认为，有语言能力的人并不是个个都能够运用语言很好地表达自己的思想、情感，并不是人人都能够运用语言完成特定情境下的特定言语交际任务。比方说，中国古代的游说、侍对、讽谏、排调等特殊的言语交际活动，就不是有语言能力的普通平庸之辈所能从事的，也不是一般的巧舌之人所能很好地完成的。何以然？从游说、讽谏、排调、侍对的对象（亦即受交际者）来看，受交际者多是有权势的帝王或是有渊博学识、有出众才华的学士文人；从交际目的来看，交际者的任务多是为了说服受交际者接受自己的意见、改变原有的计划或想法，或是使受交际者愉悦以融洽特定的交际氛围，或是使受交际者"理屈词穷"而达到一种调侃谐谑的特殊意趣。因此，在诸如此类的特殊言语交际中，若交际者没有特殊的言语技巧、策略、艺术，不能于言语表达中寄寓种种智慧的思想火花，则交际任务就难以完成！

在中国古代漫长的历史进程中，涌现了无数诸如孔子、孟子、苏秦、烛之武之类的杰出游说家，诸如东方朔、曹植、刘桢、纪昀之类的善机辩的侍臣，诸如师旷、邹忌、无盐、优孟之类的著名讽谏之臣，诸如孔融、诸葛恪、刘原父、苏东坡之类的排调艺术大师，他们的言语作品不仅出色地完成了各自特定的言语交际任务，而且其"深文隐蔚"、"余味曲包"的独特语言效果，使人"玩之无穷，味之不厌"；其"近取诸身"、"缘情蓄意"、"阳奉阴违"、"借花献佛"、"为情造文"、"证龟成鳖"等独到的言语方式，大有启迪后人、益人心智的特殊贡献。

　　本书在对中国历史先哲们的语言智慧作解构分析时，没有完全采用某一种语言理论或语言哲学的见解，只是适当地汲取了它们的合理内核，取法它们的"神韵"，然后进行一种既顾及语言学意义上的语言结构的分析，又兼及哲学、文化意义上的内涵语义探求。同时，对于特殊的语言技巧与方法，本书还常常结合中国修辞史、文化史进行阐释，指出言语交际双方出语对言的心理态势、文化定势影响等，力图在破译中国历史先哲语言智慧、艺术技巧的同时，解释他们为什么这样说而不那样说的原因，解释他们为什么用这种方法出语措辞而不采用其他方法的心理、文化底蕴。

　　斯为序，亦为白。

吴礼权

1991 年 3 月 10 日于复旦园

目　录

第一章　循循善诱，入吾彀中：
游说的智慧（上）

《周易·系辞上》有言：

> 鼓天下之动者，存乎辞。

《文心雕龙·论说》亦云：

> 一人之辨，重于九鼎之宝；三寸之舌，强于百万之师。

此所谓"辞"、所谓"辨"，并非一般所说言语交际（Language Communication）之"语辞"或"论辩"，而是游说（Lobby）语言之特指。

说起游说，中国人多半十分自豪。因为中国曾是游说活动异常发达的国度，中国先秦时代曾以盛产说客而闻名于世。其最早者如"伊尹以论味隆殷，太公以辨钓兴周"，即是"说之善者"的范例。到了春秋、战国时代，由于周室衰微，礼法崩坏，各诸侯国之间纷起争战，政治、军事、外交活动日益频繁，于是说客乘时而出，由此揭开了中国游说历史的辉煌篇章。如其间所出现的端木赐（即子贡，孔子得意弟子）说齐而存鲁、烛之武说秦而全郑、屈完面折齐师、王孙满止楚问鼎等，即是说客外交斗争胜利的榜样；商鞅与李斯说秦而登秦相宝座、毛遂说楚王与赵"合纵"而受平原君推重、苏秦兜售"合纵"之说而挂六国相印、张仪宣扬"连横"之策而被秦王"封之五邑"等，即是说客求遇荣身得以成功的典范。

那么，中国古代的这些说客们为什么能取得如此之业绩呢？是

1

不是他们的游说语言有什么特别的技巧与艺术？回答是肯定的。

早在南朝梁时，著名文论家刘勰就曾在其巨著《文心雕龙·论说》篇中专门论述到这个问题。刘氏认为，游说君王，其要点有三：其一是"说贵抚会，弛张相随"，"顺情入机，动言中务"。就是说，游说者首先要了解被游说者的情况，然后再精心运用或张或弛的方法，顺应当前情势、切合当时机宜，以中肯、合情、入理之言说之。其二是要"敷述昭情，善入史体"，"喻巧而理至"。就是说，游说者为了实现特定的游说目标，应该善于运用各种典型的事例和生动的比喻，来加强说辞的说服力。其三是要"师心独见"、"精研一理"、"叙理成论"。就是说，游说者应触景生情、见风转舵，根据特定的游说目标而设立"时利而义贞"的论点，不必"多抽前绪"。要而言之，即要解决当前的问题，不必抱守前人旧说，一切为达到游说目标而进行。当此三点做到之后，其游说之辞"虽批逆鳞，而功成计合"也！

固然，刘勰的结论是正确的，见解也是很精辟的。不过，笔者认为，游说亦如其他言语交际活动一样，虽说有一些可以共同遵守的原则，但没有一成不变的言说技巧模式。只要游说者掌握了"循循善诱，入吾彀中"的总原则，不管运用什么方法，以何种言辞游说，只要达到游说目标，便算大功告成；他的游说辞也就可以算得上是经典语篇，值得后人借鉴。

好！下面我们不妨看看阳货是怎样说服孔子出仕的、颍考叔是怎样劝服郑庄公行孝的、烛之武是怎样使秦穆公退师的、触龙是怎样让赵太后质子于齐的等等。也许，这会使我们对中国古代游说家的游说智慧与游说艺术看得更清楚点，感受更亲切点。

一、步步为营：阳货仁智说孔子

孔子是圣人，这个大家都知道。

孔子是说客，这也众所周知。

然而，一生周游列国，游说过很多国君的大圣人，却有一次着了阳货的道儿，被他说服了！

阳货，名虎，是春秋时代鲁国季氏家臣中最有权势的一位。但是，孔子却认为他"肉食者鄙"，有点看不起他。史载，有一次，阳货欲见孔子，孔子摆起臭架子，避而拒之。阳货无奈，只得打马而回。可是，过了一段时间，阳货觉得孔子确实是位人才，意欲拉拢他为己所用，故又再次登门拜访孔子，且给孔子送上了当时最高级的礼品：一只烤得喷香的乳猪。不意，这次孔子虽然没回避，却是真的不在家。阳货只好留下礼品，垂头丧气地再次策马而回。

后来，孔子外出归来，见到阳货馈赠的礼品，心有不安。遂生出回访阳货以尽礼节之想，但是内心深处实是不愿如此。思虑再三，孔子想出了一条妙策：趁阳货出门后去回访。一来尽了礼节，二来又避免了见他。打听好阳货的行迹后，孔子便乘虚假意回访了阳货一次。没想到，人算不如天算，正当他得意地回车而归时，却在路途上突遇阳货驾归。这一下，阳货可逮住孔子了。

孔子一见阳货，心里说不出是什么滋味。不过，看神情，是颇为尴尬的。可是，阳货则不管这么多。一见面，他就对孔子游说开了：

"过来！我跟你说句话。"

孔子一听阳货那居高临下的口气，心里十分反感。于是，就没答理他。可阳货不管，反而更直接地问道：

"怀其宝而迷其邦，算得上是'仁'吗？"

孔子无语。

"不能！"阳货见孔子没反应，自己径直断言道。

"好从政而屡失时，算得上是'智'吗？"阳货再问。

孔子还是无语。

"不能！日子一天天过去了，时间不等人啊！"阳货点题了。

孔子仍是无语。不过，过了一会，他左手凭轼，右手搔了搔花白的头发，果断地说了一句：

"好，我将出仕做官了！"①

阳货说孔子

阳货欲见孔子，孔子不见，归孔子豚。孔子时其亡也，而往拜之。遇诸涂。谓孔子曰："来！予与尔言。"曰："怀其宝而迷其邦，可谓仁乎？"曰："不可！""好从事而亟失时，可谓知乎？"曰："不可！""日月逝矣，岁不我与。"孔子曰："诺，吾将仕矣。"

——孔子《论语·阳货》

之后，大家都知道，年届五十的孔子最终走上了仕途。在鲁定公时，还由中都宰升为司空、司寇，并代摄鲁国相事呢！

人类社会中的每个人，每天都在进行一系列的活动，而所有这些活动皆可用"交际"一词来统括。由于交际的目的不同，交际的方式、手段也随之而有差异。但是，所有交际皆有一个共同的先决条件，即必须先从言语交际开始。因为言语交际是人类进行活动、沟通思想、协调行为等重要而唯一有效的前提条件。阳货想说服孔子出仕，自然也没有别的更好途径，只有采用言语交际这一手段。为此，作为交际者的阳货与受交际者的孔子，要想使这场言语交际进行下去，双方首先必须建立起一种言语交际的共有状态（Commonage），即使双方所进行的交际内容（Content of Communication）有一个为双方所共同理解的"意谓场所"（Locus of Signifying）和"所意谓场所"（Locus of Signified）。

孔子"十五志于学"，而且曾经明确说过"学而优则仕"。但是，他到了"四十而不惑"的时候，虽博学多才，有"克己复礼"复兴周公礼法的宏愿，却始终没有出仕，甚至在他周游列国处处碰壁之后，还一度发出了"道不行，乘桴浮于海"的慨叹。这是孔子

---

① 阳货说孔子之事，出于《论语·阳货》。

众所周知的际遇。阳货身为当时的季氏家臣，且又了解孔子的为人，当然不会不知孔子的理想抱负与内心的矛盾之情形；又因阳货还知道孔子历来是以"仁"、"知"（智）来教育别人的，他自然相信孔子自己是个"仁"、"知"之人。这些便构成了阳货与孔子交际的必要语境背景。当然，从言语交际的角度看，了解对方的情况，建立起一个必要的言语交际的语境（Context）固然很重要。但是，从言语交际学的理论原则上说，这实际上只是个必要条件，而非充分条件。因此，阳货要想说服孔子出仕，除了洞悉孔子的思想、际遇等一系列情态外，还要有一种劝说的技巧、智慧。那么，结果如何呢？读了上文，我们已知事实上阳货最终说服了孔子。

我们知道，孔子起初是看不起阳货的，认为他"肉食者鄙"。其实，阳货并不像孔子所想象的那样简单。他心里早就明白了孔子对他的鄙视心理与抵制他游说的逆反情绪，故阳货为了使这场难得的游说机会发挥作用，为了达到说服孔子出仕的目的，他便别出心裁地采用了"步步为营"的战术，连用两个反义疑问句，从心理上彻底打垮孔子的自傲心理，消解其抵制他游说的敌对情绪，使孔子明白自己既不是"仁"者，又不是"知"（智）者。由于阳货所用的是两个反义疑问句，语义（Semantic Meaning）信息中最重要的部分自然都安排在句子末端的加重语调上了。因此，阳货的这两个反义疑问句实际上便成了步步紧逼孔子的两座逐步推进中的坚固堡垒，令孔子既无反攻之力，又无招架之功。最后，阳货便凭借这两座堡垒，向孔子发射了猛烈的一炮："日子一天天过去了，时间不等人啊！"这一炮的火力颇强，因而使孔子在炮声中震醒：自己要想实现复兴周公礼法与天下大同的理想，只有一条路：出仕做官，在职任内推行自己的治世方略。于是，他摸摸花白的头发，高高兴兴地打算进入仕途了。

运用语言进行交际，是每一个正常的具备语言能力的人都会的。但是，要适应特定的交际情境，准确地表达自己的思想和情感，圆满地完成特定的言语交际任务，却并不是人人都能办得到的。因为言语交际是一门颇为精妙、复杂的语言艺术活动，它需要交际者熟练地把握语句措辞，根据不同的交际对象、交际情境，"见人说话"、"触景生语"。游说，虽也是言语交际的一种方式，但远比日常生活会话等言语交际的目的性要强，言语技巧要求也会更高。如果没有足够的心智，不能把"思想的直接现实"（恩格斯语）转换成相应的智慧语句，要想达到游说的目的是绝对不可能的。

所谓"智慧语句"，就是那些"有说服力"的措辞用语。它能唤起受交际者透过交际者委婉的说辞去把握住其内在的意蕴所在，亦即语句的真正"语义指向"（semantic orientation）；使受交际者在听毕交际者的说辞后，表示出对交际者给予自己恰当性估评背后的那种"有感染力的"（effective）、"有劝服力的"（persuasive）鼓动抱有深深的好感。从而使游说的目的在和洽的气氛与愉悦的交际情境下圆满达成。由上述阳货说孔子的成功经验中，难道我们不可以得些启迪吗？

二、偷梁换柱：颍考叔掘地及泉说庄公

按道理来说，父母对儿女应该一视同仁，爱护之心不会有二致。因为每一个儿女都是自己的骨肉啊！然而，世界上的事情往往与常理不相符。偏爱儿女中的某一个的现象，无论是古，是今，都不鲜见。即使是知书达理的国君、后妃，亦不例外，特别是某些后妃更甚。不是吗？

春秋时代，郑国武公之妻武姜，生有二子，其长者曰寤生，其次者曰段。长子出世时因逆产而惊吓过姜氏，故名之寤生。而次子段出世时却异常顺利，故姜氏从此便偏爱段，憎嫌寤生。后来武公驾崩，寤生是长子故而即君位，史称郑庄公。这本是很正常的事。不意，武姜却心有不悦。庄公即位不久，武姜不仅以母亲之尊逼迫庄公封小儿子段为京城大叔，而且没过几年又与段里应外合，发动了一场意图颠覆庄公合法政府的军事政变。可惜，由于武姜与段的倒行逆施"失道寡助"，最终政变失败了。段战败出逃，到外国寻求政治庇护去了；武姜则被庄公一气之下逐出国都，安置于城颍，

终身软禁。不仅如此，庄公在临发配武姜时，还与之发誓道：

"不到黄泉，不要再见了！"

武姜一听，只好泪水涟涟地离开了国都。但是武姜走了不久，庄公有感于臣民天伦之乐的幸福，马上后悔起自己逐母的不孝来。然而，此时庄公已无法挽回过失了，因为他曾对母亲武姜发了绝情之誓。作为一国之君，他无法出尔反尔，只好一错到底了。但是，内心却常怀痛楚之感。

后来，庄公逐母情节被守边之臣颖考叔知之。颖考叔遂以献野味为由，求见庄公。庄公感其忠心，召见之余赐宴与食。颖考叔食至肉，舍箸置于一边。庄公见之，觉得奇怪，便问道：

"爱卿，怎么舍肉不吃？"

颖考叔见问，避席而拜，动情地说：

"小人家有老母，小人的饭菜她都吃过了，但还从未尝过国君的饭菜，所以小人想请求国君，是否可以让小人将此肉带回去孝敬她？"

庄公一听此话，更是惭愧得无地自容。半日才讷讷地说：

"爱卿有老母可以孝敬，寡人可就没有这个福气了！"

颖考叔知其意，但故作不解地问道：

"敢问国君，您这话是什么意思？小人愚钝，不明白。"

半日，庄公才如实告其逐母前情，且向颖考叔倾诉了当日"不到黄泉，不要再见了"的誓言难以收回的苦衷。

颖考叔一听原来如此，立即呵呵一笑，接口便道：

"国君，这有什么为难的呢？如果掘地而见泉水，你们母子在隧道中相见，谁能说您食言了呢？"

听闻此言，庄公愁容顿消。

之后，庄公令人在城颖掘了一条隧道，挖到见水的地方就停止了。于是，庄公乃与母亲姜氏在隧道相见。

二人见面后，都感慨万千。庄公赋诗道：

"大隧之中，其乐也融融！"

姜氏赋答道：

"大隧之外，其乐也泄泄。"

于是，母子二人和好如初，重享天伦之乐。①

颍考叔谏郑庄公尽孝

大叔完聚，缮甲兵，具卒乘，将袭郑。夫人将启之。公闻其期，曰："可矣！"命子封帅车二百乘以伐京。京叛大叔段，段入于鄢，公伐诸鄢。五月辛丑，大叔出奔共。遂寘姜氏于城颍，而誓之曰："不及黄泉，无相见也。"既而悔之。颍考叔为颍谷封人，闻之，有献于公，公赐之食，食舍肉。公问之，对曰："小人有母，皆尝小人之食矣，未尝君之羹，请以遗之。"公曰："尔有母遗，繄我独无！"颍考叔曰："敢问何谓也？"公语之故，且告之悔。对曰："君何患焉？若阙地及泉，隧而相见，其谁曰不然？"公从之。公入而赋："大隧之中，其乐也融融！"姜出而赋："大隧之外，其乐也泄泄。"遂为母子如初。

——《左传·隐公元年》

在中国封建时代，母慈子孝是最基本的人伦规范。但是，作为母后的武姜却不慈于前，作为国君的庄公又不孝于后，这怎能不使天下舆论哗然，令贤臣颍考叔寝食不安呢？正因为如此，颍考叔才特意进京去游说庄公，希望他接回母亲，重归于好，为天下臣民作个表率。

但是，怎样游说庄公呢？作为守边之臣，一般说来是不会有什么特别的妙策的。因为他们毕竟不在朝内，不知宫中内情，故想游说、讽谏国君是比较困难的。可是，颍考叔则别有方法。他虽不了解庄公家庭的内幕，但闻知了庄公逐母的公开新闻，且认为庄公做得未免不明智。故他才以进献野味尽忠尽孝为名，去游说庄公。别小看颍考叔所进献的野味礼轻，可其中所包含的意味却是颇为深长

① 颍考叔说庄公之事，出于《左传·隐公元年》。

的。一来它表示了自己对庄公的忠心，二来它又让庄公对比自己逐母行为而自感惭愧。正因为如此，庄公在收到颍考叔的野味后，才既感动地赐食与他，又诚恳地向他倾诉了悔恨逐母行为的衷心，原原本本道出了自己家庭成员之间互相倾轧的内情。于是，颍考叔终于掌握了进行游说所必需的语境背景与言语前提。自然，当庄公告之他因不能收回"不到黄泉，不要再见了"的誓言的苦衷时，颍考叔就顺理成章地运用起"偷梁换柱"的方法，解除了庄公先前加给自己的语言枷锁，让庄公在不失国君颜面的前提下，实现了与母亲团圆的愿望。这便是颍考叔的智慧，也是颍考叔游说的技巧所在。

孔子曾有一段名言，曰：

> 名不正，则言不顺；言不顺，则事不成；事不成，则礼乐不兴；礼乐不兴，则刑罚不中；刑罚不中，则民无所错手足。故君子名之必可言也，言之必可行也。君子于其言，无所苟而已矣。（《论语·子路》）

庄公逐母，虽说于理是"名之必可言"之事，但于中国封建时代的人伦规范则是"名"之"不可言"的。正因为如此，庄公在冷静思考之后，立即后悔起自己的言行过失了。因为他知道，自己逐母的行为，会让他的臣民们认为他是一个不仁不孝之人。作为一国之君，这样做是有伤风化、不合人伦的。但是，若要接回母亲，与之和好，却又不能"名正言顺"。因为他在发配母亲武姜时，曾说了一句母子决绝的誓言："不到黄泉，不要再见了！"明白人谁都知道，这话是说：除非他们都死了，在九泉下相见；否则，这一辈子谁也别想再提见面与和好之事了。当然，作为局外人，每个人都知道这是庄公因母亲不慈不仁行径的一时激愤之言，不是当真要如此绝情。可是，庄公是国君，不是普通百姓，话说错了可以随时更改，按照中国古代的说法，帝王之语乃是金口玉言，不能随意更改。因此，庄公的誓语实是给自己与母亲和好、团圆之事判了死刑，成了束缚自己后来接回母亲想法的牢笼。如果庄公后来没有悔恨之情，不想接回母亲，那么这句话丝毫不能构成束缚庄公行为的枷锁，成为庄公思想痛苦、矛盾的精神牢房，庄公这句话所设立的界限与语义牢房也就不必去打破了。但是，事实上庄公后来理智地认识到了自己的言行过失，想接回母亲。可是作为国君，他知道这样与母亲和好，是"名不正"、"言不顺"的事。故此庄公才会久久沉浸于精神痛苦、思想矛盾之中，受着良心的煎熬。

其实，这是庄公自己没有认识到语言本身所具有的神奇力量，故在作茧自缚后才感到束手无策。而颍考叔呢？他就比庄公聪明多了。他虽明知庄公所说"不到黄泉，不要再见了！"的"黄泉"是指"九泉"，即"地府"之意。但是，为了帮助庄公从这句束缚手脚的话语困境中解脱出来，他便灵机一动，出人意料地把"黄泉"解释为普通含义的"地下泉水"。这在语义分析（Semantic Analysis）与逻辑分析（Logic Analysis）上，是偷换概念的行为。虽然如此，但是它使庄公解除了接回母亲的心理压力，成全了庄公母子重归于好的愿望。因此，从结果看，庄公的誓言是阻止自己与母亲和好的牢房，而颍考叔"偷梁换柱"的语言解析则是打开这所牢房的钥匙。

一般说来，言语交际必须遵守相应的规则，不可以利用语言本身所固有的语义模糊性特点来进行语言狡辩。但是，在特殊的言语交际如游说活动中，则不妨像颍考叔一样，或如公孙龙"白马非马"论一般，作一些"变通适会"（《文心雕龙·通变》）的临时性"偷梁换柱"的言说，以期达到特殊情境下的特殊交际目的。试想，庄公的作茧自缚之苦，若非颍考叔"偷梁换柱"的一语解之，岂有摆脱之日？当然，我们这里只是说利用语义模糊性特点在游说中有特殊效果，但并不意味着可以把"偷梁换柱"之法推广而及一般情形。

三、一鼓作气：烛之武国家利益说秦君

秦有虎狼之心，秦是尚武之国，这是人所共知的事实。因此，

春秋战国时期东方各诸侯国与秦国的矛盾最多，秦人攻掠他国城池的事件也最多。

鲁僖公三十年，秦穆公联合晋文公出兵围困郑国。此时的郑国是郑文公主政，早已失却了先前郑庄公寤生的威势；而此时的秦国亦非当日郑庄公能够统帅的秦国。再加上强大的晋国为秦助虐，其势自然十分危险。当屯兵于函陵的晋军配合从氾南压境而来的秦兵进逼郑国时，郑文公只有大惊失色，不知所措了。

"国家已到危急关头了！如果让烛之武见秦君，秦师必退。"虽然情势危急，但郑国还是不乏沉着干练之臣。此时出来荐人的佚之狐便是其一。

"臣年轻时，能力就不如人；而今老了，更是无能为力了。"被荐出山的老臣烛之武，虽应召奔赴国难，但他不满郑文公先前未曾重用他，言语之间不免流露出怨情。

"寡人不能早重用您，今有急难而求您，确是寡人之过！不过，若是郑国灭亡了，您也有不利啊！"文公已知自己事急才求人的不是，只好深深自责了。但同时又以利害晓之于烛之武。看来，他还不算是一位很差的国君。

秋风习习，时时寒气袭人。深沉的夜色里，烛之武援绳出了郑城，去见那霸气十足的秦穆公。

"秦晋二国合兵围郑，郑国已经知道就要亡国了。如果灭亡郑国而有益于秦国，那么劳动您大驾也还算是值得。"烛之武就像出城一样干脆，见到穆公就直接开场。

穆公默然。也许他在斟酌外交辞令吧。

"秦国与郑国之间，还隔着一个晋国。秦国要越过晋国而得到郑国的土地，您想想，这有可能吗？恐怕有点难吧。既然是没有可能的事，那秦国何必劳师动众，大动干戈，一定要灭亡郑国而增强邻国的实力呢？邻国实力增强，便是秦国实力减弱啊！"烛之武晓谕秦穆公亡郑利晋而危秦的大义。

秦穆公按剑而踞，也许内心认为烛之武的话是对的，但表面不露声色。不然，何以能成一代霸主呢？

　　"若是留着郑国作为秦国与诸侯各国交往东道上的主人，秦国使者来往途中，短缺的物资也好有个及时补给。这样，对秦国也没有害处吧。"烛之武又抛出了一个诱人的钓饵。

　　穆公扫视了一下左右的大臣，没有人吱声。

　　"再说，秦晋的历史也是一面镜子啊！您曾有恩于晋惠公，他答应以晋国焦、瑕二地作为酬谢。可是，结果如何呢？晋惠公早上过了河，晚上就在那里修了防御秦国渡河的工事。这事，您大概没有忘记吧？"

　　烛之武又回顾了一下晋国背信弃义的历史，希冀能瓦解秦晋的统一战线。不意秦穆公仍不言语。于是他只能更直接地分析"国际形势"了：

　　"晋国贪欲哪有满足的时候？如果灭了郑国，郑国的土地成了它的东部边界，那么必然又要向西扩张。晋国的西面就是秦国，如果不损害秦国，它往西怎么扩张边界呢？损害秦国的国家利益，而利于晋国，这事请您好好考虑考虑吧！"

　　损秦以利晋？秦穆公不干了。这时他再也掩饰不住自己的真情，一跃而起，快言赞道：

　　"你说得对！"

　　于是秦穆公立即决定，不再与晋国联合围攻郑国了，而是当即与郑国订立盟约，并留下一部分军队让杞子、逢孙和杨孙率领，驻守在郑国，自己带着另一部分军队回到了秦国。

　　晋文公重耳料定无戏可唱，于是也"卸装"下台了。夜深人静时分，函陵之军尽数撤回晋国。郑国因此便解了围。①

　　———————
　　①　烛之武说秦穆公之事，见于《左传·僖公三十年》。

烛之武退秦师

九月甲午，晋侯秦伯围郑，以其无礼于晋，且贰于楚也。晋军函陵，秦军汜南。佚之狐言于郑伯曰："国危矣！若使烛之武见秦君，师必退。"公从之。辞曰："臣之壮也，犹不如人；今老矣，无能为也已。"公曰："吾不能早用子，今急而求子，是寡人之过也。然郑亡，子亦有不利焉！"许之。夜，缒而出。见秦伯，曰："秦晋围郑，郑既知其亡矣。若亡郑而有益于君，敢以烦执事。越国以鄙远，君知其难也；焉用亡郑以陪邻？邻之厚，君之薄也。若舍郑以为东道主，行李之往来，共其乏困，君亦无所害。且君尝为晋君赐矣。许君焦瑕，朝济而夕设版焉，君之所知也。夫晋何厌之有？既东封郑，又欲肆其西封；若不阙秦，将焉取之？阙秦以利晋，唯君图之。"秦伯说，与郑人盟，使杞子、逢孙、杨孙戍之，乃还。

——《左传·僖公三十年》

游说也是一种语言活动，它要求交际者和受交际者构成的交际双方在交际活动中都必须作出积极的反应。这样，交际活动方可进行下去，否则将导致交际的中断。秦、晋入侵郑国，烛之武求见秦穆公。秦穆公心知其意，因此在烛之武向他游说时，采用了一种非合作的敌对言语心态。不管烛之武如何说，他总是沉默不发一言。秦穆公的用意很明显，他企图以冷场的局面迫使这次言语交际终止。如果这样，则烛之武的游说目的便达不到了。但是，秦穆公只不过是受交际的一方，烛之武才是积极的交际一方。只要作为交际者的烛之武能够运用言语指号控制住作为受交际者一方的秦穆公的言语心理，使之虽不积极介入这次言语交际活动，但从心理上不排斥交际者烛之武的"口头交流的话语独白"（interactive discourse monologue），而对他的游说作一种心理上的潜存（subsistence）接受，那么这场言语交际活动便有成功的可能。事实上，秦穆公对于烛之武的游说在心理上是"潜存接受"的。这从秦穆公在这场言语交际中始终没有打断交际者烛之武的话语这一事实，可以看得出来。正因为秦穆公对烛之武的游说是一种潜存的接受，所以交际者烛之武就先后以"郑亡而秦无利可图"、"秦越国以图郑土实难"、"亡郑实益晋薄秦"、"晋国屡背秦义"等语篇作为打动受交际者秦穆公的"预备—刺激"，使秦穆公在斟酌了自己的利害得失之后，对烛之武所反复发出的语言刺激作出了反应。当受交际者秦穆公最后说出"你说得对"时，交际者烛之武便知道了他的"刺激物"（游说辞）发生了效用，秦穆公的反应倾向是合作的，即愿意中断与晋国的联盟，改变"统战"政策。至此，作为交际者角色的说客烛之武的游说"追求—目标"也就达到了。这便是语言学上"一鼓作气"的交际方法，与中国古代军事史上所记载的曹刿论战的策略原则颇为一致。可见，前面我们所提出的言语交际技巧与军事上的策略有相通之处的观点，是不差的。

这便是我们所要讨论的怎样充分、恰当地发挥语言交际工具的作用，使它成为自己思想、感情表达的有效外在形式的问题。记得《论语·季氏》篇曾记载过孔子的一句名言：

> 言未及之而言谓之躁；言及之而不言谓之隐；未见颜色而言谓之瞽。

其意是说：说话（言语交际）必须掌握时机与语境，要适时出语，见景发话。切不可该说话时不说，不该出语时又多舌，不该在交际对象情绪脸色不对时不注意说话方式。这个观点虽然很朴素，但它却道出了一条重要的言语交际的原则：运用语言进行交际应该注意"题旨情境"，讲求表达方式。上述烛之武退秦师的游说技巧，就是成功的一例。若烛之武不了解他的交际对象秦穆公自私的禀性，不注意战争严酷氛围下的具体情境，不注意以理服人，不采用"一鼓作气"直逼人心最脆弱处的修辞方法，他能取得"一舌敌万师"的殊勋吗？

四、迂回包抄：庄辛亡羊补牢说襄王

"想当年，金戈铁马，气吞万里如虎"的楚国，到了楚怀王听信谗言，放逐屈原之后，不仅失去了当初"席卷天下，包举宇内，囊括四海"的优势，而且连年遭到秦国的进攻，变得一蹶不振，兵败地削，朝不保夕，甚至连楚怀王本人亦被秦昭王扣留，客死秦中，其惨局真是目不忍睹！

人言："有其父必有其子。"这种理论，虽有时不免偏颇，但用在楚怀王、楚襄王父子身上，却是一点没错。楚怀王疏远屈原，致使楚国屡次丧师失地，自己客死秦营；而其子楚襄王也是这路货色，整天只知玩乐，毫无忧患意识。庄辛实在看不过去，就向他进谏道：

"大王左有州侯，右有夏侯，车辇之后跟着鄢陵君与寿陵君，整天只知淫逸侈靡，不顾国政，长此以往，郢都必危！"

楚襄王一听，非常生气，怒不可遏地斥责道：

"先生是不是老糊涂了？现在天下太平，你说这话，岂不是无中生有，造谣惑众吗？"

庄辛见楚襄王执迷不悟，遂亦生气地说道：

"臣确实是看到了这种危险的可能性，绝不是妖言惑众，更非危言耸听。大王如果一定要继续宠信这四个人，不想回头，楚国必亡！臣请求往赵国避一避，静观结局。"

"好。那你就滚吧！"楚襄王没好气地说。

于是，庄辛就去了赵国。留了五个月，秦国果然大举进兵，攻下鄢、郢、巫、上蔡、陈之地，楚襄王也因此而流落于城阳。

这时，楚襄王突然想起庄辛，于是遣骑从往赵国，征召他回国。庄辛答应了，随使者回到了楚国。

庄辛一到，楚襄王就后悔顿足地说道：

"寡人不能早听先生之言，今事至于此，为之奈何？"这个昏庸的楚襄王，在濒临亡国绝种的关头才知道带着哭腔去问曾经被他斥逐的庄辛。

庄辛，这位屈原之后，楚国的又一英才，虽然很不满楚襄王的昏庸、愚昧，但是为了受苦难的楚国人民，他报国的赤子之心未变，仍然寄希望于楚襄王，希望楚国再度强盛起来。正是基于这种赤诚之情，他才对楚襄王进行了一番动情的劝谏：

"臣听说有这样一句俗语：'见兔而顾犬，未为晚也；亡羊而补牢，未为迟也。'臣听说，昔日商汤、周武，凭百里之地而兴盛；夏桀、商纣，拥有天下，反而灭亡。而今楚国虽小，但接长续短，还有方圆数千里的地盘，不是昔日商汤、周武百里可比。"

襄王闻之，亦惊亦愧，虽没言语，但从神情观之，是深受感动了。于是，庄辛顺水推舟，一鼓作气地说：

"大王有没有看到过蜻蛉？蜻蛉六足四翼，飞翔乎天地之间，俯啄蚊虻而食之，仰承甘露而饮之。自以为无患，与人无争。殊不知，早有五尺童子，正调饴胶丝，要网捕自己于四仞之上，而下为蝼蚁之食。"

襄王仍无声息，只是频频颔首。庄辛续道：

"蜻蛉太小，微不足道。黄雀的情况也是如此。黄雀俯啄田中稻粒，仰栖茂密之树，鼓翅奋翼，高飞于天。自以为无患，与人无争。殊不知，早有公子王孙，左挟弹，右摄丸，要捕自己于十仞之上，以其颈为弹射的目标。黄雀昼游于茂树，夕为人所烹，岂是它所能料到的？"

襄王双目凝神地看看庄辛，又点了点头。庄辛又继续道：

"黄雀也太小，微不足道。黄鹄的情况也如此。黄鹄游于江海，流连于大沼，俯啄鳝鲤，仰啮菱草，奋其六翮，而凌清风，飘摇于高空，自以为无患，与人无争。殊不知，早有射者正准备了石镞与黑弓，修治了带有生丝缕的箭，要捕自己于百仞之上。黄鹄中利箭，折翼而坠时，哪里会想到，自己昼游于江河，夕调于鼎鼐，最后竟成了人们的盘中之餐。"

庄辛说到此，瞥了楚襄王一眼，见其神情专注，便又说了开去：

"其实，黄鹄也微不足道，毕竟还是鸟。蔡灵侯（又称"蔡圣

16

侯"）之事也如此。蔡灵侯南游于高陂，北登于巫山，饮茹溪之流，食湘波之鱼，左抱幼妾，右拥嬖女，与之驰骋于高蔡之中，而不以国家为念，自以为天下太平。殊不知，楚大夫子发已受楚灵王之命，要围蔡捕杀他了。"

这回襄王有些不自在了，似乎坐立不安。但庄辛佯装不见，一气呵成道：

"蔡灵侯之事，其实也不算大，仍然微不足道。大王的情况，亦与此相似。大王左有州侯，右有夏侯，车辇之后跟着鄢陵君与寿陵君，吃着各封邑进奉的粮食，车中载着四方府库所纳之金，与他们驰骋于云梦之中，而不以天下国家为念。殊不知，秦国的穰侯正受命于秦王，早已陈兵于黾塞之内，准备掩捕走出黾塞之外的大王。"

楚襄王听到此，不禁惭愧得面色通红，想想后果，又不禁身体战栗不止。

由于庄辛游说成功，楚襄王对他心悦诚服，遂授之以执珪，并封之为阳陵君，赐淮北之地为其封邑。①

庄辛妙喻说襄王

庄辛谓楚襄王曰："君王左州侯，右夏侯，辇从鄢陵君与寿陵君，专淫逸侈靡，不顾国政，郢都必危矣。"襄王曰："先生老悖乎？将以为楚国妖祥乎？"庄辛曰："臣诚见其必然者也，非敢以为国妖祥也。君王卒幸四子者不衰，楚国必亡矣。臣请辟于赵，淹留以观之。"庄辛去之赵，留五月，秦果举鄢、郢、巫、上蔡、陈之地，襄王流揜于城阳。于是使人发驺，征庄辛于赵。庄辛曰："诺。"庄辛至，襄王曰："寡人不能用先生之言，今事至于此，为之奈何？"庄辛对曰："臣闻鄙语曰：见兔而顾犬，未为晚也；亡羊而补牢，未为迟也。臣闻昔汤、武以百里昌，桀、纣以天

---

① 庄辛说襄王之事，见于《战国策·楚策四》。

17

下亡。今楚国虽小，绝长续短，犹以数千里，岂特百里哉？王独不见夫蜻蛉乎？六足四翼，飞翔乎天地之间，俯啄蚊虻而食之，仰承甘露而饮之，自以为无患，与人无争也。不知夫五尺童子，方将调饴胶丝，加己乎四仞之上，而下为蝼蚁食也。夫蜻蛉其小者也，黄雀因是以。俯噣白粒，仰栖茂树，鼓翅奋翼，自以为无患，与人无争也。不知夫公子王孙，左挟弹，右摄丸，将加己乎十仞之上，以其类为招。昼游乎茂树，夕调乎酸醎，倏忽之间坠于公子之手。夫黄雀其小者也，黄鹄因是以。游于江海，淹乎大沼，俯噣鳝鲤，仰啮菱衡，奋其六翮，而凌清风，飘摇乎高翔，自以为无患，与人无争也。不知夫射者，方将修其碆卢，治其矰缴，将加己乎百仞之上。被礛磻，引微缴，折清风而抎矣。故昼游乎江河，夕调乎鼎鼐。夫黄鹄其小者也，蔡圣侯之事因是以。南游乎高陂，北陵乎巫山，饮茹溪之流，食湘波之鱼，左抱幼妾，右拥嬖女，与之驰骋乎高蔡之中，而不以国家为事。不知夫子发方受命乎宣王，系己以朱丝而见之也。蔡圣侯之事其小者也，君王之事因是以。左州侯，右夏侯，辇从鄢陵君与寿陵君，饭封禄之粟，而载方府之金，与之驰骋乎云梦之中，而不以天下国家为事。不知夫穰侯方受命乎秦王，填黾塞之内，而投己乎黾塞之外。"襄王闻之，颜色变作，身体战栗。于是乃以执珪而授之，（封之）为阳陵君，与淮北之地也。

——《战国策·楚策四》

　　"明主可以理夺，难以情求。"这是曹魏时代许允之妻、阮德如之妹的劝夫语。史载，许允一次因提拔下级官员时多用同乡人，有人弹劾他结党营私，魏明帝立时传命收捕许允。许氏一家闻之大哭，独许允妻阮氏泰然自若。丈夫临行前，她嘱咐完丈夫这两句后，吩咐家人煮粥相等。一会儿，丈夫果然无事而回。许允及全家对阮氏料事如神与机敏之智，由此更加钦佩心折。其实，阮氏这两句话并不十分精辟，只不过道出了一个简单的道理而已。这便是说侍对、谏劝等言语交际要看清交际对象。因为是明主，臣下自然能用"理夺"其心，使之听从己见。许允所遇的魏明帝，阮氏知道他颇为英明，故劝丈夫"以理夺"之。许允能够"理夺"魏明帝获释，实际上是言语交际时看清了交际对象而已。但是，庄辛所谏说的楚襄王则情形大不一样了。襄王的昏庸与好轻信小人之言的特性，是出了名的，也是为庄辛所熟悉的。故此对于这样一个交际对象，无疑是不可"以理夺"之，而只能以"情动"之。

既然明确了交际对象，那么该用什么方式"情动"襄王呢？我们不妨简单地对庄辛的谏辞作一番语篇分析。"臣听说有这样一句俗语：'见兔而顾犬，未为晚也；亡羊而补牢，未为迟也'"这一个语段，以俗语平易开篇，使襄王在亲切而婉转的庄辛谏语中，倍感自然和坦然，颇有如听家常便语之感。而这一语段之后，庄辛举了汤武以百里而兴国、桀纣以天下而亡国的正反二例，目的在于使刚遭失败的襄王鼓起勇气，汲取失败教训，重振楚国雄风。这是庄辛整个谏说语篇的主导语义指向，但是仅从表层语义看，这种语蕴是看不出来的，自然昏庸的襄王更是难以理喻了。怎么办？庄辛是机智的。于是，我们便看到了以下几个语段：蜻蛉高飞自以为无患而为蝼蚁食、黄雀鼓翅自以为与人无争而坠于公子手、黄鹄游于江海不知有射者而调乎鼎俎。也许明眼人一见此三个语段的比喻内容，就顿悟到这是庄辛有所指陈的。但是，即使再聪慧的人，此时还难以把握其真正的语义指向吧！好，让我们接着看"黄鹄也微不足道，毕竟还是鸟。蔡灵侯之事也如此"这一个语段。这一语段以"蔡灵侯之事也如此"为逻辑联系语（sentence of logical conjunction），使上几个比喻语段的语义指向到此时显露大半。再等到"蔡灵侯之事，其实也不算大，仍然微不足道。大王的情况，亦与此相似"一语挑出，整个语篇的语义指向全部亮底了：原来蜻蛉、黄雀、黄鹄之喻是为了导引蔡灵侯亡国之事；而君王之事（楚襄王荒淫无道破国）则又是由蔡灵侯之事自然逼出。于是，襄王便从三级语篇的上下义（hyponymy）、语义互补（complementarity of semantice）、各个语段的分句照应（clausal reference）等联系上，了悟到庄辛逐级设喻、层递推导的用意所在是为了劝谏自己警惕蔡灵侯的亡国厄运降临到头上。既然襄王醒悟了，庄辛能不为他所重用吗？楚王执珪以授庄辛，何尝不顺理成章呢？

军事上的"迂回包抄"，往往能取得出奇制胜的战略奇功；那么，游说、劝谏国王特别是那些昏庸而不悟的君主，又何尝不可以试试设喻为疑兵、绕道而进、合围收捕的"迂回包抄"谏略呢？试想，庄辛若不选择由远及近、声东击西的讽谏方式，而是采取直接的批评式，能使襄王这种昏君醒悟吗？因此，笔者认为言语交际亦与军事等其他活动一样，它们之间的某些技巧、智谋是可以通用的，只是看交际者能否善于运用它们。

第二章　循循善诱，入吾彀中：
游说的智慧（下）

一、诱敌深入：触龙儿女情长说太后

溺爱儿女，可能是天下母亲的通性。但是，过分宠爱儿女而固执、刚愎到听不进别人意见，则非天下所有母亲的共性。然而，毋庸讳言，这种母亲事实上是不少的，战国时代赵惠文王之妻赵太后就是典型的一例。

那是公元前265年的战国时代，赵惠文王刚刚驾崩，其子赵孝成王继位。因其年幼，其母赵太后便代成王执政。要知道在弱肉强食的时代，幼子寡母立世本就不易，更何况立国呢？素有虎狼之称的秦国，一见本很强大的赵国突然死了当家人，立即对赵国起了觊觎之心，速起大兵席卷而来，企图吞并赵国。孤儿寡母的赵国此时何以抵抗这强大的压境之兵呢？于是群臣动议，要向东面的大国齐国借兵解围。然而，赵使回复太后说："必以长安君为质，兵乃出。"

什么？以"长安君"为人质？这不是要了赵太后的命吗？齐国人难道不知道太后最宠爱此子吗？笑话，不可能！赵太后不肯接受这个条件。但是，"救兵如救火"，人所皆知，难道坐视赵国灭亡吗？不！大臣们是不答应的。于是有刚直、大胆者，实行强谏。结果，太后肝火大发，拍案告诫众臣道：

"有再敢让长安君为人质者，老妇必唾其面！"

人人都说，女人的心肠最软，一说便动。大概当时的赵国众臣也是这样想的吧。不然何以有那么多的大臣要参加劝谏呢？也有人相信，女人是胆小怕事的，必要时可以吓唬她一下。大概赵国的大臣中不少人也持有这种观点吧。不然，何以有胆大者竟然采取强谏的越礼行为呢？然而，软劝者，强谏者，最终都失败了。可见，赵太后亦非普通女性。

众臣强谏失败后，来了一位小老头，他便是左师触龙。①

"老臣腿脚不好，不能疾步快走，所以很久都没能来看太后了。虽然私下自己宽恕自己，但总是心里记挂着太后，就怕太后玉体有什么不舒服的地方，所以还是拖着不利索的老腿来看看太后。"

听，触龙的这番话，说得多么动听！

果然，触龙说完，太后本已蓄足的怒气释放了一半。

"老妇也是一样，只能靠车辇行动。"赵太后颇有礼貌地答道。

"太后每天的饮食情况还正常吗？"触龙又很得体地问道。

"只是吃些稀粥罢了。"赵太后回答虽简，但从脸色、语气看，完全消除了先前对众臣的那种敌对情绪。

"老臣就比不了太后，而今食欲非常不好，只是勉强自己多走路，每天走个三四里地。这样，才稍稍有了点食欲，身体状况有了点改善。"左师进一步拉起了家常。

"老妇不能。"太后和颜悦色起来了。

见此，触龙顿了顿，装着欲言又止的样子，说道：

"老臣有件事想求太后，一直不敢开口。"

"但说无妨。"赵太后爽快地说道。

"老臣有个小儿子，叫舒祺，最没出息，但老臣私心里却非常爱他。而今，臣已年老体衰，怕没多长时间好活了，所以心里总是放不下他，希望在我闭眼之前能够给他找口饭吃。"

说到这里，触龙停下了，看了看赵太后。

赵太后催促道：

"说啊！"

"太后，老臣的意思是说，希望您能格外开恩，能够让犬子在王宫当个差，以卫王宫。不情之请，还望太后宽恕！"

---

① 《战国策·赵策四》"触龙"写作触詟，当作误刻。长沙马王堆三号汉墓出土的《战国策》残本及《史记·赵世家》记此事时均作"触龙言"。"詟"当是"龙言"，因古书竖排而误合所致。

赵太后听完触龙的话，先是一惊，没想到触龙这样的重臣竟在国难当头为自己的小儿子求取官职。但是，看着触龙诚恳的样子，赵太后略一思考后，还是非常爽快地答应了：

"好！多大年纪了？"

"十五岁了。虽然年少，但老臣还是希望在未填沟壑之前将他托付给太后才放心。"

"难道男人也爱怜小儿子吗？"赵太后好奇地看着触龙，问道。

"甚于妇人。"触龙煞有介事地答道。

"是吗？"赵太后进了圈套还不知。

"老臣私下里认为，太后爱燕后，好像胜过爱长安君。"触龙开始收拢绳套了。

"您说错了！还是爱长安君多一些。"赵太后还是执迷不悟。

触龙见赵太后还是不明白自己的意思，遂直接上题道：

"是吗？老臣以为，父母爱子女，则会为他们考虑深远。太后送燕后时，抱着她的脚大哭，是念叨她嫁得远，心里悲伤吧。出嫁之后，太后不是不想她，但祭祀时却一定会祝祷说：'千万不要回来！'太后您这不是为她计之长久吗？不是希望她有子孙相继为王吗？"触龙娓娓叙来，语气轻松，完全就是一副拉家常的口吻。

赵太后听到此，情不自禁地脱口说道：

"您说得对，确实是这样。"

触龙见赵太后已入其彀中，便不慌不忙地说道：

"从现在往前回溯三世，至于赵之为赵，赵主之子孙为侯者，现在还有吗？"

"没有。"赵太后直言答道。

"除了赵国，其他诸侯有没有呢？"触龙穷追不舍。

"老妇没听说过。"太后无言以对了。

"这就是近者祸及于身，远者及其子孙。难道人主之子孙一定都是不好吗？"

赵太后没吱声。

触龙看了看赵太后，继续说道：

"不是，因为他们位尊而无功，奉厚而无劳，而挟重器多。今太后尊长安君之位，而封之以膏腴之地，多予之重器，表面看来是爱他，实则不然。倒不如现在就让他有功于国。否则，一旦太后山陵崩，长安君何以自托于赵？所以，老臣以为太后为长安君计之短，不如爱燕后而为之计深远。"

"说得对！听任您安排吧。"赵太后沉默良久，终于为理所折服，坚定地说道。

于是，长安君出质于齐，赵国得救了。①

触龙说赵太后

赵太后新用事，秦急攻之。赵氏求救于齐。齐曰："必以长安君为质，兵乃出。"太后不肯，大臣强谏。太后明谓左右："有复言令长安君为质者，老妇必唾其面。"左师触龙言愿见太后，太后盛气而胥之。入而徐趋，至而自谢，曰："老臣病足，曾不能疾走，不得见久矣。窃自恕，而恐太后玉体之有所郄也，故愿望见太后。"太后曰："老妇恃辇而行。"曰："日食饮得无衰乎？"曰："恃粥耳。"曰："老臣今者殊不欲食，乃自强步，日三四里，少益耆食，和于身也。"太后曰："老妇不能。"太后之色少解。左师公曰："老臣贱息舒祺，最少，不肖，而臣衰，窃爱怜之，愿令得补黑衣之数，以卫王宫，没死以闻。"太后曰："敬诺。年几何矣？"对曰："十五岁矣。虽少，愿及未填沟壑而托之。"太后曰："丈夫亦爱怜其少子乎？"对曰："甚于妇人。"太后笑曰："妇人异甚。"对曰："老臣窃以为媪之爱燕后贤于长安君。"曰："君过矣，不若长安君之甚。"左师公曰："父母之爱子，则为之计深远。媪之送燕后也，持其踵，为之泣，念悲其远也，亦哀之矣。已行，非弗思也，祭祀必祝之，祝曰：必勿使反。岂非计久长，有子孙相继为王也哉！"太后曰："然。"左师公曰："今三世以前，至于赵之为赵，赵主之子孙侯者，其继有在者乎？"曰："无有。"曰："微独赵，诸侯有

———————

① 触龙说赵太后事，见于《战国策·赵策四》。

在者乎?"曰:"老妇不闻也。""此其近者祸及身,远者及其子孙。岂人主之子孙则必不善哉?位尊而无功,奉厚而无劳,而挟重器多也。今媪尊长安君之位,而封之以膏腴之地,多予之重器,而不及今令有功于国,一旦山陵崩,长安君何以自托于赵?老臣以媪为长安君计短也,故以为其爱不若燕后。"太后曰:"诺。恣君之所使之。"

于是,为长安君约车百乘,质于齐,齐兵乃出。

——《战国策·赵策四》

中国有一句成语,叫做"欲速则不达",说的是教人做事不能急躁冒进,要冷静地思考对策;否则,图快有时反而不能如愿。仔细想来,确实很有道理。不是吗?赵太后在强秦大兵压境之时,本已手足无措了。但大臣们由于心忧国事,匆忙之中没有冷静替赵太后想想,而是软硬兼施地逼她以长安君为质。对于一个溺爱儿子且在国事危急关头的妇人赵太后来说,这无疑是火上浇油,她怎能不拍案要唾大臣面呢?这一局面不正是"欲速则不达"的生动写照吗?左师触龙之所以能最终说服赵太后,使赵国转危为安,正是采用了与强谏的群臣们相反的策略,这便是"诱敌深入"的谏法。

左师触龙求见赵太后,目的同样是为了谏说她让长安君出质于齐以解赵围。但是,触龙却不忙于点题,而是先向她问安,拉家常,使她自以为触龙体谅自己,自然便会解除对他的戒备,心甘情愿地被他牵着鼻子走向事先已布置好的陷阱。当触龙见太后气消后,便逐渐向预定的伏兵地点移动。他以男子爱儿子的话柄作为"诱敌深入"之饵,引出了赵太后爱长安君的话题。至此,赵太后已入了触龙的伏击圈。但是,此时还非用兵之时。因为此时若急于出击,刚入围的赵太后可能立即退出圈外,那么触龙的前功则尽弃。于是,他又进一步诱进,比较了她爱燕后与爱长安君的不同,迫使赵太后承认自己爱长安君不及爱燕后那样计远,至此,触龙才唤出伏兵,把赵太后围在了垓心,使之俯首就范:让长安君出质于齐。于是，触龙的"诱敌深入"之策全面成功。这等劝谏之策，何亚于"沙场秋点兵"的军事奇谋呢？

军事上的"诱敌深入"之计也好，游说、劝谏上的"诱敌深入"之法也罢，虽然有不同之处，但在理论上则是基于同一心理定式。根据现代指号学原理，在人的水平上，人们总是以很大的努力去找出哪些指号是真实的指号（Truth Signs）以及指号所具有的可靠性，以此为出发点，然后再去决定行动的方案。军事上的"诱敌深入"之计，主要是使敌方误以为引诱方的指号（军事移动）没有危险性，或使敌方相信引诱方的指号（军事行动）对自己取胜有利，于是敌方在按引诱方的指号行动时便中了其计，最终大败完事。同样，言语交际特别是在游说、劝谏的场合，交际者为了使受交际者接受自己的意见，往往也会制造一些看似具有真实性的指号（语言前提、公理等），使受交际者信以为真，最终落入交际者事先设置好的语言陷阱之中。这样，交际者意欲达到的游说、劝谏目的就较容易实现了。

二、欲擒故纵：孟子五十步百步说魏王

人们常说孔孟之道一类的套话，可见孔孟是一家了。其实，这是非科学的说法，孔、孟虽说同为儒家学派的教宗，但思想体系上的差异还是颇大的。不过，有一点二人确实是一样，没有二致，这便是好游说的禀性。

战国时代，虽经春秋时代的多年争战，许多小国皆为大国吞并，国家数量明显较前少了。真正能够互相抗衡的也只有齐、楚、燕、韩、赵、魏、秦七个国家了，当时号称"战国七雄"。而且七个大国之间，亦相互有觊觎之意。因此，这一时代并不比春秋时代太平。不过，有一点是春秋时代所没有的，这便是七国之间除了扩充军备的竞赛外，还有一种争夺民心的竞争。比方说，魏国的梁惠王（因魏国跟秦国交战不断丧师失地，秦国势力逼近魏国河东本土，魏都安邑一再受到威胁，魏惠王只得将魏都迁往东部的大

梁，故魏惠王便被称为梁惠王）主政时，就自称"爱民"，而且也实行了一些笼络民心的措施。为此，梁惠王在当时诸侯国中还颇有名望。亚圣孟轲专程赶赴魏国，这就是明证。

当孟子风尘仆仆地赶到魏国时，梁惠王十分高兴。因为孟子是特意来拜谒他的，且要向他取经：请教如何"爱民"。这一"爱民"令誉，若得亚圣传播到各国，各国民众不都要趋之若鹜吗？天下不就一统于他魏国了吗？想到此，梁惠王十分得意，开言便对孟子说：

"寡人对于国家，可谓是尽心尽力了。河内发生了灾荒，寡人就将河内之民迁移到河东，移其粟于河内；河东发生了灾荒，寡人就将河东之民迁移到河内，移其粟于河东。但是，看看邻国为政者之所为，好像还没有人像寡人这样的爱民用心。"

孟子听后，笑了笑，没说什么。于是惠王接着说：

"可是，这样邻国之民也没见减少，而寡人之民不见增加，这是为什么呢？"

这次，孟子没有沉默了，因为惠王虚心求教自己了。于是他便乘机开始了游说：

"大王好战，我就请求以战争为比喻吧！"

"好哇！"梁惠王道。

"战鼓咚咚，交战双方刚刚兵刃相接，就有人开始弃甲曳兵而逃，有人逃了一百步而后止，有人逃了五十步而后止。逃了五十步的人，嘲笑逃了一百步的，那怎么样？"

孟子说完，笑眯眯地看着梁惠王。

梁惠王默然。也许他知道答案，但他却没有回答。

"不可！逃了五十步的没有资格嘲笑逃了一百步的，二人都是逃跑，只不过逃跑的步数不一样而已。"孟子见梁惠王无语，直接自答了。

梁惠王听后，仍然无言。于是孟子便点题了：

"如果大王知道这个道理，那就不要指望您的子民多于邻国！"

这一下，梁惠王听懂了，只好垂下头来，赧然无语。①

五十步笑百步

梁惠王曰："寡人之于国也，尽心焉耳矣。河内凶，则移其民于河东，移其粟于河内。河东凶亦然。察邻国之政，无如寡人之用心者。邻国之民不加少，寡人之民不加多，何也？"孟子对曰："王好战，请以战喻。填然鼓之，兵刃既接，弃甲曳兵而走。或百步而后止，或五十步而后止。以五十步笑百步，则何如？"曰："不可，直不百步耳，是亦走也。"曰："王如知此，则无望民之多于邻国也。"

——《孟子·梁惠王上》

游说有多种方式，多样目的性。有的是为了说服别人接受自己的建议与策略，有的是为了说服别人放弃原来的计划，有的则是为了说服别人放弃自己的见解而去批评他，其目的是让被游说者采纳自己的建议或重新制定方针政策。上述孟子说惠王的片断，便是属于后一种情形。美国指号学理论创始人之一的莫里斯在论"批评的论域"问题时曾说过这样的话：

通常叫做"批评"（或"估价"）的论域，可以用作说明评价一系统化的论域的例子。一个人请他的朋友对一篇稿子提出批评，他所期待的，是对这篇稿子作出一个由系统地组织起来的许多个别的评价所支持的全面评价。……在批评的论域中，某一系列的评价被组织到一个更为复杂的、本身具有评价的意谓方式的指号集体中；于是就产生一种有根据的对于评价的评价。②

---

① 孟子说梁惠王之事，见于《孟子·梁惠王上》。
② ［美］莫里斯著，罗兰、周易译：《指号·语言和行为》，上海人民出版社1989年版，第171页。

孟子去魏国的目的，是为了批评梁惠王临时"爱民"政策的不妥之处，希望梁惠王推行自己提出的全面实行"保民而王"的方针。因此，当梁惠王主动请教他对自己"爱民"政策的意见时，孟子就抓住了这一游说与提出建议的机会。由于梁惠王事先已炫耀了治国业绩，因此，孟子要想直接提出自己的主张就不太容易了。故孟子思考之后，决定采取先批评、后建议的方法。根据梁惠王好战的特性，孟子先是打了一个"五十步笑百步"的比喻，隐指梁惠王的临时"爱民"政策与其他国王的非爱民政策相比，只不过是战场上逃跑五十步与一百步的差别，其实质还不是真的爱民。虽然这只是语义指向性较为含混的比喻，还不是"由系统地组织起来的许多个别的评价所支持的全面评价"，但是，"不及其余，抓住一点"的攻击性批评，就已足够使梁惠王的临时"爱民"政策的虚伪性、不现实性挨了致命的打击。因此，梁惠王听到这个比喻后，半日无语。而待到孟子以比喻故纵一程后再回马杀来时，惠王自然是措手不及了，只能承认他的临时"爱民"政策只不过是"以五十步笑百步"的把戏。至此，孟子的"如果大王知道这个道理，那就不要指望您的子民多于邻国"的结论，无疑便已把梁惠王擒在了手中。试想，梁惠王能不垂首赧然无语吗？这便是游说中的另一智慧——"欲擒故纵"之策。

中国古代兵书《孙子兵法》曾经说过："知己知彼，百战不殆。"这句话虽是战略战术上的名言，但若用在游说或其他言语交际活动中，亦不失为真理。孟子之所以能一喻服惠王，不正是他了解梁惠王好战的特性的结果吗？《论语·乡党》曾记载孔子言语交际特点时说：

> 朝，与下大夫言，侃侃如也；与上大夫言，訚訚如也。

何以孔子对地位低的下大夫说话时语调温和、神态安详，而对地位高的上大夫说话时则和颜悦色、言而有节呢？这是因为交际对象不同的缘故。若用俗话说，便是"见什么人说什么话"；若用修辞学的术语讲，便是"言语交际应当注意交际对象"。我们认为，孟子虽历来便是以善于设喻而闻名，但是，这次他"以战喻"，则是基于他对梁惠王禀性的了解。因为在言语交际活动中，交际者要想说服受交际者，只有从心理上征服对方，使之相信引导他的交际者言语指号是具有真实性的"T-指句"，从而使受交际者相信交际者，进而使交际者所力图导引的说服目标得以实现。因此，孟子"以战喻"说惠王成功的实例，实际上是为我们上述的论点作了一个真实的历史注脚，同时，也印证了战国时代杰出的游说专家韩非的经验之谈：

> 凡说之难，在知所说之心，可以吾说当之。所说出于为名高者也，而说之以厚利，则见下节而遇卑贱，必弃远矣；所说出于厚利者也，而说之以名高，则见无心而远事情，必不收矣；所说阴为厚利而显为名高者也，而说之以名高，则阳收其身而实疏之。说之以厚利，则阴用其言显弃其身矣。此不可不察也。（《韩非子·说难》）

可见，要达到说服受交际者的目的，不仅要注意交际对象，而且还应善于揣摩交际对象的心理态势。这样，才能"百战不殆"。由此，我们现代人是否从中得到了一些启示，在日常交际中，或外交等重要交际中，注意好好研究交际对象的特点及其交际时的心理变化。我们是否能从孟子"欲擒故纵"的讽谏技巧中得到些智慧的启迪呢？

三、因势利导：孟子资源共享说齐王

战国时代的齐宣王，是以好讲排场而闻名遐迩的。据《孟子》记载，齐宣王为了寻欢作乐，曾在临淄城郊建了一个方圆四十里的苑囿，专门蓄养麋鹿等珍禽异兽以供狩猎之用。这在当时诸侯国中是最大规模的了。可是，不久齐宣王不仅嫌其规模小，还恨齐国老

百姓对他建囿有埋怨之声。后来，孟子不远千里去朝见这位齐宣王时，言谈之中，齐宣王便流露出对苑囿之小、百姓之怨的不满情绪，还问孟子道：

"听说周文王的苑囿方圆有七十里，有这回事吗？"

孟子入齐后，早就听说了齐宣王建囿之事，并了解到他捕杀进囿百姓的残酷行为。因此，当齐宣王认为他博古通今而征询他时，他立即答道：

"是有这样的文字记载。"

齐宣王一听果有此事，感到非常高兴，遂兴致勃勃地进一步问道：

"如果历史记载属实，先生以为其规模是不是太大了点呢？"

孟子一听此话，立时明白齐宣王之意，遂顺水推舟地说道：

"不大，老百姓还以为太小了呢。"

"那么，寡人苑囿才方圆四十里，怎么老百姓却认为太大了呢？"

孟子一听，就明白了，这齐宣王颇有心机，一听自己说周文王苑囿方圆七十里老百姓还认为小的话，立时就抱怨起自己的臣民来了。哦，原来他是假装不明白地问询于自己，目的是要借机表达对臣民反对他建苑的不满情绪。看着齐宣王满腹牢骚的样子，孟子顿了顿，接着说道：

"周文王苑囿方圆七十里的确是事实，但是，割草的、打柴的都可以进去，野鸡、野兔也可以进去，与老百姓资源共享，所以老百姓以为苑囿太小，这不是很正常的事吗？可是，臣刚至齐国边境时，就向人请教齐国之大禁，然后才敢进入。臣闻齐都郊关之内，有苑囿方圆四十里；如果有人进入囿内，杀其麋鹿，则如杀人之罪。如此看来，大王的苑囿虽只是方圆四十里，却像是在国中挖了一个大陷阱，老百姓觉得太大了，不是很合理吗？"

孟子说毕，看看齐王。齐王默然，良久，才点了点头。之后，他再也不抱怨苑囿太小了，也不再禁止百姓入苑了。①

----

① 孟子说齐宣王之事，见于《孟子·梁惠王上》。

文王之囿与齐王之囿

齐宣王问曰："文王之囿，方七十里，有诸？"孟子对曰："于传有之。"曰："若是其大乎？"曰："民犹以为小也。"曰："寡人之囿，方四十里，民犹以为大，何也？"曰："文王之囿，方七十里，刍荛者往焉，雉兔者往焉。与民同之，民以为小，不亦宜乎？臣始至于境，问国之大禁，然后敢入。臣闻郊关之内，有囿方四十里，杀其麋鹿者，如杀人之罪。则是方四十里，为阱于国中，民以为大，不亦宜乎？"

——《孟子·梁惠王上》

文学家进行文学批评，讲究"知人论世"；修辞学家进行语言技巧分析，讲求"题旨情境"。那么，在这里我们对孟子的谏说智慧进行解构分析时，该遵守什么原则呢？我们认为，语言智慧的解构分析，既不能单独着重于"知人论世"一面，也不应偏重于"题旨情境"的把握一面，而是应该兼取两面。这样，我们才能透彻地分析出某一智慧语篇的真正意蕴。我们下面不妨以上述孟子谏齐王的语篇作为分析对象。

齐宣王是个好大喜功、好讲排场的主儿。说起他，中国几乎很少有人不知道"滥竽充数"这一成语是与他有关的。据说这位齐宣王除了生性好狩猎外，还有一项业余爱好：听吹竽。然而，在齐宣王的三百多人的吹竽乐队中，竟然混有一个根本不会吹竽的南郭先生。谁又想得到呢？但是，想不到的事毕竟还是有。南郭先生不仅"滥竽"充了数，而且还一直混到宣王驾崩后才被齐湣王爱独奏的新招吓得逃之夭夭。虽然现在人们每每谈到这件事时总要骂南郭先生一顿，但是，我却认为这不是南郭先生的错，而是齐宣王的不是。若他不喜欢讲排场，不设立一个庞大的竽乐队，以致使南郭先生有机可乘的话，我想这件事就永远不会发生。既然齐宣王有好大喜功、好讲排场之禀性，那么当孟子听到齐宣王问到周文王方圆七十里苑囿是否属实时，他自然会顺水推舟，因势利导地说出"老百姓还以为太小了"的引诱话。一来顺着齐宣王的性子，二来逐步把话题引向"宣王有囿方四十，民以为大"的事实上来。而当齐宣王果真被孟子引至伏击圈时，孟子自然要唤出伏兵，擒拿齐宣王了：指陈齐宣王建囿害民的过失。这便是"知人论世"原则在游说交际活动中得以证实的表现，也是我们对智慧语言作解构分析时必须加以"还原"的必要性证明。

如此看来，"知人论世"原则不仅是文学批评的有效方法，也是我们分析语言交际内涵所必须遵守的原则。当然，正如我们上面所说的那样，对语篇语义指向的解构分析，遵守"知人论世"的原则只是一个方面。另一方面是适应"题旨情境"，这也很重要。孟子想谏止齐宣王废除他所制定的"杀其麋鹿者如杀人之罪"的虐民律令，建议他开放苑囿与民同乐，是其游说的终极"追求目标"。但是，在什么时候、在什么情形下把话题引入"预设序列"，则是要看适应"题旨"的"情境"了。当齐宣王主动投入孟子所预设的彀中，质询"寡人苑囿才方圆四十里，怎么老百姓却认为太大了呢"的原因时，孟子觉得适宜他游说"题旨"的"情境"已经存在了，于是便对周文王与齐宣王建苑的目的、做法作了一个具有极其真实的、有效服力的比较，使齐宣王不得不低头认错，改变虐民政策，实行与民同乐的政策。这便是孟子游说齐宣王时根据"题旨情境"的需要而进行的"因势利导"的谏说，非常精彩。正因为如此，我们在对这种谏说方法作语篇解构分析时，自然也是要认真加以"还原"展示的。

游说国君，有时固然可以如烛之武一样，一气呵成地把自己的建议通过巧妙的语言表达出来，使被游说的国君信服其言，从而达到既定交际目标。但是，有一些国君，特别是那些自以为是的国君，在说客对他进行游说的过程中，往往会与之论辩。在这种情形下，说客要想达到游说目标，首先自己应该是个辩士，在论辩中掌握一个为公理所认可的论辩准则。关于这一点，战国时代的墨子就曾谈到过：

　　　　言而毋仪，譬犹运钧之上，而立朝夕者也。是非利害之辨，不可得而明知也。故言必有三表：有本之者，有原之者，有用之者。于何本之？上本之于古者圣王之事。于何原之？下察百姓耳目之实。于何用之？废以为刑政，观其中国家百姓人民之利。此所谓言有三表也。（《墨子·非命（上）》）

这就是说，凡是论辩、立言，必须要求以古"圣王之事"为本，"下察百姓耳目之实"，"观其中国家百姓人民之利"。有此三端，即为颠扑不破的至论、永垂不朽的高言。

上述孟子游说齐宣王的谏辞，之所以能为齐宣王所接受，就是因为它以周文王之古事为本，以齐国民众的实际要求与反映为凭据，从齐国国家、人民的利益出发，符合当时公认的论辩、立言准则，因此，齐宣王只有接受的份，没有拒绝的理由。这就是孟子谏说齐宣王成功的历史文化根源与背景所在。

于此看来，游说不仅要注意语言技巧，而且还要符合当时的历史文化现实。在顺应时代文化大潮流的前提下，才能使"因势利导"的游说技巧充分发挥效果，使预定的交际任务得以顺利完成。

四、明修栈道：苏代鹬蚌相争说赵王

人云："有其父，必有其子。"

其实，有其兄，也会有其弟的。

不是吗？我们不妨来说说战国时代的苏代兄弟二人。

苏代，是战国时代的说客，颇有名气。其兄苏秦，则更是众所周知的大名人，曾师从鬼谷子，学习纵横家言。虽然早年出游，因学不博，术不精，只得裘敝金尽，憔悴而归，以致妻不下机，嫂不为炊，父母不子；但后来锥刺其股，发愤学习，揣摩阴符经透彻，最后终于脱颖而出，且一度挂燕、赵、韩、魏、齐、楚六国相印，合山东六国而为"合纵"之盟，自任纵约长，投纵约于秦，秦兵不敢窥函谷关者十五年，堪称一代豪雄。

苏代之兄苏秦既然英雄如此，那苏代本人又是如何呢？

熟知历史者都知道，苏代亦是一代俊杰。与其兄苏秦一样，他早年亦习纵横家言，因此也是一代出色的游说家、政治家。他先仕于燕，颇有政绩。后又至宋，宋王十分器重，委之以重任。齐伐宋时，苏代致书燕昭王，昭王召他与之谋伐齐国之策，最终破齐救宋成功。其兄苏秦死后，"合纵"之约解散，强秦逼迫六国更紧。于是，燕王便让苏代像苏秦一样，重约山东六国为"合纵"之盟，由此六国再次聚于苏氏的"合纵"大旗之下，再举抗秦大计。可见，苏代之政绩不在其兄苏秦之下，其英雄亦不逊于兄长。

说起苏代的"合纵"业绩，人们自然不会忘记他调和六国矛盾，为"合纵"抗秦大计而作的外交斡旋之功。一次，赵、燕二国因边界纠纷，大闹矛盾。赵国自恃兵力强于燕国，遂起伐燕之念。苏代当时仕燕，辅佐燕昭王，为了减少"合纵"诸国内部的摩擦与实力消耗，共同抵御强秦的武力威胁，于是便为燕国计，也为六国计，前去游说赵惠文王，希望通过和平外交途径解决边界争端问题。

苏代一到赵国，赵惠文王立即知其意图。于是，赵惠文王就故意想避开赵、燕争端问题，只是十分客套地说：

"苏卿远道而来敝国，寡人有失远迎，失礼！失礼！"

苏代知赵惠文王之意，便也十分客气地寒暄了一番。然后才漫不经心地与赵惠文王闲聊起来：

"这次臣来赵国，经过易水时，看见一只河蚌刚刚张开蚌壳要晒太阳，就见一只鹬鸟飞过来，啄住河蚌的肉。河蚌痛得立即合起蚌壳，正好夹住了鹬鸟的嘴。鹬鸟说：'今天不下雨，明天不下雨，你就成了死蚌！'河蚌亦不甘示弱地对鹬鸟说道：'今天不放开你的嘴，明天不放开你的嘴，你就成了死鹬！'两者不肯相让，持续了一会，来了一个渔父，将河蚌与鹬鸟一起捉住带回了家。"

赵惠文王听了这个故事，觉得挺有趣，便随口问道：

"莫非苏卿懂得禽语？"

苏代笑了笑。沉吟一会儿后，又说道：

"臣听说，赵国准备起兵攻伐燕国。若是真的打起来，恐怕是一场旷日持久的恶战，燕、赵相持不下，必然两败俱伤。到那时，恐怕强秦就成了那个从中获利的渔父。这件事，希望大王好好考虑考虑！"

赵惠文王听到这里，方知苏代聊天之真意。不过，沉吟片刻后，赵惠文王立即脱口而出道：

"好！寡人明白了。"

这样，赵、燕二国之间一场即将爆发的恶战就避免了。两国经过友好谈判，和平地解决了领土争端。自然，强秦这次也没有当成"渔父"。①

鹬蚌相争

赵且伐燕，苏代为燕谓惠王曰："今者臣来，过易水，蚌方出曝，而鹬啄其肉，蚌合而拑其喙。鹬曰：'今日不雨，明日不雨，即有死蚌。'蚌亦谓鹬曰：'今日不出，明日不出，即有死鹬。'两者不肯相舍，渔者得而并禽之。今赵且伐燕，燕、赵久相支，以弊大众，臣恐强秦之为渔父也。故愿王之熟计之也。"惠王曰："善。"乃止。

——《战国策·燕策二》

两国相争，气氛自然充满了火药味。因此，作为被征伐国的代表，苏代这时来游说征战国的国王赵惠文王，可以想象这是何等艰难之事！因为对于在战争中占优势地位的赵国来说，在准备就绪后是难以放弃对处于实力劣势的燕国的战略进攻的。被征伐国的代表苏代虽然特意前来游说赵惠文王，希望他放弃进攻计划，但是这种想法似乎形同希望老虎不要吃人一般荒唐。因此，当苏代到达赵国时，赵惠文王就明确摆出拒绝的态度，只是一味作礼节上的寒暄与客套，根本无诚意听苏代游说，更没有取消进攻的计划。而苏代

---

① 苏代说赵王之事，见于《战国策·燕策二》。

呢？他明知赵惠文王的心态，却佯装不知，轻松地与赵王闲聊，"明修栈道"，麻痹赵惠文王，先给赵惠文王说了个很有趣的"鹬蚌相争"的寓言故事。等到赵惠文王在随和的气氛中、在津津有味的闲聊中解除了敌对游说的心理与情绪后，他却突然"暗度陈仓"，一语点明故事的真意，使赵惠文王如梦方醒。但是，这时已为时晚也，苏代的游说完成了，该轮到赵惠文王自己体味苏代游说语篇之意味了。

赵惠文王本来就不是昏君，当他听到苏代所说"燕、赵相持不下，必然两败俱伤。到那时，恐怕强秦就成了那个从中获利的渔父"的话后，立即明白了苏代先前所说的"鹬蚌相争"的寓言，是专门用来比喻这次即将爆发的赵燕战争的。它的深层语义是在告知赵惠文王，若赵国对燕国用兵，则赵是鹬，燕为蚌，双方都将损兵折将，国力大耗。果然如此，那么早就企图灭六国、吞天下的强秦此时就势必成了坐收其利的"渔父"。这样，燕国固然没有好处，而赵国又能得到什么呢？虽然苏代话没有这样明说，但其"鹬蚌相争"的寓言，不正是隐喻着这层语义内涵吗？因此，当赵惠文王准确地破译了苏代游说语篇的语义指向后，便基于赵国的国家利益，同意放弃对燕国用兵的计划。这样，苏代的游说便大功告成了。

《史记·高祖本纪》曾记载过这样一个史实：刘邦与项羽推翻秦王朝后，由于项羽实力最强，各派反秦武装力量都受西楚霸王项羽支配。刘邦早先曾与项羽有约在先，先入关者为王。但是，刘邦因当时实力较弱，入关后不仅不敢妄称大王，而且还受项羽支使，被封为汉王后即由关中退出，往汉中去了。当然，刘邦早就有称帝野心，不过此时他还无法抗衡项羽，故只好暂时忍辱负重，姑且从命。张良知刘邦之意，于是便设计让刘邦在去汉中路上沿途烧毁栈道，以示无意东归入关称帝，麻痹项羽。楚霸王不明就里，还信以为真，于是刘邦就在汉中大肆扩充军备力量，等到有足够的力量抗衡项羽后，他便想打出汉中，入主关中了。但是，张良认为项羽之军勇不可当，只可智取不可强攻。于是，便让刘邦明里派人修复从汉中进入关中的栈道，而暗中却调动大兵绕过陈仓，出其不意，大败项羽军队，从此奠定了入主关中的坚实基础。这个故事，就是后来人们常说的"明修栈道，暗度陈仓"的典故，也是中国军事史上著名的战术之一。

前面我们曾说过，军事上的战略战术，有时亦与语言交际上的机智、技巧有相通之处。即就上述苏代游说赵惠王的例证来说，即可明见。试想，如果苏代一见赵惠文王便直接说明来意，进行目的性很强、很明显的游说，那么后果会如何呢？不言自明，结局肯定是悲惨的：苏代游说不成，赵、燕反而刀兵相见。血流漂杵之后，强秦出兵收拾赵、燕河山，纳于自己版图之中。

何以如此？道理很简单。赵惠文王既然打定主意要进攻燕国，自己就不会轻易改变计划。苏代前来赵国，赵王已知其意，因此肯定蓄足敌对情绪，准备好回击、拒绝的决绝之辞。在如此情形下，苏代若正面直说，岂不恰似军事上的正面进攻吗？但是，被进攻的"敌人"早已构筑好坚固的防御工事与反攻炮火。因此，不难想象，这主动进攻的游说者肯定会以失败而告终。苏代的聪明之处，就在于懂得这些战略战术，于是便以"明修栈道，暗度陈仓"的战术，先麻痹赵惠文王，然后再出奇制胜，最终达到了游说成功的目标。

当然，我们这里说"明修栈道"的战术是游说的一大奇策，效果很好，并不是说这一战术在日常言语交际中就不适用。事实上，只要我们留心，就可以发现日常生活中运用这一"战术"而取得圆满交际目标之例。所以，只要我们善于运用这种方法，对我们的言语交际肯定是有益的。

第三章　君君臣臣，出语攸关：
侍对的智慧（上）

《韩诗外传》曾记载了一个赵仓唐巧对魏文侯的故事，明人何良俊读后，大发感叹道：

> 余读《韩诗外传》，得赵仓唐对魏文侯事，叹曰："夫言何可以已哉？排难解结，释疑辨诬，喻诚通志，协群情，定国是；使当时无仓唐之言，太子不得立，魏国几殆。呜呼！夫言何可以已哉！"（《语林》卷四）

诚然，何良俊之言未免有些夸张。但是，在封建时代，作为一个大臣，具备一种随机应变的侍对语言技能，确是十分必要的。

何以然？

众所周知，大臣侍对的对象都是帝王。虽然从现代言语交际学的理论原则上来说，帝王在言语交际中也不过是交际的一方而已；但是，在"君君臣臣"的封建时代，由于帝王神圣不可冒犯的特殊地位，作为侍对者，亦即言语交际的另一方，就必须时刻告诫自己出语措辞时，要考虑受交际者特殊的身份，力求侍对的语言入情入理而又婉转有致，使作为受交际者的帝王闻而情动，思而理得，自然，受交际者的侍对语言便会生发特殊的效果。其大者可以"协群情，定国是"，有如赵仓唐一语兴国安邦之功勋；其次者可以"排难解结，释疑辩诬"，有如裴楷一言而除司马炎之忧、东方朔一言而免犯上之罪的奇效；其下者可以"博取一笑，和融气氛"，有如纪晓岚酒席宴上解嘲，顿使君臣皆大欢喜之机趣。

因此，墨子曾强调说：

君子之为文学、出言谈也，非将勤劳其喉舌，而利其唇吻也，实将欲为其国家、邑里、万民、刑政者也。(《非命下》)

《周易·系辞上》亦说：

君子居其室，出其言善，则千里之外应之，况其迩者乎？居其室，出其言不善，则千里之外违之，况其迩者乎？言出乎身，加乎民，行发乎迩，见乎远。言行，君子之枢机。

也许，就一般的言语交际情形来说，这些言论未免有夸大失实之嫌。但是，就侍对帝王的特殊交际而言，这无疑是中肯的。因为侍对的对象是帝王，而帝王的一举一动、一言一行都关系到"国家、邑里、万民、刑政"等大问题，故侍对之臣不能不慎其言，巧其辞，以期达到特殊交际情境下的特殊言语效果与交际目的。

既然如此，那就让我们回归历史，看看中国历史上的先哲们是怎样侍对君王的，探讨一下其侍对有何特殊的言语方法与技巧，分析一下这些侍对语篇背后所蕴含的智慧所在吧！

一、投其所好：东方朔割肉遗细君

提起东方朔，中国人并不陌生。他机智、滑稽的语言，几次使他化险为夷、转危为安。据《汉书·东方朔传》记载，汉武帝时，一年伏日祭祀，武帝诏赐从官祭肉，但大官丞迟迟未到，东方朔等不及武帝圣旨，独自拔剑割肉一块，并对同僚们说：

"伏日当早归，请受赐！"

说毕，怀肉扬长而去。

大官丞知道后，即以此事奏知武帝，武帝不免动了肝火。岂有此理？竟然不等旨意就擅自割肉，眼中还有我这个皇帝吗？——要知道，这在封建时代，律当斩首啊！——想到此，武帝立即传东方朔来责问：

"昨日赐肉，你为何不待诏，就擅自以剑割肉而去？"

东方朔无言，惟连连叩首请罪。

武帝见此，稍平怒气。也许是看在平素的交情上，未问他死罪，只是叫他自省：

"起来吧，回去好好反省！"

东方朔闻之，再拜而起，说：

"朔来！朔来！受赐不待诏，何无礼也！拔剑割肉，一何壮也！割之不多，又何廉也！归遗细君，又何仁也！"

武帝一听，忍俊不住，失声笑出。接着，无可奈何地说：

"寡人让你反省自责，你倒反而自赞自誉起来了！"

结果，武帝不仅没处罚东方朔，反赐酒一石，肉百斤，让他归遗妻子。[①]

东方朔自我批评

伏日，诏赐从官肉。大官丞日晏不来，朔独拔剑割肉，谓其同官曰："伏日当蚤归，请受赐。"即怀肉去。大官奏之。朔入，上曰："昨赐肉，不待诏，以剑割肉而去之，何也？"朔免冠谢。上曰："先生起自责也。"朔再拜曰："朔来！朔来！受赐不待诏，何无礼也！拔剑割肉，一何壮也！割之不多，又何廉也！归遗细君，又何仁也！"上笑曰："使先生自责，乃反自誉！"复赐酒一石，肉百斤，归遗细君。

——《汉书·东方朔传》

西方现代著名哲学家恩斯特·卡西尔在《语言与神话》一书中论述语言的魔力时曾有这样一段精彩的结论：

---

① 东方朔割肉遗细君之事，见于《汉书》卷六十五《东方朔传》。

说出的语言音响或许也同样具有神祇意象所起的相同
功能，或许也同样具有神祇意象那种趋于恒久性存在的相
同趋向。语词，如同神或鬼一样，并非作为自己的造物，
而是作为某种因其自身而存在而有意蕴的东西，作为一种
客观实在出现在人的面前。一俟电弧击穿介质，一俟瞬间
的张力与情感在语词或神话意象中找到其释放口，人的心
理活动中便发生了某种转折：曾经不过是某种主观情状的
内心激动现在消逝了，变解为神话或言语的客观形式。①

我虽不同意卡西尔"语词，……并非作为自己的造物"的观
点，但是却十分信服他所持的：语言有"如同神或鬼一样"的魔
力，只要"一俟电弧击穿介质，一俟瞬间的张力与情感在语词或神
话意象中找到其释放口，人的心理活动中便发生了某种转折：曾经
不过是某种主观情状的内心激动现在消逝了，变解为神话或言语的
客观形式"这番见解。不是吗？

汉武帝刘彻为什么起初对东方朔不等圣旨而擅自割肉的行为那
样愤怒？不是因为他心理上固有的皇权至上的瞬间张力与主观自尊
情绪的内心激动而导致的吗？而当东方朔善解其意，曲顺其性，以
滑稽语言既自责又自解地说了一番后，汉武帝权力的瞬间张力与自
尊情感在东方朔的幽默语言中找到了释放口，自然心理活动便有了
转折，化愤怒为欢笑，原有的敌对情绪便瞬间消逝了，当然东方朔
就能免祸了。

这是以西方的语言哲学来消解、解构东方朔侍对机智的语篇。
其实，要化解、分析东方朔的侍对语言智慧，我们还可以从中国传
统的修辞学理论上找到理论根据。这便是东方朔侍对汉武帝遵守了
一条最基本的言语交际原则——"知人论世"、"适应题旨情境"。
稍知历史的人都知道，汉武帝的为人，一是好大喜功，特别自尊；

---

① [德] 恩斯特·卡西尔著，于晓等译：《语言与神话》，北京：生活·读书·新知
三联书店 1988 年版，第 62 页。

二是喜欢神仙，酷爱诙谐。东方朔不候他的旨意而擅自割肉，这是冒犯了他的天尊，自然他会愤怒。东方朔作为他宠信的亲近侍从，是知道这一点的。因此当汉武帝责问他时，他只好连连叩头谢罪。而当武帝怒气稍消，要他自责反省时，他又乘机抓住了一个大好机会，投其所好，在自责时亦嘲亦解，使怒气冲冲的汉武帝对他的诙谐语言情不自禁地发出笑声。这便是东方朔"知人论世"、"适应题旨情境"的辩解语言的成功原因所在。

　　语言是人类区别于其他动物的最珍贵的财富。猩猩、猿猴虽然聪明灵巧，但它们没有语言，至今仍然未能进化，仍要栖息深山；虎豹、狮子虽然猛力过人，但它们没有语言，终究还是屈服于人类。因此，笔者认为，人类最绝妙无比的财富是语言。只要人类善于运用它，什么奇迹都可以创造出来。烛之武舌退秦师、东方朔妙说起死回生等，不正是明见吗？先秦时代中国的古典哲学著作《周易》曾论述过语言的重要性。

　　可见，语言不论善与不善，其作用与反作用都是十分重大的，不仅涉及自身，而且"加乎民"，影响"君子"之行。试想，东方朔虽然聪颖异常，若无语言作凭借，灵巧地向汉武帝投其所好，恐怕也难逃罪责，更不用说反受汉武帝宠爱，赐酒、赐肉了。因此，战国时代中国著名大哲学家、思想家荀子就曾总结道：

　　　　言语之美，穆穆皇皇。（《荀子·大略》）

又说：

　　　　赠人以言，重于金石、珠玉；观人以言，美于黼黻文章；听人以言，乐于钟鼓、琴瑟。（《荀子·非相》）

　　从东方朔之事观之，荀子之言实为至论。

二、怨而不怒：颜驷跟汉武帝发牢骚

汉武帝时代，中国历史上曾出现过一段极为强盛的势头。当时的亚洲大小国家，哪一个不仰承大汉帝国的鼻息？这是谁的功绩？无疑应该归之于雄才大略的汉武帝刘彻了。

可是，刘彻虽是圣武，但是吏治也不是十分清明，怀才不遇者仍有人在。一次，汉武帝乘辇去郎署视察，突见众郎官中有一位须发皆白、衣裳不整的老者。汉武帝心想，这老头莫非是外面的闲人混进宫来。嗯，这门卫官怎么搞的？看来门卫值班制度要治理整顿一下了。否则，要是外国的间谍或特务混进来怎么得了？想到此，汉武帝心里有些火气。不过，他不愧为英明的君主，在没有调查研究之前，他是不会乱发言的。于是，他便叫来那老头，问道：

"老者何人？"

老头倒是不慌不忙，跪禀汉武帝道：

"臣为宫中侍直郎。"

汉武帝一听这老头是郎官，心想，这人事部门怎么搞的，怎么让这老头这么大岁数还当郎官？早该晋升相称的官爵了。汉武帝大概是见其老弱之态，便以同情的口吻问道：

"公何时为郎？怎么这么老了？"

老头见问，马上接口回答道：

"臣姓颜名驷，江都人。文帝时为郎。"

汉武帝一听颜驷在他祖父文帝时已是郎官，心想怎么三朝不升官职？于是，便进一步问道：

"为何老而不遇？"

哦！皇上在问他未能得到重用的原因了，何不乘此良机，诉诉苦衷，说不定皇上会给自己落实政策呢！想到此，颜驷便诚恳地答道：

"文帝好文，而臣好武；景帝好老，而臣尚少；陛下好少，而臣已老。所以，三世不遇，老于郎署。"

哦！原来是这回事。汉武帝听毕，看看颜驷那副失意相，心里颇是过意不去。于是便立即封了他一个会稽都尉，让他老而有遇，衣锦还乡吧！①

颜驷三世不遇

上（汉武帝）尝辇至郎署，见一老翁，须鬓皓白，衣服不整。上问曰："公何时为郎，何其老也？"对曰："臣姓颜名驷，江都人也，以文帝时为郎。"上问曰："何其老而不遇也？"驷曰："文帝好文，而臣好武；景帝好老，而臣尚少；陛下好少，而臣已老：是以三世不遇。故老于郎署也。"上感其言，擢拜会稽都尉。

——（汉）班固《汉武故事》

读过《诗经》的，都很熟悉《诗经》开首的那篇《关雎》诗。诗中那句"关关雎鸠，在河之洲；窈窕淑女，君子好逑"表达了对爱情的呼唤，仿佛使人们看到了在那悠远的古代，在中国北方的黄河之滨，一个多情的小伙子看着河洲中卿卿我我的关雎，从内心深处发出了对他心爱的女子渴思难抑的深沉呼唤。但是，他又不同于我们今日所见的西方青年乃至现代的中国青年的那样热烈奔放，感情直露，而是爱得深沉、含蓄。正因为如此，早在两千多年前的孔夫子就十分欣赏这首诗，认为它"乐而不淫，怨而不怒"。从此，中国的诗人们便努力遵循孔夫子的指示，力求诗歌创作达到一种"温柔敦厚"、"言有尽而意无穷"的含蓄、蕴藉的艺术境界。中国民众由此而熔铸成一种崇尚含蓄、排拒直露的民族共同心理，这便是中国传统文化呈现为一种半封闭特点的原因之一。

由于中国传统文化崇尚含蓄、蕴藉的精神，故不仅中国古代的文学家们创作时以此心理为指导思想，而且即如一般的民众言语行

---

① 颜驷遇武帝之事，见于（汉）班固：《汉武故事》。

动也多以含蓄、蕴藉为准则。即如颜驷来说，虽三世为郎，心里肯定早已牢骚成堆了，可是当他见了汉武帝时却仍然不敢直露地倾泻内心的不平之愤，明显展露其"怀才不遇"的怨愤情绪。因此，当汉武帝问起他三世不遇的原因时，他只能如同千千万万中国民众那样，抱持一种崇尚含蓄、蕴藉的心理，以表面看来十分诚恳、平静的口吻，向汉武帝絮絮诉说事情的原委，让汉武帝在回味他的答话时能够慢慢破译出他话中的真意所在，理解他的心情。果然，如我们上面所描述的那样，汉武帝听了颜驷轻描淡写的答语后，立即懂得了他所说的"文帝好文，而臣好武"的真正语义指向是埋怨汉武帝的祖父文帝刘恒是个好文的主子，只重视文臣而不重任他这个武臣；"景帝好老，而臣尚少"的真意是抱恨他父亲景帝刘启是个好老庄的主子，只喜欢那些提倡"清静无为"的老庄派年长大臣，根本不把他这等年轻有为的少壮派人物放在眼里；"陛下好少，而臣已老"的内涵是批评武帝自己只爱动不好静，只重用能征惯战的少年将领，从来没有起任过他这帮老将军。虽说颜驷答语的内涵确是如此，汉武帝也知道颜驷话中有怨苦情绪，但是，由于颜驷话说得委婉、含蓄，而且态度诚恳，所说又是事实，因此汉武帝不能责备他，而只能对他的不遇之情给予同情。这便是颜驷最终得以升官的原因所在。

唐代著名史学家刘知几曾在《史通·叙事》篇中提出过"章句之言"应该"有显有晦"的原则。所谓"晦"及其作用，他指出：

> 晦也者，省字约文，事溢于句外。……夫能略小存大，举重明轻，一言而巨细咸该，片语而洪纤靡漏，此皆用晦之道也。

可见，在刘知几看来，"晦"就是运用极少的文字，表达出极丰富的内容；是一种不直接明确表意，通过描述现象而能达到意在言外效果的方法。这一观点颇与历代诗论家所提倡的含蓄、委婉的要求相通。刘勰曾把这种修辞手法概括为"隐秀"格，并明确地指出：

> 隐也者，文外之重旨者也。……隐以复意为工。（《文
> 心雕龙·隐秀》）

即要求作家在措辞用语时，除了文辞表面所具有的意义外，还应内含一种深层语义，亦即俗语常说的"言外有意"、"弦外有音"。只有这样，才能"使玩之者无穷，味之者不厌矣"。（《文心雕龙·隐秀》）

这些原则、要求，虽说是古代文论家就作史叙事、撰文达意而提出的，但对于以口说形式出现的言语交际来说，也具有普遍性的指导意义。上举颜驷答汉武帝的语言，不正是因为符合这种"文外重旨"、"一语复意"、含蓄委婉的原则要求才取得极大的成功的吗？当然，对于作为言语作品的文章与言语交际的话语之间的区别，我们也是应该重视的。因为作为言语作品的文章所蕴含的"言外之意"、"弦外之音"，我们通过反复推敲文章，可以慢慢体味出来；但是作为言语交际的话语，它一经说出，受交际者瞬间就得破译出交际者表层语义背后所隐含的深层语义，及时地对交际者的言语指号作出反应。否则，这场交际活动就无法再进行下去。因此，受交际者的语义捕获能力在言语交际中就显得特别重要了。南宋大理学家朱熹曾说过：

> 昔人赋梅云："疏影横斜水清浅，暗香浮动月黄昏。"
> 这十四字谁人不晓得！然而前辈直恁地称叹，说他形容得
> 好。是如何？这个便是难说，须要自得他言外之意，须是
> 看得他物事有精神方好。若看得有精神，自是活动有意
> 思，跳掷叫唤，自然不知手之舞之，足之蹈之。这个有两
> 重：晓得文义是一重，识得意思好处是一重。①

---

① 《诗人玉屑》卷六《晦庵论诗有两重》条。

这说的虽是读诗者，但作为言语交际的受交际者一方何尝不是如此呢？从汉武帝识颜驷答语真意，我们不可以得到些启示吗？

三、投桃报李：纪晓岚谢天谢地谢君王

对于中国人来说，《四库全书》大概是无人不知吧。纪昀——纪晓岚，我想大家也不会陌生吧。如果是这样，那么，纪晓岚的种种神奇的传说，想必也是有所耳闻的了。

由于出众的才华，纪晓岚深得乾隆皇帝的赏识。乾隆不仅重用他为《四库全书》的总纂官，而且每每出游或巡视，都要纪晓岚寸步不离他左右。也许在别的大臣看来，这种殊遇是难得而万分荣耀的。但对纪晓岚来说，却有着难言的苦楚。因为他毕竟是一个很有感情的人，他也有与常人相同的与家人团圆欢聚的向往。然而他不能得到，因为他才华出众，爱卖弄学识的乾隆皇帝需要他时常留在身边侍对答问。这怎能不叫纪晓岚时时羡慕常人呢？谁叫他这么"能"呢？

"每逢佳节倍思亲"，乃是人之常情。据说，有一年，又到了中秋时节。纪晓岚自上次离家入宫后，已有五个中秋未能与家人团聚了。此时他多想回到沧州崔尔庄，在纪家那丹桂飘香的花园中，对着一轮皎洁的月亮，与老母、妻、儿一起饮酒吃饼，共度良宵啊！然而，今年的这个中秋还不能如愿，因为乾隆爷至今尚无意思让他回家探亲。想到此，纪晓岚不免愁容满面。不意，乾隆爷也颇细心，见纪晓岚似有满腹心事的样子，便试探地问道：

"朕见卿似有难言之衷，莫非是——口十心思，思妻思子思父母？"

纪晓岚一听皇帝这次蛮是体念下情，一猜便中他的心病，顿时心中大喜。心想，莫非万岁爷有意要让自己回家欢度中秋了？瞬间，晓岚的脸上便多云转晴了。

但是，机敏的纪晓岚马上意识到，刚才乾隆问他的话是一个对子的上联。既然皇帝抛出了话柄，何不顺手牵羊，乘机请假呢？想

到此，纪晓岚马上接口说道：

"臣因久居朝中，颇念堂上老母，若蒙圣上恩准省亲，可谓——言身寸谢，谢天谢地谢君王。"

乾隆听罢，满面含春。纪晓岚也因而得以回家省亲，并与家人共度中秋了。①

纪晓岚顺水推舟

纪晓岚入宫以后，每天给乾隆皇帝讲书，读诗文，时间一长，不免有思乡之苦。

一日，乾隆皇帝看出了纪晓岚的心事，便对他说："看你终日闷闷不乐，必有心事。"纪晓岚说："何以见得？"乾隆于是说："你是：'口十心思，思妻思子思父母。'"纪晓岚立刻下跪说："正是，陛下如恩准假还乡，当感戴不尽。"乾隆说："只要你对出朕的上联，就准假。"纪晓岚说："言身寸谢，谢天谢地谢君王。"乾隆皇帝见纪晓岚的下联对仗十分工整，不觉大悦，于是准假让纪晓岚回乡省亲。

http：//blog. sina. com. cn/s/blog_4a1bc57a010005al. html

侍对皇帝，虽说也是一种言语交际活动，但是由于交际对象是皇帝，不是普通的受交际者。因此，它就要求侍对者准确把握交际对象（皇帝）问话语篇的真正语涵，然后根据其语篇所给定的言语指号作出正确的反应。这样，才能保证交际的圆满完成。否则，轻则惹皇上老儿愤怒，重则惹来杀身之祸。

上述纪晓岚所侍对的乾隆皇帝，是一个更难侍候的主儿。他有点学问，而且生平喜欢卖弄。自然他出的对联，作为臣下的纪晓岚要对答就必须特小心了。因为这位皇上喜欢有才华的臣子，希望他

---

① 此故事是二十多年前笔者根据复旦大学图书馆中一本小书而来，原书名今失记，原书今亦查找不到。但这个故事是存在的，并非笔者杜撰。今日我们上网还能读到类似的故事。如网络上有一段文字，题为"纪晓岚逸闻趣事"（http：//blog. sina. com. cn/s/blog_4a1bc57a010005al. html），所记情节与当年笔者所读过的那本小书中的情节相似。

们能对得上他所出的对联，但是又必须迎合他的特定心理。这样，侍对这位皇上就更不比一般了。然而，我们这里所述的交际者纪晓岚是个聪明绝顶的大才子，这些情况他是十分了解的。因此，当他一听乾隆问他："卿似有难言之衷，莫非是——口十心思，思妻思子思父母"时，立即破译出这个问话语篇内包含了一个对子的上联，即"口十心思，思妻思子思父母"。

由于这个对子的提出十分巧妙，一般人很难立即发现，更难明了乾隆要他侍对的心理。即使知道，这个对子的下联也不易对上。因为它是运用"析字"的修辞方法，顺势凑成一副对子的上联，以问话的形式出现。故此，要对上这个对子的下联，一要运用析字法，二要符合对仗原则，三要于下联内容中说出拍马逢迎的话来。可见，这是相当困难的事，非常人所能办到的。还好，我们的这位主人公纪晓岚做到了，而且十分出色。他的对句是："言身寸谢，谢天谢地谢君王。"

纪晓岚所对的这个下联，从对仗要求看，"言"、"身"、"寸"分别对"口"、"十"、"心"，是偏旁字对偏旁字；"谢"对"思"，是动词对动词；"谢天"、"谢地"、"谢君王"对"思妻"、"思子"、"思父母"，是三个动宾结构相对。而其中的"天"对"妻"、"地"对"子"、"君王"对"父母"，又是对句大于出句，语义形象宏大，很有气派。从修辞方法上看，乾隆的出句运用了一个析字方法，把"思"拆成"口"、"十"、"心"三个字，然后再组词成句，成为一个巧妙的上联兼问句。纪晓岚的对句则投桃报李式地随之而出，也依析字法将"谢"字拆成"言"、"身"、"寸"三个字，然后再组词成句，构成一个巧妙的下联兼答句。再从内容上看，乾隆的上联是个问句，委婉地试探了纪晓岚思家的心理，但显得很含蓄，表示了他对臣下的关心；而纪晓岚的下联是个陈述句，巧妙地向乾隆皇帝请了探亲假。虽然字面上丝毫不提，但以乾隆准假的假设为前提，预先谢了乾隆，拍了乾隆的马屁。乾隆此时不准假也不可能了。因为他喜欢纪晓岚的聪颖，更喜欢别人恭维他，把他比作天，比作地。正因为如此，纪晓岚才有可能获假回家省亲。

　　对仗，是中国历代诗歌创作中运用最频繁的一种修辞手法，早在格律诗还未定型前的中古时代，古体诗、汉赋、六朝骈文等各体文学作品的创作中，便有了许多运用对偶、对仗的修辞手法的成功范例。到了魏晋六朝时代，由于佛教的传入，声律学的兴起，诗家、文论家们更是把对仗的修辞手法看得特别重要，沈约、周颐、刘勰等人还从理论高度加以概括，对诗歌（包括骈、赋等韵文）的对仗提出了严格的要求。至此，对仗不只是一种增加文学作品艺术表现力的修辞手法，而且成了诗歌创作（包括其他韵文作品）的一个必要、基本的要求。到隋唐时代，还有不少诗论、文论家从前代诗歌创作中总结出了很多对仗规律，著书面世，要世人作诗撰文遵守。正因为如此，到格律诗基本成熟定型之后，作诗讲究对偶的门法就渐渐稳定下来了，并相沿成习。

　　对联，是诗句的一种形式，是为了适应特定场合、特定情境而作。如喜庆节日、典礼仪式等，中国人都喜欢张贴对联，以示欢庆，营造气氛，甚至中国古代的启蒙教育，私塾先生也是以“对句”的形式教育学生的。不仅如此，而且还有一套做对子的口诀，如“天对地，雨对风，大陆对长空”之类。不论是做对子，还是做对联，其实都是在做对偶修辞练习，与格律诗中的对偶没有区别。只是由于对联是以两句的形式呈现，因此在对仗的要求上就比较严格，不同于诗歌中有些联可以出现对仗不工的情形。乾隆皇帝与纪晓岚所联成的一对对联，虽是以口说形式出现，但也与书面形式一样，要求对仗工整。然而，与书面形式的对联不同的是，口说形式的对仗，由于是二人合成，出句者在先，可以作出一个随意度很大的上联；而对句者在后，他要续上对句则要严格根据出句者的上联，考虑内容与对仗，不能有丝毫不工之处。因此，一般说来，出句容易，对句很难。然而，纪晓岚却对得很工整。

　　至于“析字”的修辞手法，虽然不及“对仗”那样运用广泛、普遍，但是产生的历史颇为悠久。虽然我们至今还不能确认“析字”手法具体肇始于何时，但根据宋人叶梦得《石林诗话》的记载，至少我们能够确认，早在汉末，这种修辞手法就已经有人在使用了。关于这一点，叶梦得在《石林诗话》中详叙始末道：

> 古诗有离合体，近人多不解。此体始于孔北海。余读《文类》，得北海四言一篇云："渔父屈节，水潜匿方；与时进止，出寺弛张。吕公矶钓，阖口渭旁。九域有圣，无土不王。好是正直，女回于匡；海外有截，隼逝鹰扬。六翮将奋，羽仪未彰；龙蛇之蛰，俾也可忘。玫旋隐曜，美玉韬光。无名无誉，放言深藏；按辔安行，谁谓路长。"此篇离合"鲁国孔融文举"六字。徐而考之，诗二十四句，每四句离合一字。如首章云："渔父屈节，水潜匿方；与时进止，出寺弛张。"第一句渔字，第二句水字，渔犯水字而去水，则存者为鱼字。第三句有时字，第四句有寺字，时犯寺字而去寺，则存者为日字。离鱼与日而合之，则为鲁字。下四章类此。殆古人好奇之过，欲以文字示其巧也。

根据叶梦得的说法，我们可以发现，孔融的"离合体"与今日我们修辞学上所说的"析字法"还有些差别，但后代的"析字"手法却明显是源于此的，而且精神实质也一样，多是使用者"好奇之过，欲以文字示其巧也"。

不过，应该指出的是，任何事情都不是绝对的。"析字"法作为一种修辞手法，虽不免有故弄技巧的游戏意味，但有时运用得好，却也能给人一种含蓄、蕴藉的严肃感，增加语言的机趣，活跃言语交际的气氛，给人一种"味之无穷"的情趣。即如上述乾隆与纪晓岚的"析字"法，谁能说不是一个很积极的用法，一个很成功的范例呢？由纪晓岚的语言实践，难道不能使我们从中受到些启发，在言语交际中运用"投桃报李"的智慧，结合对仗、析字修辞手法，使我们的言语交际更趋于圆满吗？

四、见风使舵：纪晓岚"北国一天一地一圣人"

乾隆皇帝，在中国历代皇帝中自以为是、好为人师、爱卖弄学问是出了名的。据统计，他一生写了四万多首诗，数量差不多接近《全唐诗》的总数了。他以为诗写得多，学问就大，文学成就便高。岂不知，这只不过是一种附庸风雅而已。

其实，他不但自以为学问大，而且还以为自己治国安邦的功劳前无古人。虽说在他执政期间大清王朝出现了盛世景观，但明白人谁都知道，这是他祖父康熙为他奠定了基础。

可是，这位乾隆爷却没有自知之明，以为全是自己的能耐呢！正因为有这种错觉或者说是幻觉，乾隆皇帝不仅多次巡视江南，显示皇威，而且还于 1772 年起编纂一部囊括天下千年之书的《四库全书》，想创永世不朽之功业，博万古流芳之令名。但是，他自己没有这种学识。其实，即使有这种能耐，他也不愿吃这种苦头。于是他便在朝中物色人选。然而，久久未得其人。因为他也清醒地意识到了，悠悠中华，书籍浩如烟海，要编纂一部集天下古今书籍之大成的《四库全书》，没有一位博闻强记、年富力强的通儒，是万万不可能的。

正因为如此，乾隆曾一度为人选问题而愁肠百结。后来，东阁大学士刘统勋向他提起了纪晓岚，乾隆这时方想起被他以"坐泄机密"罪充军新疆的大才子纪晓岚来。为了表示对纪晓岚的重视，乾隆连下三道圣旨，急不可耐地将纪晓岚从新疆召回了京城。

可是，当决定任命纪晓岚为《四库全书》的主编官，并准备召见他时，不知为什么，乾隆又开始犹豫起来了。翻来覆去，一夜未得安睡。第二天他决定先考一下纪晓岚，再册封主编官之职也不迟。不知不觉间，乾隆自以为是的老毛病又犯了，于是拿出了先前他惯用的那一套：出对联句。如果纪晓岚对得出，立即授职；如果对不出，那么就作罢，另选他人。

其实，这是乾隆自我感觉太好，误认为对对子是自己的长项，天下无敌。殊不知，真正天下无敌的联对高手不是他乾隆，而是他要考察的纪晓岚。对于纪晓岚来说，吟诗联对不过是小儿科的把戏，他什么时候被难住过？不过，皇帝要卖弄，他也没有办法，只好奉陪了。

早朝过后，群臣朝罢而去，乾隆叫来纪晓岚，说道：

"纪爱卿，朕欲与你戏对一联，不知这几年你在新疆这联对之功长进没有？"

纪晓岚一听，心想，好你个乾隆！你想卖弄就卖好了，何必穷找由头呢？但这是心里话，不敢说。对着这位自以为是的主子，他只能说：

"没有长进，但臣愿奉旨！"

乾隆听出了纪晓岚的意思，遂随口说道：

"好！朕说'两碟豆'。"

"臣说'一瓯油'。"纪晓岚不假思索地接口便跟。

乾隆没想到纪晓岚答得如此快，遂连忙按照想好的思路，利用谐音偷换概念地说道：

"朕是说'林间两蝶斗'。"

"臣是说'水上一鸥游'。"纪晓岚马上接着道。

没想到，没难倒纪晓岚。乾隆不甘心，遂又以退为进地说道：

"人云'南方多山多水多才子'。"

纪晓岚见乾隆转换了话题，意有讨饶之意，遂见坡下驴，立即顺势奉承道：

"臣说'北国一天一地一圣人'。"

乾隆一听，呵呵大笑，立即授职纪晓岚。

于是，纪晓岚便当上了《四库全书》的主编官了。虽说是苦差事，可名声却很大啊！①

---

① 此故事是二十多年前笔者根据复旦大学图书馆中一本小书而来，原书名今已失记，原书今亦查找不到。但这个故事是存在的，今日我们上网还能读到类似的故事。如有一段文字题为"楹联趣事·风流才子纪晓岚"（http：//www.zhsc.net/Item.aspx？id = 32579）。

纪晓岚见风使舵

有人举荐纪晓岚为四库全书总编，乾隆皇帝有些不放心，想试试他的学问。一日召纪晓岚到宫中做对。结果大加奖赏。

乾隆出上联：两碟豆。

纪晓岚对曰：一瓯油。

乾隆改口说：林间两蝶斗。

纪晓岚对曰：水上一鸥游。

乾隆又出第二联：人云南方多山多水多才子。

纪晓岚对曰：我说北国一天一地一圣人。

http：//www.zhsc.net/Item.aspx？id＝32579

中国有两句成语：一是"见风使舵"，一是"识时务者为俊杰"。前为贬义，后为褒义。实则看来都一样，说的都是善于随机应变的智慧。

乾隆考纪晓岚所出的第一句上联："两碟豆"，在未出口之前，乾隆肯定就预伏了"两蝶斗"这种谐音变体，因为乾隆也颇聪明。果然，当纪晓岚按照续对成例对以"一瓯油"时，乾隆立即就唤出了伏兵："朕说'林间两蝶斗'。"企图通过谐音变体，很自然很巧妙地偷换掉概念，以此来难住纪晓岚。不料，纪晓岚善于见风使舵。看见乾隆以谐音变体为手段，把原先的"两碟豆"转换成"两蝶斗"后，立时见风改变舵向，依据同样的谐音变体的"转换规则"（transformational rules），把自己前一联的对句"一瓯油"转换为"一鸥游"。这样，他第二次的对句"水上一鸥游"与乾隆的出句"林间两蝶斗"构成了天衣无缝、无懈可击的妙联。因此，乾隆见势头不好，连忙开溜，仓皇间更换了话题，只得"王顾左右而言他"了。

不过，应该承认，乾隆是相当聪明的。他转移话题后仍做成了一个巧妙的出句，其所说的"人云'南方多山多水多才子'"一句，一是继续让纪晓岚接对，二是暗含向纪晓岚求饶的意味，叫纪晓岚不要再穷追前两联了。纪晓岚当然是个明白人，一听就知道。犹豫了片刻，他就破译了乾隆出句的两重含义，并迅速地改变舵向，顺着乾隆刮起的风，得意地扬起了风帆，一语双关地说出了"臣说'北国一天一地一圣人'"的对句，既对仗工整地对上了乾隆的"人云"句，又巧妙地拍了乾隆的马屁，歌颂他是北国一统江山的圣人。你想，乾隆又不是傻瓜，听了这话岂有不高兴之理？这个便是纪晓岚侍对"见风使舵"的智慧之处，也是他得任《四库全书》主编官要职的原因所在。

利用谐音变体制造一种语意双关的辞趣，是中国修辞史上的独特景观。它不仅在口语交际中运用广泛，而且在文学作品的创作上也十分重要，为自古以来的许多作家所喜爱。如唐代诗人温庭筠的《新添声杨柳枝词》中便有一个很好的例子。诗云：

> 一尺深红蒙曲尘，天生旧物不如新。
> 合欢桃核终堪恨，里许元来别有仁。

这首诗是写一个女子抱怨情郎移情别恋，在自己之外另结新欢的愤恨之情。其中，末一句"里许元来别有仁"表面是说桃核里另有桃仁，实际是以"仁"谐音双关"人"，抱怨自己的男人对自己用情不专，背着自己另找女人。可谓表意含蓄，怨而不怒。

类似于此的谐音双关，在民歌中非常普遍。如明人冯梦龙所辑《山歌》中有一首民歌说："郎作天平姐作针，一头砝码一头银。情哥你不必多敲打，我也知得重我轻，只要针心对针心。"其中的"针心"，即是通过语音的相同相近而谐"真心"二字，也是谐音双关。另外，民间歇后语有一类叫谐音歇后语，也属于这类谐音双关。如"下雨出太阳——假晴"（谐音双关"假情"），"腊月的萝卜——冻了心"（谐音双关"动了心"）、"外甥打灯笼——照舅"（谐音双关"照旧"）、"孔夫子搬家——尽是书"（谐音双关"尽是输"）等，不一而足。不仅表意婉转，而且机趣横生。

从纪晓岚"见风使舵"用谐音变体之修辞法侍对乾隆，以及上举中国古典文学作品中一字谐指表层深层二义等实例，我们可以清

56

楚地看到，无论是口语交际，还是文学作品的创作，利用谐音变体制造一语双关、义分内外的辞趣，是十分必要的；而且就中国的汉字形、音、义的独特个性来说，也是可能的。因此，为了使我们的思想情感表达得更加圆满，使作品更具艺术魅力，我们不妨试试这种手法。

五、言而不尽：刘桢"磨之不加莹，雕之不增文"

> 亭亭山上松，瑟瑟谷中风。
> 风声一何盛，松枝一何劲。
> 冰霜正惨凄，终岁常端正。
> 岂不罹凝寒？松柏有本性。

这是三国魏时刘桢的《赠从弟》诗。它以比兴的手法抒发了作者有理想、有抱负而又守志不阿的节操，历来学者都认为它是诗人"真骨凌霜，高风跨俗"品格的真实写照，故千古传诵不衰。

中国有句古话："文如其人。"读了刘桢的诗，再去看看刘桢的为人，我们便会感到"古话"即真理，往往有不可动摇的权威性。那是曹操击败北方劲敌袁绍之后的一个冬季，曹操此时已基本上收拾了北中国的残局，再向南横扫一下，便可一统天下了。试想，曹操此时该多得意啊！每日"对酒当歌，人生几何"念在口，杯樽不离手。

一日，曹操喝得意满志高，正欲出庭漫步、酝酿诗句时，突然从长子曹丕室内传出一阵喧哗声。曹操便止住了脚步，蹑足走向曹丕室门。也许是奸雄的缘故，他连去儿子的住所也要先偷觑一番。灯光下，只见曹丕居上，席上围坐着七个人。仔细一看，曹操都认识，他们是孔融、陈琳、王粲、徐干、阮瑀、应场、刘桢，他们就是当时号称"建安七子"的文学高士。曹操素有"外定武功，内兴文学"的令誉，而且也是开创一代风气的大诗人。看到曹丕室内聚集着这么多的高士，想必定能听到妙诗佳句。不意听了半日，未见有解颐之诗。心想，如此多高品位的诗人，如此美妙的夜晚，在这个诗家的"沙龙"里怎么就酝酿不出好的诗句呢？曹操不免有些泄气，抑或说是感到扫兴。因为，若不是室内的喧哗声打断了他的思路，也许他已经吟出了很多传诵千古的诗篇了，说不定这次比他那早已传扬四方的《观沧海》"秋风萧瑟，洪波涌起。日月之行，若出其中，星汉灿烂，若出其里"的诗句还要美妙，比他那闻名遐迩的《短歌行》"对酒当歌，人生几何？譬如朝露，去日苦多。慨当以慷，忧思难忘，何以解忧，惟有杜康"的佳作格调更高。可惜，今晚的诗思被搅乱了。

正当曹操想移步而去时，忽见从内室中走出一位妇人。看姿色真可谓用文人们用得滥而又滥的酸腐之词"沉鱼落雁"、"羞花闭月"来形容了。曹操一见，便知是他的儿媳妇甄夫人，是从袁绍那儿抢来的。当初若不是儿子曹丕抢在前头，先行一步收为妻子，说不定早已是曹操的人了。可惜了！唉！旧事不想它了。既然甄氏已成自己的儿媳，再漂亮他也不能动脑筋了。否则，可要背上"做大不正"的臭名啊！

曹操想到此，再度想离去。临去时，回头一瞥，突见座中一人平视甄夫人，毫无顾忌。岂有此理？曹操愤怒了，他仔细一看，原来是刘桢。

第二天，刘桢被召而见曹操。第三天，刘桢便去了尚方充役做苦力了。

时光荏苒，秋去冬来，一年后曹操来尚方视察，了解充役人员的劳作情况，当时称为"观作"。绕了一圈，曹操偶见刘桢蹲踞磨石，甚是苦堪，便戏问道：

"这石头怎么样？"

刘桢此时大概已经明白了自己为何充役的原因了，于是便长跽答道：

"石出荆山悬岩之颠，外有五色之文，内含卞氏之珍。磨之不加莹，雕之不增文。禀气坚贞，受之自然。只是理枉屈纡，绕而不得申。"

　　曹操一笑而去，第二天刘桢便获释了。①

刘桢求饶

　　建安七子，唯刘公干独为诸王子所亲，五官将尝宴诸文学，酒酣，命甄夫人出拜。坐中咸伏，公干独平视。太祖闻之，乃收治罪，减死输作署吏。桢尝有赠从弟诗，云："亭亭山上松，瑟瑟谷中风。风声一何盛，松枝一何劲。"其寄意如是，故虽输作而不悔云。

　　刘公干辩敏无对。既坐平视甄夫人，配输作部，太祖至尚方观作，见刘匡坐磨石，公问："石何如？"刘因喻己自理，跽而答曰："石出荆山悬岩之颠，外有五色之文，内含卞氏之珍，磨之不加莹，雕之不增文，禀气坚贞，受之自然，顾其理枉屈纡绕而不得申。"公笑释之。

　　　　　　　　　　　——（明）蒋一葵《尧山堂外纪》

　　与君主侍对，和与日常生活的平凡人的谈话一样，都是一种以语言为工具的交际活动。交际者和受交际者的问答语言都是作为一种指号而使对方得到一些信息刺激。交际的双方既是指号的发出者，又是指号意谓的解释者。从言语交际学的理论原则上看，为了保证交际有效地进行下去，交际的双方，即交际者与受交际者都必须不断地发出给对方以刺激的言语指号，而另一方则要不断地解释、破译对方指号的意谓内涵，然后再针对被解释的意谓内容回复对方一个新的反应指号。这样，当交际终结时，交际者与受交际者都收到了交际效果，信息、思想、情感等的交流任务就得以实现了。但是，有时候"一个指号能够有所指示而它的解释者却不知道它是否有所指示"，或者"一个解释者可以知道一个指号有所指示而他自己却不直接接触到指号的所指示"，这样，"意谓和知识就不

---

　　①　刘桢答曹操之事，见于（明）蒋一葵：《尧山堂外纪》卷八"刘桢"二条。

限制于作为解释者的行为的直接刺激的那一部分世界"。① 为此，交际者通过指号来指导受交际者对他所指示的意谓内容加以解释并作出反应，受交际者通过解释交际者所发出的指号并对之作出回复行为或表示肯否的态度，其间双方都必须对提供交际内容的共有知识的最后控制证据"到他自己行为所在的那个环境中去寻找"②。也就是说，交际者要使受交际者把握他所发出的言语指号的内涵，受交际者要破译交际者所给言语指号的真正意蕴，都必须明了共同拥有的语境参数。曹操与袁绍决战获胜后，得袁熙美妻甄氏，意欲纳为己妾，不意被长子曹丕据先，占为己妻。曹操为此常怀惆怅之情，这个是刘桢所知道的内情。刘桢不守封建道德规范，平视曹丕之妻甄氏，犯了冒渎君上之罪；同时，又勾起了曹操对甄氏的旧情难舍之愁。这个，刘桢知道，曹操更清楚。曹操不正是因为这个缘故才把刘桢充了役吗？

既然刘桢充役的原因被披露出来了，那么，我们破译刘桢以片语解脱苦役的语言智慧也就有了一个可依据的语境参数了，对曹、刘问答语篇的语义分析也就可以进行了。

曹操问："这石头怎么样？"表层语义是说：石头硬不硬？磨石苦不苦？而深层语义的指向则是说：知道你充役磨石的原因了吗？这也是问刘桢认识到错误没有。刘桢是个聪明人，一听曹操的问话语篇似乎隐含有一种弦外之音：想不想承认错误，得到释放。于是，他便借坡下驴，以石自喻。表面看来是说玉石，实则是这样一段深层语义：我刘桢是块和氏玉，不管你曹操怎样对待我，我都是不会改变自己坚贞品性的，这是天性使然。只不过我像和氏玉一样，只因雕理不当，故没能为世人真正赏识。这种语义指向本是刘桢回答曹操问话的真蕴。但是，又不那么明露，明白人自然可以理喻。这便是侍对中的"言而不尽"但又"意在其中"的独特技巧。

---

① ［美］莫里斯著，罗兰、周易译：《指号·语言和行为》，上海人民出版社1989年版，第136页。

② ［美］莫里斯著，罗兰、周易译：《指号·语言和行为》，上海人民出版社1989年版，第136页。

如此借景生情的语言对答，既表现了刘桢坚贞不屈的品性，又含而不露地向曹操认了"理屈"之错。试想，生平喜爱正直有骨气之士而又爱才的曹操，能不笑而释之吗？

　　运用比喻，就近取譬，是中国历来文学作品创作的一个基本方法。例如屈原作《离骚》，"依《诗》取兴，引类譬喻"，"善鸟香草，以配忠贞；恶禽臭物，以比谗佞；灵修美人，以媲于君；宓妃佚女，以譬贤臣；虬龙鸾凤，以托君子；飘风云霓，以为小人"①，就是一个典型的例证。之所以如此，是因为这样能使"其词温而雅，其义皎而朗"②。因此，早在西汉时代，儒学大师董仲舒就以"水"为例说明了取譬比喻的重要意义：

> 循溪谷不迷，或奏万里而必至，既似知者：郭防山而能清净，既似知命者；不清而入，洁清而出，既似善化者；赴千仞之壑，入而不疑，既以勇者；……咸得之而生，失之而死，既似有德者。（《春秋繁露·山川颂》）

文学创作中比喻、取譬，有"得之而生，失之而死"的独特功用，从刘桢取喻对答曹操的事例中，我们已经可以看得很明白了。至于比喻、取譬手法在口语交际与侍对中发挥"含不尽之意，见于言外"③的独特效用，我们从上例中也能看得非常清楚。

---

① （汉）王逸：《楚辞章句》。
② （汉）王逸：《楚辞章句》。
③ （宋）梅尧臣语，见于欧阳修：《六一诗话》。

第四章　君君臣臣，出语攸关：
侍对的智慧（下）

一、阳奉阴违：曹植"煮豆持作羹"

曹丕、曹植，大家都知道，他们是三国时曹操的两个儿子，曹丕为长，曹植为次。但曹植才气远比其兄曹丕大得多，史称"建安之杰"，文学家们都崇拜地说他"才高八斗"。正因为如此，曹操生前特别喜爱这个聪明的儿子，意欲立为太子。不意，曹操死后，曹丕继了王位，并逼迫汉献帝禅了位，当上了皇帝。

因为曹植从前有与曹丕争太子的过节，曹丕称帝后便不断设计陷害曹植，只是碍于其母面上，未得其便。后来有一次，曹姓众王与群臣朝觐曹丕。曹丕一见曹植亦在其列，又生恨心，眼睛一溜转，立时生出一个坏主意，要曹植当着众王与诸大臣之面，在七步之内成诗；不成，则行大法。大家都明白，这是曹丕变着法子想除掉曹植。

既然皇帝有令，曹植为臣，就得奉行，不行也得硬上。还好，曹植是真才子，果然七步之内吟成一诗：

> 煮豆持作羹，漉菽以为汁。
> 萁在釜下燃，豆在釜中泣。
> 本自同根生，相煎何太急？

诗成，众王与诸臣惊叹地看了看曹植；曹丕则坐于龙位上，垂首半日无语。①

曹植七步成诗

文帝尝令东阿王七步作诗，不成者行大法。应声便为诗曰："煮豆持作羹，漉菽以为汁。萁在釜下燃，豆在釜中泣。本自同根生，相煎何太急？"帝深有惭色。

——（南朝·宋）刘义庆《世说新语·文学》

曹丕虽然是皇帝，曹植虽然是臣下，但是曹丕的要求和曹植的侍对，则不以权势为转移地构成了一个言语交际场。曹丕是交际者，曹植是受交际者，双方在这场交际中必须建立起一种属于意谓的共有状态（commonage）。根据言语交际的理论，"一个人意谓愤怒，他可能应用一些指号来使另外一个人意谓愤怒而却不一定使这个人愤怒"，这是因为"一个人愤怒，可能是使另一个人愤怒的原因，而指号可能是、也可能不是建立这种共有状态的手段"②。曹丕的指号——让曹植七步成诗，因为太苛刻，而且有存心刁难之意，这可能会造成曹植愤怒或作不出诗两种后果。如果曹丕的指号与曹植的行为结果构成了一种一致的共有状态，也就是说堕入曹丕事先设计好的陷阱，则曹丕的指号便告有效，而曹植"受大法"、小命呜呼必成定局。但是，事实上曹植的行为结果没有与曹丕的指号意谓构成一致的共有状态，即曹植七步成了诗。于是，曹丕的言语指号便失灵了，亦即陷害曹植的阴谋未能得逞。相反，曹植却趁此机会，以"阳奉阴违"的讽刺艺术，表面遵旨作诗，而暗中则于诗的字里行间寄寓了深刻的讽刺、批判、谴责之义。故曹丕不仅未能成功陷害曹植，反而被其讽刺得垂首无语。这个便是曹植"阳奉阴违"的侍对机智所在。

---

① 曹植七步成诗之事，见于《世说新语·文学》。

② ［美］莫里斯著，罗兰、周易译：《指号·语言和行为》，上海人民出版社1989年版，第144页。

那么，曹植一诗何以有如此奇效呢？我们不妨对曹植的七步诗进行一番语义分析，看其艺术性何在。

表面看来，曹植的七步诗说的是：煮豆为汁作羹，豆萁在釜下燃烧，豆却在釜中哭泣。本来豆萁、豆实同为一根所生，现在豆萁何必作为煎熬豆实之燃料呢？而实际呢？语义远远不仅于此。我们从众臣的惊讶神色，从曹丕的惭愧情态，足可以窥见其必有深意所在之端倪。那么，深意是什么呢？

曹丕、曹植同为曹操之子，曹丕屡次要迫害曹植。这两点是众臣、众王，也是二曹本人都皆知的语境背景。以此语境为参数，人们不难发现曹植诗中所言的"豆萁"（豆秸秆）便是隐指曹丕，而在"釜中泣"之"豆"便是隐喻曹植自己。既如此，则全诗的真正语义指向就明晰地浮现出来了，这是曹植在愤怒地谴责其兄曹丕同室操戈、手足相残的无义行为。试想，作为一个为天下人表率的皇帝，曹丕能不惭愧垂首吗？

中国是一个诗的国度，中国的诗自古以来便有一种崇尚含蓄、蕴藉的文化精神，这也是大家都知道的。比方说被人称为"诗圣"的杜甫，有一首著名的诗篇叫《春望》，诗云：

> 国破山河在，城春草木深。
> 感时花溅泪，恨别鸟惊心。
> 烽火连三月，家书抵万金。
> 白头搔更短，浑欲不胜簪。

它是慨叹"安史之乱"给国家、人民所带来的深重灾难，抒发作者在"满目悲生事，因人作远游"的颠沛流离生活中那种深沉的爱国、忧民、感时之情怀。但是，诗的字面却根本不触及这些，只是以婉曲的笔调含蓄地表露了这种思想倾向。因此宋人司马光极力推崇此诗，他在其《迂叟诗话》中曾这样评道：

> 古人为诗，贵于意在言外，使人思而得之。近世诗

人，惟杜子美最得诗人之体。如《春望》："国破山河在，
城春草木深。感时花溅泪，恨别鸟惊心。""山河在"，明
无余物矣。"草木深"，明无人矣。花鸟，平时可娱之物；
见之而泣，闻之而恐，则时可知矣。……

由杜甫作诗追求含蓄、蕴藉的风格，由司马光推崇"为诗，贵
于意在言外，使人思而得之"的境界，我们足可以看出中国人所特
有的作诗、读诗心理，了解到"不著一字，尽得风流"①、"含不尽
之意，见于言外"② 的诗教得以形成的原因，领悟到中国修辞文化
崇尚含蓄精神的真谛。

曹植的七步诗之所以能使其兄曹丕阴谋失败，且惭愧不已，其
原因不能不与他的诗"缘情蓄意"③、"明意包内外"④ 的含蓄、婉
曲技巧有关。因为这一方面使颇得中国诗教真谛的曹丕为曹植的作
诗艺术所倾倒，在众臣面前不得不承认他的诗是符合要求的，自然
不可对他"行大法"；另一方面又使曹丕在曹植诗的"言外""思而
得之"其深层语义是在指责自己残害"本是同根生"的手足兄弟之
恶行。因为"七步诗"有此双妙，故曹丕的阴谋失败了，曹植的自
救成功了。

二、缘情蓄意：李喜"畏法而至"

说起司马氏篡魏之事，不禁使人想起司马景王即司马师独断专
行、残酷迫害异己之事。当时稍与曹氏有些交往和关系的人，都在
他的打击、迫害范围内。一时间弄得世道黑暗透顶，真可谓是"万
马齐喑"。当时的著名诗人阮籍、嵇康等人，虽然只是在诗歌创作
与文学见解上与曹氏有些共同点，政治上并无多少瓜葛，但也为司

---

① （唐）司空图：《诗品·含蓄》。
② （宋）梅尧臣语，转引自欧阳修：《六一诗话》。
③ （唐）淳大师：《诗评》。
④ （唐）徐寅：《雅道机要》。

马氏所不容。因此，阮籍等人竟发出了"一身不自保，何况恋妻子"的悲叹。当时的政治恐怖，由此可见一斑。但是，对于司马氏来说，惧怕他的人越多他就越高兴。因为这表明曹氏江山差不多姓司马了。为此，司马师以威逼手段胁迫上党人李喜从事中郎后，曾得意地问李喜：

"以前，先公征召您，您不肯屈就；今孤召见您，怎么来了？"

李喜看看司马师，良久，不卑不亢地回答道：

"先公以礼见待，故得以礼进退；明公以法见绳，喜畏法而至。"

司马师一听，立时面红耳赤。好久，哈哈一笑。不过，李喜听出了这是一种干笑，装出来的笑。①

李喜对话司马师

司马景王东征，取上党李喜，以为从事中郎。因问喜曰："昔先公辟君不就，今孤召君，何以来？"喜对曰："先公以礼见待，故得以礼进退；明公以法见绳，喜畏法而至耳！"

——（南朝·宋）刘义庆《世说新语·言语》

司马师为何脸红？司马师为何干笑？要回答这些问题，我们得先来分析一下司马师与李喜问答语篇的语义内涵。司马师问："以前，先公征召您，您不肯屈就；今孤召见您，怎么来了？"表层语义是说：昔日我父亲司马懿礼请你为官，你却不肯；今日我命召你来就职，为何不推让？这话听上去似乎是两个很平常的疑问句，是想求教李喜前后行为不一的原因。

其实，这只是不明情势的局外人的看法，事实远非如此。司马氏为了篡夺魏政权，扫平谋位的道路，从曹丕死后就不断打击迫害曹党人物及当时的正直之士。李喜为当时高士，颇有名望，司马懿

---

① 李喜智答司马师之事，见于《世说新语·言语》。

想拉拢他出山成为自己的羽翼。而李喜早就看清了司马氏与曹氏斗争的残酷现实，于是就想回避，不愿卷入这种黑暗的政治斗争旋涡。故此司马懿请他为官，他婉言谢绝了。当时，司马懿为了维持局面，还不敢公然迫害高士李喜，所以李喜能够推托掉司马懿所封的官职。但是，到了司马师时期，司马氏篡魏的野心已不再隐瞒了，迫害异己分子也变得公开化了。因此，在此情势下，司马师召命李喜出来做官，李喜岂敢推托、拒绝？就因为这个原因，李喜迫不得已来见司马师了。

了解到司马师与李喜问答的语境，那么，司马师所问之语的深层语义也就很明白了："李喜，你为何敬酒不吃吃罚酒，牵着不走，打着倒退？"李喜既然知道明哲保身的哲学，在高压手段下来见司马师，自然是个聪明人了。故此，当司马师的问语一出口，他便立即破译了司马师问话语篇的真正语义指向。因此，他没有立即回答，而是想了一会才说道："先公以礼见待，故得以礼进退；明公以法见绳，喜畏法而至。"这话从表层语义看，似乎很客观、很中听；既回答了自己前后行为不一的原因，又歌颂了司马懿礼贤下士、司马师法治清明的圣武。其实，这种语义只是一种错觉形式，它是由李喜所运用的"缘情蓄意"的语言技巧所造成的。它的真正内涵，亦即深层语义指向则不是歌颂，而是讽刺、批评，饱含着对司马师作威作福、实行高压政治手段的血泪控诉。正因为如此，司马师听后才面红耳赤，良久无语。但是，由于"缘情蓄意"手法的高妙，李喜的回答语篇具有多重意蕴，使司马师虽知在嘲讽他，但没有语柄可抓。这便是司马师只好干笑的原因。

所谓"缘情蓄意"，就是根据特定情境，使语言表达有一种含蓄、委婉的韵致，使受交际者在反复咀嚼交际者的言语及言语作品（文章等）时，有一种味之不尽的感受，亦即文论家们常说的"语尽意远"、"文外有旨"、"言外有意"、"无其辞而含其意"等蕴藉境界。关于这一特点，唐代淳大师的《诗评》解释得颇为具体、形象：

夫缘情蓄意，……高不言高，意中含其高；远不言远，意中含其远；闲不言闲，意中含其闲；静不言静，意中含其静。

可见，"缘情蓄意"实是一种"明意包内外"的修辞手法。它要求交际者所发出的言语指号有内意与外意之别。外意所看重的是语言文字所直接表达的辞面义，即表层语义，其作用是要给受交际者破译交际者所给定的言语指号的深层语义带来假象，使深层语义与思想内蕴显得更深沉，这对于受交际者是帝王的情形尤为重要，李喜的侍对之妙不正是如此吗？所谓内意，则是交际者所要表达的内含意旨，亦即上面所说的"深层语义"，或者说是"隐喻义"。当交际者所发出的言语指号具备了内、外意的区别，而且被受交际者的一方所准确破译，那么，这场言语交际的特殊效果也就达到了。

三、借花献佛：裴楷"天得一以清"

元代话本小说《三国志平话》中有这样一个故事：汉高祖刘邦打败西楚霸王项羽后，得意洋洋地登上了至高无上的皇帝宝座。可是他原是个地痞无赖出身，人格素质极差。当天下刚刚安定下来后，他便开始诛杀有功之臣。当初为他创业奠定基础的韩信、彭越、英布三员大将，就是他与吕雉蓄意屈杀的。韩信、彭越、英布之功，汉人有口皆碑，自然三人死后亦不能瞑目了。于是，三人便向上帝诉冤，要求平反昭雪，落实政策。上帝感于三人冤苦深重，便让一人间秀才司马仲相判决此案。司马秀才思虑再三，没有更好的惩罚刘邦的办法，便设置了一个报应的结局：即让韩信投生为曹操，彭越投生为孙权，英布投生为刘备，三分刘氏汉室天下以报宿怨。上帝觉得司马仲相判得公允，便再命司马仲相投生为司马懿，削平三国，重新收拾天下残局。

当然，这个故事是小说家编出来的，确实是"满纸荒唐言"。但是，历史似乎证实，刘邦确实是屈杀了韩信、彭越、英布三位有功之臣；曹操、孙权、刘备确实是三分了汉室天下；司马氏也确实是篡夺了魏政权，削平了三国，建立了统一的西晋王朝。以此看来，这个故事所宣扬的"天道好还"的因果报应的观点，似乎还有些道理呢！不是吗？请看晋武帝司马炎刚建立西晋政权时的那种忧虑情态：

咸熙二年，也就是公元265年，金秋之季，秋风送爽，丹桂飘香，司马炎软硬兼施地逼迫魏元帝曹奂禅让帝位后，得意非凡地坐上了龙位。这激动的心情自然是可以想象得出的。不意这司马皇帝却乐极忧生，考虑起晋祚的久暂来了，于是便占了一卦，结果探策得"一"。司马炎见之，龙颜不悦，群臣相视无言，多有失色之人。良久，侍中裴楷出班奏道：

"臣闻天得一以清，地得一以宁，侯王得一以为天下贞。"

司马炎一听"一"是预示他的晋王朝天祚久远，不是表示只有一年的国祚，立即龙颜大悦，多云转晴，群臣一片欢呼。[1]

晋武帝忧虑国祚

晋武帝始登阼，探策得"一"。王者世数，系此多少。帝既不说，群臣失色，莫能有言者。侍中裴楷进曰："臣闻天得一以清，地得一以宁，侯王得一以为天下贞。"帝说，群臣叹服。

——（南朝·宋）刘义庆《世说新语·言语》

在汉语词汇库中，有一句为大家所熟知的成语"言简意赅"。上叙裴楷侍答晋武帝司马炎的话，寥寥20余字，可谓简而又简。但是，它的效果却不同寻常，立时能使司马皇帝转忧为喜，谁能说这不是"意赅"之语呢？可见，言贵精，而不在多；言贵适时，而不在强调、反复。正如《墨子·佚文》所说：

---

[1] 裴楷侍对司马炎之事，见于《世说新语·言语》。

子禽问曰："多言有益乎?"墨子曰："虾蟆蛙蝇，日夜而鸣，舌干擗然而不听。今鹤鸡时夜而鸣，天下振动。多言无益，唯其言之时也。"

裴楷言之不多，但言之及时，解除了司马炎的忧祚心理，使司马炎探策得"一"后的那种忧心忡忡的消极情绪一扫而光，转而对自己江山的万世永保前景感到信心十足，欢欣鼓舞。怪不得后来裴楷得到了司马炎的重任。

其实，读过《老子》的人都知道，裴楷应对的"天得一以清，地得一以宁，侯王得一以为天下贞"之语，原出于《老子》三十九章，并非裴楷的独创妙语。说穿了，这是侍对中的"借花献佛"之术。当然，话应该说回来。裴楷在此情此景下借《老子》之语献给司马炎作解除忧祚心理之药，确是再妙不过。说得夸张点，这一"借花献佛"的侍对智慧是"前无古人，后无来者"的典范，大可供古今中外的人们借鉴、学习。

所谓"借花献佛"之术，实是中国古代传统的一种修辞方法，名之曰"稽古"。其作用有二：或是"援引古人的事迹来证实自己的论点"[1]，或是引前人名言妙语融入自己的言语表达之中，以增加说写的说服力或意趣。前者在中国古人的说写中非常普遍，如汉·司马迁《报任安书》有曰：

古者富贵而名磨灭，不可胜记，唯倜傥非常之人称焉。盖文王拘而演《周易》；仲尼厄而作《春秋》；屈原放逐，乃赋《离骚》；左丘失明，厥有《国语》；孙子膑脚，《兵法》修列；不韦迁蜀，世传《吕览》；韩非囚秦，《说难》、《孤愤》；《诗》三百篇，大抵贤圣发愤之所为作也。

这里，作者为了论证自己的观点："古者富贵而名磨灭，不可

---

[1] 王力：《古代汉语》，中华书局1982年版，第1362页。

胜记，唯倜傥非常之人称焉"，稽引了周文王、孔子、屈原、左丘明、孙膑、吕不韦、韩非以及《诗经》作者等人逆境而有作为的例证，不仅增强了说服力，而且也增强了文章气势，表达效果非常好。

后者在古今文学作品中则更是常见，如三国魏·曹操《短歌行》：

> 对酒当歌，人生几何？譬如朝露，去日苦多。
> 慨当以慷，忧思难忘。何以解忧？惟有杜康。
> 青青子衿，悠悠我心。但为君故，沉吟至今。
> 呦呦鹿鸣，食野之苹。我有嘉宾，鼓瑟吹笙。
> 明明如月，何时可掇？忧从中来，不可断绝。
> 越陌度阡，枉用相存。契阔谈□，心念旧恩。
> 月明星稀，乌鹊南飞。绕树三匝，何枝可依？
> 山不厌高，水不厌深。周公吐哺，天下归心。

其中"青青子衿，悠悠我心"二句，系引自《诗经·郑风·子衿》；"呦呦鹿鸣，食野之苹"二句，系引自《诗经·小雅·鹿鸣》。由于引用得巧妙，与原诗融为一体，有水乳交融之妙，不仅增加了诗歌古雅的韵味，也丰富了诗的意境内涵。

上述裴楷一语能使司马炎转忧为喜，运用的正是后一种"引用"手法。虽说这不是裴氏的发明，但是由于运用得入情入理，恰时恰景，故产生了特效。

四、曲用典故：顾荣"王者以天下为家"

想当初，曾威赫不可一世的司马氏，虽然很有魄力地削平了三国鼎立的局面，建立了统一的西晋政权。但仅50年便被北方少数民族打败，统一的晋王朝也不复存在了。不过，琅邪王司马睿虽仓皇败逃，但还毕竟过江创立了基业，建立了东晋政权，他自己便成了晋元帝。然而，大江之北却已不是司马氏的天下了，东晋只能龟缩于东南一隅，"躲进小楼成一统"而已。

虽说司马睿是做了皇帝，但初至江南时总觉得耻辱，常怀愧对祖宗之心，锦绣一般的北中国此时却不姓司马氏了。为此，司马睿曾一度十分悲伤，但又无力恢复故晋失地。一次四顾无人，情不自禁地向骠骑将军顾荣倾吐了心声：

"寄人国土，心常怀惭。"

顾荣一听，就明白了司马睿的意思，他是说江东本是孙权旧国，自己的根据地是在中原及西北，现在江南建都是无奈之举。顾荣深知司马睿此时的心情，遂跪答道：

"臣闻王者以天下为家。所以，商朝的君主或是耿邑为都，或以亳邑为都，没有固定之处。至于周武王，还将九鼎迁于东都洛邑。希望陛下不要把迁都的事看得太重。"

司马睿逃到江南，没有根底，他本来就怕得不到江南高门望族的认同与支持，所以说了这番话，目的是想试探顾荣内心是否支持自己，因为顾荣是江南望族的代表人物。而今听顾荣这样一说，他内心就笃定了，既不担心得不到江南氏族的支持，又不怕再愧对司马氏祖先，而大可偏安江左，做他的小皇帝了。

正因为如此，听了顾荣的话后，司马睿顿时龙颜大悦，从此就真的"以天下为家"了，在江南一隅做起了太平天子，不以故晋为念了。①

顾荣劝慰晋元帝

元帝始过江，谓顾骠骑曰："寄人国土，心常怀惭。"荣跪对曰："臣闻王者以天下为家，是以耿、亳无定处，九鼎迁洛邑。愿陛下勿以迁都为念。"

—— （南朝·宋）刘义庆《世说新语·言语》

---

① 顾荣侍答晋元帝之事，见于《世说新语·言语》。

曹操有诗曰："何以解忧？惟有杜康。"从晋元帝之事观之，并非如此。解忧未必只有酒，清言妙语何尝不是一剂医治心病的良方呢？晋元帝司马睿"寄人国土，心常怀惭"的感慨，表层语义似乎是说："我从北方逃过长江，丢失北中国的大片领土不能收复，想起祖宗便很惭愧。"而在了解他的顾荣听来，这并不是司马睿说这番话的真正用意，亦即是说司马睿的话语之隐喻义是说："我偏安江左，不顾北方故国人民，老百姓与众臣会不会骂我贪图安逸，不求进取，是个无能之君？江东的氏族与广大百姓又是如何看我呢？"

顾荣早就揣摩透了司马睿这种既想安逸，又怕天下舆论哗然的矛盾心态。因此，当司马睿向他倾诉心曲时，他就明白这是皇上要他排解思想矛盾。于是，他便先引《公羊传》中的一句名言"王者以天下为家"来劝慰司马睿，让司马睿不要以定都江南为怀，要有古圣人"天下为家"的宽大胸襟。因为对天子来说，普天之下莫非皇土，定都长安与定都建康，都一样。这样的一颗"宽心丸"，足可以让司马睿服下而开怀几天了。但是，顾荣觉得这还不能彻底根治司马睿的心病。于是，他便又引用了殷商之君祖乙迁耿、盘庚迁亳和周武王迁九鼎于洛邑的典故，使司马睿建都建康有了一种历史可循的根据。

这番劝慰语，表面看来十分自然，用典也颇贴切。其实，这只是顾荣为了安慰晋元帝，给他偏安江南找的一个体面的理由而已。因为这个典故的运用并不符合真实的历史，殷代的祖乙、盘庚，周代的武王等，确实迁过都，但是他们的迁都行为都是主动的，都是为了求取国家的发展、人民生活的安定富裕，而不是被异族敌人打败，被迫迁都的。他们的迁都，都曾创造了历史上有名的盛世业绩。而司马睿迁都呢？不是主动而为，而是被打得落花流水后的无奈结果。就司马睿的意愿来说，他何尝不打内心深处想杀回长安，一统天下呢？只是现在他没有这个能力，他也不想去吃苦、受惊，所以他才定都于江南。顾荣的这种用典，实际上并不符合修辞学原则上的"用典"要求，而是一种曲用典故的表现。不过，应该指出的是，顾荣的这番曲用典故是特定情境下的特定做法，虽不符合修辞学的"用典"原则，司马睿也知道顾荣这是故作逢迎的宽慰语，但在特定情境下达到了独特的交际效用。

"用典"，是一种征引先代事迹以作为文章、言语交际论点佐证的修辞手法，加强写、说之劝诱力、说服力的效果十分明显。因此，中国古人特别喜欢运用这种修辞手法。如汉·邹阳《狱中上梁王书》开头一段文字有曰：

> 臣闻"忠无不报，信不见疑"，臣常以为然，徒虚语耳。昔荆轲慕燕丹之义，白虹贯日，太子畏之；卫先生为秦画长平之事，太白食昴，昭王疑之。夫精变天地，而信不谕两主，岂不哀哉！今臣尽忠竭诚，毕议愿知，左右不明，卒从吏讯，为世所疑。是使荆轲、卫先生复起，而燕、秦不寤也。愿大王孰察之。昔玉人献宝，楚王诛之；李斯竭忠，胡亥极刑。是以箕子阳狂，接舆避世，恐遭此患也。愿大王察玉人、李斯之意，而后楚王、胡亥之听，毋使臣为箕子、接舆所笑。臣闻比干剖心，子胥鸱夷，臣始不信，乃今知之。愿大王孰察，少加怜焉。

邹阳为西汉初期奇才，不仅以文章名于世，而且深具文韬武略。初事吴王刘濞，认为刘濞谋反不能成事，力谏之，但刘濞不听。于是，改投梁孝王门下。但不久遭人谗言陷害，被梁孝王投入牢中，并准备杀掉。邹阳觉得冤枉，乃在狱中给梁孝王写了一封信，申述自己的冤屈。书信一开头就提出一个观点："臣闻'忠无不报，信不见疑'，臣常以为然，徒虚语耳。"为了证明这一论点，表明自己是冤枉的，他先征引了荆轲、卫先生忠心而被怀疑的事例，然后又举楚人献玉、李斯尽忠而不得善终的往事，从而有力地论证了自己的观点："忠心为主，未必有好结果。"这封书信递到梁孝王手里，梁孝王读了非常感动，认识到他是受了冤屈，于是就释放了他，并从此将之视为座上宾，信用有加。可见，"用典"用得好，效果是非常明显的。邹阳如果不是因为"用典"用得好，恐怕很难论证自己的观点是对的，要想为自己洗雪冤屈，使梁孝王感动，那就更不可能了。

应该指出的是，"用典"作为一种有效的修辞手段，有"正用"与"曲用"两种情况。前述邹阳向梁孝王申诉冤屈时所用的，属于"正用"；而上述顾荣劝司马睿的话，则是"曲用"。根据修辞学的原则，无论是文学创作还是口语交际，一般"用典"都以"正用"为常规。但是，语言表达是以接受效果论成败的，因此有时原则也是可以突破的，或曰变通。事实上，无论是文学作品的创作，还是言语交际活动，若恪守前人古训与条条框框不变，将会使作品缺乏活力、使言语交际任务不能圆满完成。正确的态度是掌握"通变之术"，"凭情以会通，负气以适变"，遵守"变通适会"①的原则。这样才能使文章更富有感染力，使言语交际更富有艺术性。顾荣"曲用典故"的智慧及其效果，也正说明了这一点。

五、围魏救赵：纪昀"风雨云雷任从驱遣"

清代的乾隆皇帝，曾经执政 60 年，使大清王朝的统治达到了鼎盛的局面。可见，乾隆治国安邦是有两下子的，足可与其祖父康熙大帝相提并论。

可是，若论起学问来，则乾隆就远不及其祖父康熙了。不仅如此，乾隆还有一种令人讨厌的坏毛病：这便是半桶水晃来荡去，好为人师，妒才使气，故此他的臣下都怕与他唱和、答对。因为若臣下与之唱和的诗作或与之辩难的水平不及他，他则讥笑别人，让人下不了台；若臣下超过了他，他又觉得自己没面子，于是又使气给别人脸色看。如此皇上，又有哪位大臣不怕呢？即使是当时号为一代文宗的纪昀，有时也怕与乾隆交口。

乾隆执政晚年的一个清风丽日的夏天，乾隆不知有何喜事，一高兴，便在宫内大摆宴席，请群臣大餐一顿。那酒席之丰盛，食物

①（南朝·梁）刘勰：《文心雕龙·通变》。

75

之精致，就甭提了。因为那是皇上请客，哪有可挑剔的呢？大臣们虽也吃过不少山珍海味，但毕竟比不过今日皇上的御宴啊！好，吃吧！反正皇上用的是公款，不是乾隆自己掏兜儿，不吃白不吃。于是，大臣们都吃得很开心，饮得颇畅快。

突然，正当大家"万马战犹酣"时，宫外风吼雷鸣，大雨倾盆。说怪也不怪，夏天的天气本来就如孩儿脸，说变就变，晴转雨亦属正常。不料，乾隆一见，可高兴了！立时站起，对大臣们说道：

"诸位爱卿，对此情景，朕有一联，叫做：玉帝行兵，风刀雨箭云旗雷鼓天为阵。"

你还别说，乾隆这一下还真有点水平呢！不仅组字成句颇为巧妙，贴合当时情景，而且出句颇有气派。于是，众臣一片叫好，所有马屁精都趁机出来称颂了一番，内行的、外行的都有。

"众爱卿，哪位有下联续对朕之上联？"待众臣阿谀奉承完毕之后，乾隆突然开言问道。

顿时，刚才的活跃气氛一扫而光。良久，席上一片寂静。有几位才学颇好的大臣正在凝眉思虑，而更多的大臣则埋头无语。

乾隆见此情景，顿时开心了。因为这么多的饱学大臣竟然没有一个能对得上自己的上联，可见自己不仅地位天下第一，就是学问也堪称天下无双了。

又过了一会，乾隆突然瞥见纪昀，见他神态悠闲，这才想起了这位一号才子。于是，他便笑对纪昀道：

"纪爱卿，你可对得上来？"

纪昀见乾隆点将点到了自己头上，便笑了笑，谦恭地答道：

"圣上！臣倒是有一下联，不知对得上对不上？"

"纪爱卿，请快快说来！"乾隆一听，心想，果然纪昀超群。于是，便催促道。

"遵旨！臣的下联是：龙王设宴，日灯月烛山肴海酒地当盘。"纪昀不紧不慢地答道。

话音刚落，群臣一片惊叹，个个啧啧有声。不料，乾隆听后，却半日面无喜色，沉吟无语。群臣见此，大感不解。

"圣上为天子，故风雨云雷任从驱遣，威震天下；臣乃酒囊饭袋，故视日月山海都在筵席之中。可见，圣上好大神威，为臣不过好大肚皮罢了！"纪昀看看乾隆，接着补了一句。

经纪昀这么一解释，乾隆顿时喜逐颜开，连忙笑着对众臣表扬纪昀道：

"纪爱卿饭量虽好，如不是胸藏万卷，也不会有如此之大肚皮！"

于是，席上气氛又活跃起来。①

纪晓岚妙语化险为夷

玉帝行兵，风刀雨箭云旗雷鼓天为阵；（乾隆）

龙王设宴，日灯月烛山肴海酒地当盘。（纪昀）

乾隆皇帝一日设宴招待群臣，席间电闪雷鸣，大雨倾盆，当即出此上句要众臣续对。出句颇为巧妙，且有气魄，后只有纪昀所对中圣意。纪昀解释说："圣上为天子，故风雨云雷任从驱遣，威震天下；臣乃酒囊饭袋，故视日月山海都在筵席之中。可见，圣上好大的神威，为臣不过好大肚皮耳！"乾隆听了，笑逐颜开，说："爱卿饭量虽好，如无胸藏万卷，也不会有如此之大肚皮！"群臣一片惊叹。

http://blog.sina.com.cn/s/blog_5139f1a701008u6h.html

司马迁在《史记·孙子吴起列传》中记载了这样一个故事：战国时代，魏国出兵征伐赵国，赵国国都邯郸告急。赵王不得已，使人至齐国求救，齐王命田忌与孙膑率军救赵。孙、田二人是当时著名的军事家，奉命出兵后，没有直接去邯郸解救赵国，而是去围攻魏国的首都大梁。魏军闻讯，即刻撤兵回救。不料，齐军已中途设

---

① 此故事是二十多年前笔者根据复旦大学图书馆中一本小书而来，书名今已失记，原书今亦查找不到。但这个故事是存在的，并非笔者杜撰。今日我们上网还能读到类似的故事。如有一段文字，题为"纪昀应对、合撰联"（http://blog.sina.com.cn/s/blog_5139f1a701008u6h.html）。

伏，结果不仅解了赵都邯郸之围，而且还在桂陵隘道重创了魏军，一举歼灭魏国八万大军。这个故事，便是中国古代军事史上有名的"围魏救赵"之计。

没想到，公元前353年由孙膑、田忌所发明的"围魏救赵"之计，在两千年后的清朝乾隆时代，却被纪昀用在了侍对乾隆皇帝的言语交际中，而且还发挥了独特的效果。它不仅使纪昀免去了可能面临的灾难，而且还受到了乾隆的表扬，使乾隆更加钦佩他的机智与才华。

本来，乾隆的上联："玉帝行兵，风刀雨箭云旗雷鼓天为阵"，出得很有水平。单独来看，这无疑是一个很巧妙、很有皇帝气派的上联。它将电闪雷鸣、风雨交加的情景比作行兵布阵，形象地展现出乾隆作为一代雄主的豪迈气势与阔大胸襟。但是，当纪昀的下联续出、上下联比合参照之后，乾隆的上联不免失却了先前的光彩，变得暗淡起来。因为纪昀的下联"龙王设宴，日灯月烛山肴海酒地当盘"，不仅同样适情适景，字句对仗上丝毫不与乾隆的上联有爽，而且气势上压过了乾隆。乾隆联中的关键字是"风"、"雨"、"云"、"雷"，纪昀联语中与之相对的则是"日"、"月"、"山"、"海"。从形象意义来看，无疑是后者大于前者。由于乾隆本人不是傻瓜，他一比较上下联，便知纪昀压过了自己。又由于乾隆向来好为人师、自以为是、逞能好胜，所以比较后便妒才使起气来。这样一来，从联对本身来看，纪昀把乾隆围在了城内，使之动弹不得。但是，从侍对结果来看，则纪昀的妙对无疑又将自己围在了城内。因为他的下联超过了乾隆，乾隆生气了。既是如此，纪昀的侍对实际上已落入了作茧自缚的境地。从君臣侍对的要求来说，惹皇帝生气的侍对，不管它的艺术性怎样高，也应该说是失败的言语交际。

也许有人要为纪昀抱不平，明明是乾隆自己的上联不及纪昀的下联，怎么不怪自己的才华不够，反而怨怪纪昀多才呢？这真是蛮不讲理！是，不讲理就不讲理，反正乾隆是皇上，纪昀是臣下，皇上总是对的，这便是中国封建时代的"公理"！纪昀也知道自己没错，但是他懂得这条"公理"。因此，他立即意识到自己惹了祸，妙对反坐自己于城中。于是，他无奈间只好自认倒霉，只得自己搬"兵"营救自己。由此，他对乾隆说了上述那番解释的语篇，故意抬高乾隆，说他的上联表现了圣天子驱遣"风雨云雷"、"威震天下"之气概；故意贬低自己，说自己的下联只不过再现了自己"酒囊饭袋"之小人情志。这样一捧一抑，乾隆心理上便得到了极大的满足，挽回了他作为皇上的自尊面子。既然如此，乾隆怎能再追究纪昀"不敬"之罪呢？于是，纪昀通过这番"围魏"之策，终于使自己脱了险，解了围。最后，还得到了乾隆的表扬，可谓旗开得胜了。

美国著名哲学家莫里斯在论及言语交际的合作与冲突问题时，曾精辟地说过这样一段话：

> 从孔夫子的时候起直到今天，人们有这样一种持久的希望和信念：如果把人们的语言加以整理，而这种整理了的语言又成为所有人的共同财产，那么人们就会互相理解，社会就会稳定，冲突就会让位于和平。
>
> 这个论点在它极端的形式下，的确是幼稚的和不能成立的。社会学家劳勃特·帕克（Robert E. Park），在一篇论交际和文化的文章中，说明了一个社会的诸成员之间的竞争正像他们之间的合作一样的持久和普及。①

这便是说，言语交际亦与其他社会交际一样，它在一个社会的诸成员之间的应用、进行中，是时有竞争表现的，这正如言语交际中交际者和受交际者为使交际得以进行下去的言语合作情形"一样的持久和普及"。

上述乾隆与纪昀的联对，便是言语交际竞争的实例。因为乾隆出联，无非是一种卖弄学问的言语"自我表现"；而纪昀的对句，

---

① ［美］莫里斯著，罗兰、周易译：《指号·语言和行为》，上海人民出版社1989年版，第255—256页。

一方面是对交际者乾隆所发出的言语指号作出的交际反应，另一方面则有一种在酬对中更恰当地表现一个"独立的自我"的倾向，以超越出联的另一个"自我表现"的主体乾隆皇帝。由于受交际者纪昀的这种"自我表现"的努力实现了，于是便引起了师心自用、好为逞能的交际者乾隆的不满，认为纪昀贬抑了他的"自我"，由此语言竞争的风波平地而起，言语交际的合作走向了反面，君臣欢会顿成僵局。

本来，在言语交际中，语言竞争引起交际僵局是很正常的事。但是，在纪昀与乾隆的言语交际中，这种僵局则是不允许出现的，因为纪昀的交际对象是特殊的交际者乾隆皇帝。既如此，纪昀必须再次打破这种僵局，使语言竞争再度走向语言合作。于是，聪明的纪昀便再以如簧之妙舌，在解释联语语意之时故意扬乾隆之"自我"，故意抑自己之"自我"，终于使"活要鼻子死要脸"的乾隆转怒为喜，纪昀自己也在这场语言竞争中免了祸，其他大臣也能欢快地继续畅饮御酒。

可见，语言既是神奇的东西，又是十分危险的东西。因此，在我们日常言语交际尤其是特殊的言语交际中，注意处理好语言竞争与语言合作的关系问题，无疑是十分重要的。从纪昀侍对之事来看，则可以思过半矣。

第五章　星汉灿烂，悠悠古今：
讽谏的智慧（上）

明人冯梦龙有言：

> 人之口，含阴而吐阳，阳也而阴用之，则违之而非
> 规，抑之而非谤，刺之而非怨，嫉之而非仇，上可以代
> 《虞人之箴》，而下亦可以当舆人之诵。夫是非与利害之心
> 交明，其术不得出乎此。余于《春秋》定、哀之际，三致
> 意焉。（《笑史·微词部》）

《春秋》是孔子所撰的一部史书，它的创意虽在口诛笔伐春秋
时代败坏周公纲纪的"乱臣贼子"，然而在字面上却丝毫看不出这
种迹象，因此过去的文人都把《春秋》这种"好微"、委婉的措辞
方法叫做"《春秋》笔法"，并加以推崇。冯梦龙对"《春秋》定、
哀之际，三致意焉"，恰恰正是中国文人崇尚委婉、含蓄精神的心
理表露。

那么，孔子为何"好微"？冯梦龙为何对其"好微"精神加以
推崇？这些问题，看似十分令人挠头；其实，却十分简单，前人皆
已为我们做好了答案，或做了一定的提示。

关于前者，汉代大儒董仲舒曾在其宏文《春秋繁露·楚庄王》
篇中作了如下之分析：

> 义不讪上，智不危身，故远者以义讳，近者以智畏，
> 畏与义兼，则世愈近而言愈谨矣，此定哀之所以微其辞。
> 以故用则天下平，不用则安其身，《春秋》之道也。

原来，孔子并不是天生"好微"，而是怕书写历史用词过露会招致杀身之祸，故为"天下平"，亦为"安其身"之谋，只好曲笔书之。

关于后者，现代学者李泽厚在其《中国古代思想史论》一书中也曾有过启发性的论述。李氏认为，中国人"由于实践理性对情感展露经常采取克制、引导、自我调节的方针"，过分强调"以理节情，'发乎情止乎礼义'"，以致"使生活中和艺术中的情感经常处在自我压抑的状态中，不能充分地、痛快地倾泻表达出来"①。由于实践理性的作用，中国自孔子以来就逐渐形成了一种崇尚委婉、含蓄的民族共同心理，故日常生活也好，艺术表现、思想表达也罢，处处皆可见到中国人崇尚含蓄、蕴藉的心态表露。由此，我们对冯梦龙"三致意"的"《春秋》笔法"，还有什么好奇怪的呢？

既然我们已经明白了孔子"好微"的原因，也洞悉了包括冯梦龙在内的所有中国人所特有的崇尚含蓄、蕴藉的民族心态及文化背景，那么，下面我们再来探究中国历史先哲向帝王进谏时屡屡采用"王顾左右"、"指桑骂槐"、"稽古喻今"等婉曲方法的缘由，也就显得格外的容易了。因为，既然大圣人孔子尚怕"乱臣贼子"，其他非圣人要讽谏帝王们的过错，自然更是心有余悸了；既然普通的中国民众尚有崇尚含蓄、蕴藉的文化心理，自然深受传统文化熏陶、学有成就的谏臣们更懂得含蓄为言的道理了。正因为如此，我们在探讨中国历史先哲的讽谏艺术时，便能清晰地看到"婉曲为言"的修辞主旋律。

"解说辞"既毕，下面就让我们尊敬的历史先哲们上台表演他们精彩的讽谏艺术剧吧！

一、近取诸身：盲乐师的"炳烛之明"

做帝王不同于当教授，当教授必须要有学问，而做帝王则大可

---

① 李泽厚著：《中国古代思想史论》，人民出版社 1986 年版，第37—38 页。

不必有学问，甚至不识字亦可。不是吗？

春秋时期，有位晋平公，姓姬名彪，公元前557年至公元前532年在位。虽然贵为一国之君，又自小出生于世家，不知为什么，总是不肯读书，甚至还有史家认为他当国君时并没有识多少字。也许是因为他有一位好父亲，虽肚中空空，但国君之位却必是他坐了，别人再有学问也没有用。说也怪，不知究竟什么原因，自小懒学的晋平公到七十古稀之年时，突然后悔自己学识浅薄、文化水平低。于是，有一天，他在与盲乐师师旷闲聊时，见旁无他人，很不好意思地说道：

"寡人年已七十，现在想学习，恐怕为时已晚了吧！"

师旷一听，惊得瞎眼差点要睁开了。他知道，这位晋平公自幼是个不愿读书的主子，怎么今天突然想到要学习了呢？是不是有什么原因？他感到不理解。但是，沉吟了一会，师旷觉得晋平公老而欲学，也许是一时顿悟，抑或是一时兴起，说不准学了三天又不干了。思虑良久，师旷觉得不管晋平公今天说要读书是因为浪子回头，还是一时戏言，反正这是一个乘机进言劝学的好机会，何不趁此鼓励、开导他一番呢？想到此，师旷对晋平公说道：

"晚了不要紧，可以炳烛而学啊！"

晋平公一听，搞不懂，为什么读书学习一定要点灯呢？难道白天读书学习就不行？莫非他眼瞎耳也聋了？但仔细一想，晋平公觉得不对。师旷虽然眼睛失明，耳朵却非常灵敏，绝不会听错话的。于是，晋平公便生气了，说道：

"哪有为人之臣戏弄其国君的？寡人是真心请教您。"

师旷一见晋平公误会了自己的意思，便连忙解释说：

"盲臣岂敢戏弄国君呢？臣听说有这样的话：少而好学，如日出之阳；壮而好学，如日中之光；老而好学，如炳烛之明。炳烛之明，虽光线微暗，但总比摸黑行走好吧？"

晋平公听师旷这样一说，立即消除了误会，明白了师旷的用意，遂情不自禁地说道：

"说得好哇！"

之后，晋平公便眯着昏花的老眼开始读书了。①

师旷劝学

　　晋平公问于师旷曰："吾年七十，欲学，恐已暮矣。"师旷曰："暮，何不炳烛乎？"平公曰："安有为人臣而戏其君乎？"师旷曰："盲臣安敢戏其君乎？臣闻之，少而好学，如日出之阳；壮而好学，如日中之光；老而好学，如炳烛之明，孰与昧行乎？"平公曰："善哉！"

　　　　　　　　　　　——（汉）刘向《说苑·建本》

　　惰性是每个人皆有的，养尊处优的国君自然更有了。不过，普通人在惰性复发时往往有种制约力，使之不能放纵。而做国君的，一旦复发起惰性，那就没有人能够约束他了。比方说，晋平公自幼不爱读书，当了国君后更是没人敢要他读书了。因此，到了古稀之年，他仍然没有多少学问。

　　既然已经如此，那么在他年过七十时，即使有人想谏劝他读书，他恐怕也没有多少兴头了。因为他都行将就木了，还读书干什么呢？不料，晋平公年过七十时，却突然自己提起想读书的念头。师旷明知晋平公悔醒已迟，却没有打消他难得的读书学习积极性，而是想趁机鼓励、讽谏一番。但是，用什么方法呢？想来想去，师旷觉得还是以"近取诸身"的譬喻之法为妙。因为师旷明白，人愈老愈与小孩本性相同，世人所说的"老小孩，小小孩"不是没有道理的。小孩子好新奇，抽象思维能力差，要想对他们讲道理，往往需要举一些形象性较强的、有趣味的例子作比喻，方可使之易于接受。老人虽然不像儿童那样抽象思维能力差，但是好新奇趣味、喜形象生动的特性却是恰似儿童一般的，因此对老人讲道理有时不妨采用说服儿童的方法。

　　基于这种思路，师旷于是便"近取诸身"，以自己眼瞎盼望光

---

　　①　师旷劝晋平公学习之事，见于（汉）刘向《说苑·建本》。

明的渴切希望为基点，为晋平公作了一个形象生动的譬喻："少而好学，如日出之阳；壮而好学，如日中之光；老而好学，如炳烛之明。"他告诉晋平公，少年时代即好学，犹如初升的旭日，朝气蓬勃，自然最美好；若少年时光蹉跎过去，中年时代想学，这也不迟，它犹如中午时分炽烈的阳光，光彩照人，热烈异常，当然也很好；若少年、中年时代都因故耽误了，老暮之年才想起学习，也不要紧，它犹如日暮黄昏之后秉烛夜读，虽然时间少了，光线暗了，但仍然开卷有益，精神可嘉。晋平公听了师旷这番婉转的譬喻后，虽然肯定要痛悔自己"少壮不努力，老大徒伤悲"的过失，但又觉得师旷所说的"炳烛之明，虽光线微暗，但总比摸黑行走好"的道理是对的，自己迟暮之年为何不学"炳烛之明"的风范呢？因为师旷"近取诸身"的譬喻既恰切动情，又平易婉转，使人易于接受，因此，晋平公才脱口赞道："说得好哇！"这样，中国历史上才由此平添了一段国君老而好学的佳话。

在言语交际或文学作品创作时，有时为了适应特定的情境、照顾特定的交际对象，运用譬喻，把未知的事物变成已知，把深奥的道理说得浅显，把抽象的事说得具体，把平淡的事说得生动，[①] 都是十分必要的，也被自古以来的中外辞令家、文学家们的口头交际与创作实践证明是十分有效的方法。

一般来说，譬喻从形式上看可以分为"明喻"、"暗喻"、"借喻"三类。[②]

一是以"好像"、"如同"、"仿佛"、"像……一样"或"犹"、"若"、"如"、"似"之类的譬喻语词将本体与喻相缀合的，叫"明喻"。如《荀子·富国》篇说：

> 事强暴之国难，……事之弥顺，其侵入愈甚，必至于
> 资单、国举然后已，虽左尧而右舜，未有能以此道得免焉

---

① 参见胡裕树主编：《现代汉语》（增订本），上海教育出版社1999年版，第459—460页。

② 参见陈望道著：《修辞学发凡》，上海教育出版社1982年版，第72页。

者也。辟（同譬）之是犹使处女婴宝珠、佩宝玉，负戴黄
金，而遇中山之盗也，虽为之逢蒙视，诎要桡腘，君卢屋
妾，由将不足以免也。故非有一人之道也，直将巧繁拜请
而畏事之，则不足以持国安身。故明君不道也。

本来荀子所阐述的"事强暴之国难"的道理很抽象、枯燥，但
一经譬喻说解之后，不仅理明意现，而且生动而难以令人忘却。这
便是比喻的力量。

二是不出现喻词，而只用判断句的形式将本体与喻体以意合方
式表现的"隐喻"。如《孟子·滕文公上》说：

君子之德，风也；小人之德，草也；草上之风，必偃。

君子之德范如何，小人之德行怎样，本是极难言说的概念，但
是孟子以"风"喻"君子之德"，以"草"喻"小人之德"，抽象
的概念立即变得具体了，君子与小人德范的高下亦在此隐喻中得以
清楚地呈现。这就是比喻的力量。

三是只说出喻体而不提及被比喻的本体，其正文和譬喻部分的
关系更密切，表现更隐蔽的"借喻"。如《史记·陈涉世家》中有
段文字说：

陈涉少时，尝与人佣耕，辍耕之垄上，怅恨久之，
曰："苟富贵，无相忘！"庸者笑而应曰："若为佣耕，何
富贵也？"陈涉太息曰："嗟乎！燕雀安知鸿鹄之志哉？"

陈涉虽为人佣耕，但志向远大，有争天下、得富贵之大志。而
当他与佣耕伙伴说出其志向时，却遭到了他们的讥笑。因此，他为
伙伴们不理解自己而感到悲哀，悲伤地说道："燕雀安知鸿鹄之志
哉？"这话乍一听，会令人莫名其妙。但细想一下，却意向十分明
了。它的意思是说，自己是有远大志向的鸿鹄，伙伴们只是目光短

浅的燕雀。因此，伙伴们不知他"苟富贵，无相忘"之言的真意所在。这种意思由于是采用隐去比喻本体的借喻形式来表现，故听上去很费解。但是，从表达效果来看，它远比直喻、明说来得意味深长，故司马迁热情地记录了他的这句言志之语。

上述师旷讽谏晋平公老而读书的方法，运用的是第三种譬喻之法。它表面只说老年、壮年、少年时读书的情形，实则批评了晋平公"少壮不努力"的过失，对他"老而好学"的积极性予以鼓励。只是因为寓意隐蔽，措辞婉转，故晋平公乐意接受。

二、正话反说：优孟请以国君之礼葬马

春秋时代，周王朝的天威已不复存在，众诸侯各自为政，自为号令，眼里根本没有周王室的法度和天子的尊严。于是，一场场混战、兼并便在各诸侯国之间展开了。经过长期的争夺、角逐，最后决赛结果是齐桓公、秦穆公、宋襄公、晋文公、楚庄王等枭雄相继称霸天下，史称"春秋五霸"。

在这场弱肉强食的兼并战争中，地处南方蛮夷之地的楚国是最后崛起、壮大的。楚穆王时，楚国已拥有相当的实力，开始在中原地带争夺霸权了。穆王死后，楚庄王即位。在庄王即位之初，楚国邻近的群蛮、百濮乘机骚扰，形势相当严峻。好在楚庄王是位雄才大略的君主，他不仅在短时间内平息了群蛮的叛乱、侵扰，而且还在内政方面进行改革，从而减少了统治集团内部的摩擦，使楚国出现了一片安定团结、政局稳定的大好形势。另外，伴随政治改革的成功，楚庄王还进行了经济改革，使楚国"商农工贾，不败其业"，呈现出一派经济繁荣的局面，楚国国势为之一振。到公元前594年前后，楚庄王已成为中原地区的一代霸主了。

可是，一个人取得成就后，很少不骄傲自满的。楚庄王亦如此。他在争得中原霸主地位后，便逐渐地自大起来，而且开始沉溺于声色犬马之中，没有当年争夺霸权时的那种锐意进取精神了。也许是因听腻了声乐，玩够了女人的缘故，到后期楚庄王不再喜欢声

色而专爱犬马了。

一次，楚庄王得到一匹身躯高大、色泽照人的骏马，心里高兴得不得了。从此，他便一心扑在这匹马身上，不仅每日抚弄几次，而且还给它衣以文绣，庇以华屋，席以露床，啖以枣脯。如此的供养，虽然很多人都难以企及，但马却没有福分消受。不久，马便肥死了。为此，楚庄王沮丧不已，好像死了贵妃似的。最后，他为了表达对爱马的真情，决定为马发丧，欲以棺椁埋之，并以大夫之礼葬之。

不料，楚庄王的决定一发布，就立即遭到楚国众臣的反对，许多忠直之士以死相谏，认为此举万万不可。但是，楚庄王主意已定，谁也无奈他何。

正当众臣摇头叹息之际，突然从殿门外传来号啕大哭之声。楚庄王惊问其故，左右告之是侍臣优孟。于是，楚庄王立即传令优孟进见，问道：

"爱卿，何故大哭？"

优孟一边揩眼泪，一边如泣如诉道：

"堂堂楚国，何求不得？"

楚庄王听了，点点头，觉得还是优孟体谅他的心情。

优孟见楚庄王点头，知道他已经上了自己的圈套。于是，便故作严肃而真诚地说道：

"大王所爱之马，葬以大夫之礼，太薄了！请以国君之礼葬之，雕玉为棺，文梓为椁，老弱负土，邻国陪泣。诸侯闻知，皆知大王贱人贵马。岂不更为明智吗？"

语犹未了，群臣中人声鼎沸，笑语声传。

楚庄王一听，沉顿良久。之后，他垂下首，慢慢地说道：

"寡人糊涂到了如此地步，现在怎么办？"

众臣闻说，立即注目于楚庄王。优孟一听，马上接口道：

"大王，不用担心，臣请求大王将死马交给庖厨，马肉以大鼎烹之，加上姜枣、椒兰等作料，纳之于大家腹肠之中；骨头及内脏等，则以六畜常礼埋掉，不要贻笑于天下后世。"

于是，优孟便与众臣一道，饱餐了楚庄王爱马之肉，抹抹嘴巴，扬长而去了。①

优孟反语谏楚王

楚庄王爱一骏马，衣以文绣，庇以华屋，席以露床，啖以枣脯。马肥死，王欲以棺椁大夫礼葬之，左右谏之不从。优孟闻知，入殿门，仰天大哭，王惊问其故。孟曰："堂堂楚国，何求不得？王所爱马，葬如大夫，薄也，请以人君礼葬之：雕玉为棺、文梓为椁、老弱负土、邻国陪泣，使诸侯闻知，皆知大王贱人而贵马也。"王曰："寡人之过一至此乎？为之奈何？"孟曰："请为王付之庖厨，烹以大鼎，赍以姜枣，荐以椒兰，纳诸人之腹肠，葬以六畜常礼，无使贻笑天下后世也。"

——（明）乐天大笑生《解愠编》

君主有失，为臣应该讽谏劝止，这是古之常理。但是，一旦君王昏庸犯浑，进谏不能听的事亦是常有的。若君王执迷不悟，或众臣谏之不力、讽而无效，政治势必会出现混乱，国家难免会逐渐走向灭亡的结局，这也是必然之理，而且是被古今中外的历史所一再证实过的。楚庄王霸业成功后不思进取，这是堕落的表现；晚年爱马成癖，而且要以大夫礼葬之，这是玩物丧志，伤透众臣之心的昏庸表露。楚国众臣群起劝谏，是爱国爱君爱民的行为。但是，由于楚庄王晚年心性骄纵，听不进直谏的苦口良言，所以众臣摇头叹息，只好听任楚庄王一意孤行下去。这虽是楚庄王的不好，却也是楚国众臣的不是。因为，若是众臣善于劝谏，相信楚庄王还不至于此。何以言之？从优孟的劝谏结果，我们不是可以看出这一点吗？

优孟因侍从楚庄王有年，熟悉楚庄王的性情，知道这位劝谏对象是位难侍候的主儿，忠言直谏、强行硬谏都是行不通的。因此，他在获悉众臣讽谏失败后，机智地采取了一种"正话反说"的谏

---

① 优孟说楚庄王之事，见于（明）乐天大笑生：《解愠编》卷十一"讽谏"类。

略，先顺着楚庄王之意推说下去，等到顺说顺依到了极点，自然在顺依顺颂中露出了讽意。"堂堂楚国，何求不得"，是说楚庄王治下的楚国是一个了不起的国家，是个实力雄厚的国度。"大王所爱之马，葬以大夫之礼，太薄了"，是由前一句所说的楚国富强的前提推演出来的结论，说明楚庄王以大夫之礼葬马是对的，不仅丝毫不可非议，而且从道理上说还嫌"礼薄"。由此，他请求楚庄王"以国君之礼葬之，雕玉为棺，文梓为椁，老弱负土，邻国陪泣"。这话听在楚庄王耳中自然适意，楚庄王自然心里感谢优孟对自己爱马心情的深刻理解。但是，后来优孟的顺依顺颂却走入了异端："诸侯闻知，皆知大王贱人贵马。岂不更为明智吗？"表面看来，这还是对楚庄王"贵马"行为的礼赞，实则是在"极端"处使语意堕入了深渊。细细玩味，楚庄王立即领悟出优孟这是在顺水推舟，把自己逼入了死角，从称赞、礼颂他的"贵马"精神而烘托出另一相反的语义，讽刺他"贱人"的昏庸。因此，当楚庄王突然觉察这一语义转向之后，立即沉默不语了。因为他从优孟的"正说"之中悟出了"岂不更为明智"的语蕴是指责他"岂不更加愚蠢"，洞悉了优孟"以国君之礼"葬马的建议背后是骂自己与马一样不谙世事和人心。试想，曾经一度十分英明的楚庄王，怎能不在悔悟后说出"寡人糊涂到了如此地步，现在怎么办"这样痛心的话呢？我们又怎能不感佩优孟"正话反说"的机智呢？

"正话反说"，在修辞学上叫做"倒反辞"。它的特点是字面语义与字后本意（句子的真正语义）完全相反。这种辞格的形成，有两个方面的原因：一是因情深难言，故作反语以表亲昵；二是因嫌忌怕说，故以反语出之，隐含了真意。①

因情深难言的"倒反辞"，如元人关汉卿的散曲《[仙吕·一半儿]题情》就是一个很好的例子：

> 云鬟雾鬓胜堆鸦，浅露金莲簌绛纱，不比等闲墙外

---

① 参见陈望道著：《修辞学发凡》，上海教育出版社1982年版，第132页。

花。骂你个俏冤家，一半儿难当一半儿耍。

碧纱窗外静无人，跪在床前忙要亲，骂了个负心回转身。虽是我话儿嗔，一半儿推辞一半儿肯。

银台灯灭篆烟残，独入罗帏掩泪眼，乍孤眠好教人情兴懒。薄设设被儿单，一半儿温和一半儿寒。

多情多绪小冤家，迤逗得人来憔悴煞，说来的话先瞒过咱。怎知他，一半儿真实一半儿假。

关汉卿的这四首曲子，"是写一对男女欢爱中相聚时的绸缪与分离时的难耐之情，很是缠绵悱恻，生动逼真。其中，第一曲中的'骂你个俏冤家'，第四曲中的'多情多绪小冤家'，都是情人间情至时的一种亲昵语，是一种典型的'因情深难言，或因嫌忌怕说，便将正意用了倒头的语言来表现'的倒反修辞文本。文本中的所谓'冤家'，实则就是'亲爱的人儿'的同义语"①。

因嫌忌怕说的"倒反辞"，如钱钟书的小说《围城》中就有一个生动的例证：

三闾大学校长高松年是位老科学家。……他是二十年前在外国研究昆虫学的；想来二十年前的昆虫都进化成大学师生了，所以请他来表率多士。他在大学校长里还是前途无量的人。大学校长分文科出身和理科出身两类。文科出身的人轻易做不到这位子，做到了也不以为荣，准是干政治碰壁下野，仕而不优则学，借诗书之泽、弦诵之声来休养身心。理科出身的人呢，就全然不同了。中国是世界上最提倡科学的国家，没有旁的国家肯这样给科学家大官做的。外国科学进步，中国科学家进爵。……（钱钟书《围城》）

---

① 吴礼权著：《修辞心理学》，云南人民出版社2002年版，第254页。

作家这里的一段文字，"是对当时中国教育和政治制度的讽刺性议论"。其中，"中国是世界上最提倡科学的国家，没有旁的国家肯这样给科学家大官做的"，是一个典型的"因嫌忌怕说"的"倒反辞"。它的"本意是批评中国当时的政府不重视科学，讽刺当时的科学家不安心于做研究而热衷于做官的不良风气。但表达者没有这样直白地道出，而是以倒反修辞文本表而出之"①。

优孟谏讽楚庄王之所以成功，其原因就在于他巧妙地把讽刺的意义隐含于表面十分热烈的赞词之中，在顺依顺颂中，将"正意"以"反语"道出，使楚庄王思而得之，心灵所受的震动更大，远比楚国其他大臣的直言明谏效果好得多。因为这种谏略含蓄、蕴藉，不易马上刺激劝谏对象的情绪，而是让其在慢慢地体味中生发出奇妙的效应。

三、意他言己：邹忌与城北徐公比美

战国时代，"七雄"之一的齐国，到齐威王时国力颇为强大。也许是因为功业皆成的缘故，齐威王逐渐地变得骄傲、固执起来，开始听不进逆耳忠言，政治上出现了危机。齐国的许多大臣都很忧虑，纷纷谏劝齐威王励精图治、居安思危、广开言路，使齐国在激烈的兼并斗争中立于不败之地。可是，齐威王愈老愈顽固，根本不把这些"危言"当回事，有时还险些把忠心直谏的大臣们斩首。这样，众臣逐渐冷了心肠，进言者就日益少了。

邹忌是齐威王时的齐国之相，当时见到众臣谏劝齐威王纷纷失败的情形，心里十分忧虑。但是，他又一时想不出妙法，因为齐威王的心性他了解，他知道硬谏、直劝齐威王都是行不通的。一天，邹忌早起穿衣整冠，对镜梳妆，发现自己"修八尺有余，身体昳丽"，颇是得意，自认为是个美男子。但是回思一想，觉得自己与当时齐国的美男子城北徐公相差还是甚远。正当他收拾乱绪准备出

---

① 吴礼权著：《现代汉语修辞学》，复旦大学出版社 2012 年版，第 54 页。

门时，其妻进来，见邹忌衣冠楚楚，风度翩翩，觉得比平日更精神、更潇洒英俊了，于是便注目邹忌良久。这时，邹忌心里又陡增起自信心，以为自己真的能与城北徐公有一比了。于是便问其妻道：

"我与城北徐公，谁更美？"

"您太美了！徐公哪里比得上您呢？"其妻毫不迟疑地答道。

邹忌看看妻子，没言语，出去了。适见其妾在外间梳理，便又问其妾道：

"我跟城北徐公相比，谁更美？"

其妾闻见邹忌问她，想了想，说：

"徐公妾也见过，确实称得上是美男子。但是，跟您相比，还是差得远。"

邹忌听后，点点头，又摇摇头，上朝去了。

第二天，有客拜见邹忌。邹忌又整装一新，才出来接见。交谈一会儿后，邹忌又想起前一天的话题，于是便问客人道：

"您认为城北徐公怎么样？"

"是个美男子。"客人脱口而出。

"那么，我跟他比，怎么样？"

客人仔细端详了一番，又想了想，然后笑微微地说道：

"徐公不如您美。"

邹忌听了，当时觉得很开心。但是，不久就心里矛盾起来，对妻、妾、客人的话起了怀疑。于是，他决定召见城北徐公，与他一比，看个究竟。第二天，城北徐公应召而来。邹忌反复端详徐公，又多次窥镜自视，最后他还是觉得自己远远比不上徐公美。待徐公走后，邹忌心里就翻腾开了，对妻、妾、客人说自己美于徐公的原因百思不得。这样，一夜思虑未眠后，早上起来梳妆时，突然顿悟了其中的奥妙，对镜喃喃自语道：

"妻子说我美，那是爱我的缘故；爱妾说我美，那是因为怕我；客人说我美，那是因为他有求于我。"

想通了道理后，邹忌立即兴冲冲地去见齐威王。齐威王一见邹忌非同平常的神情，立即问道：

"邹相今日何以匆匆如是，莫非有要事禀告寡人？"

"没有什么要事。不过，微臣今日突然明白了一个道理，想跟大王说说，不知您有没有兴趣？"

"邹相要说的道理，寡人当然有兴趣，请讲！"齐威王兴致勃勃地催促道。

"臣前日偶然窥镜自视，自以为美。以之询问妻、妾、客人，他们都认为我比城北徐公还美。臣不敢相信，自知与徐公还有差距。于是，昨日又召徐公比之，结果还是觉得差之甚远。通过这件事，微臣突然明白了一个道理：臣妻之所以说我美，那是因为她爱我；臣妾之所以说我美，是因为怕我；臣的客人之所以说我美，那是因为他有求于我。"

邹忌说到这里，停了下来，抬头看了看齐威王。

齐威王听了邹忌这番切身体会，觉得颇是亲切，也觉得颇近人情，遂脱口赞道：

"卿言之有理！"

邹忌听了齐威王的褒赞，又见到他兴致勃勃，便情动于衷，一气呵成地说道：

"今齐国之地方圆数千里，城池一百二十余座。大王宫中的美人，以及所亲近的左右，没有不爱大王的；朝廷之臣，没有不怕大王的；四境之内，没有不想有求于大王的。由此看来，大王所受的蒙蔽远比微臣为甚！"

齐威王听至此，这才如梦方醒，明白了今日邹忌谈说私情之本意。沉默良久，终于抬起头来，口气颇为激动地说道：

"爱卿说得好！"

之后，齐威王便改过自新，而且还颁布政令，号令全国道：

"群臣吏民，能当面指摘寡人之过者，受上赏；上书谏寡人之过者，受中赏；能谤议于市朝，让寡人听到者，受下赏。"

政令初下时，群臣进谏，门庭若市。但是，数月之后，只是断断续续有人进谏。一年之后，群臣与百姓即使有人想有所谏，也没有什么好说的了。由此，齐国言路广开，政通人和。燕、赵、韩、魏闻之，皆朝于齐。[1]

邹忌谏齐王

邹忌修八尺有余，而形貌昳丽。朝服衣冠，窥镜，谓其妻曰："我孰与城北徐公美？"其妻曰："君美甚，徐公何能及公也！"城北徐公，齐国之美丽者也。忌不自信，而复问其妾曰："吾孰与徐公美？"妾曰："徐公何能及君也？"旦日，客从外来，与坐谈，问之："吾与徐公孰美？"客曰："徐公不若君之美也！"明日，徐公来，孰视之，自以为不如；窥镜而自视，又弗如远甚。暮寝而思之，曰："吾妻之美我者，私我也；妾之美我者，畏我也；客之美我者，欲有求于我也。"于是入朝见威王，曰："臣诚知不如徐公美。臣之妻私臣，臣之妾畏臣，臣之客欲有求于臣，皆以美于徐公。今齐地方千里，百二十城，宫妇左右莫不私王，朝廷之臣莫不畏王，四境之内莫不有求于王：由此观之，王之蔽甚矣。"王曰："善。"乃下令："群臣吏民能面刺寡人之过者，受上赏；上书谏寡人者，受中赏；能谤讥于市朝，闻于寡人之耳者，受下赏。"令初下，群臣进谏，门庭若市；数月之后，时时而间进；期年之后，虽欲言，无可进者。燕、赵、韩、魏闻之，皆朝于齐。此所谓战胜于朝廷。

——《战国策·齐策一》

讽谏国君，是一件不容易的事。但是，不容易的事总要有人去做。齐威王昏庸听不进忠言，使齐国许多大臣心忧如焚。但是，由于他们的讽谏方法不妥，齐威王不能接纳，故使局面颇为难堪。邹忌身为齐国之相，对齐威王的昏庸、固执给齐国可能造成的危害比别的大臣更清楚，因此他比别人更焦虑。而且，他比别的大臣头脑清醒，认识到对齐威王的劝谏是十分必要的，让齐威王反省自己的过失也是刻不容缓的。可是，齐威王好大喜功、爱听顺耳话的特

---

[1] 邹忌讽齐王纳谏之事，见于《战国策·齐策一》。

性，又不允许他直言忠谏。因此，群臣谏言失败后，邹忌没有立刻贸然向齐威王劝谏什么。等到他突然从自己对镜窥貌的事件中得到启发后，他才貌似悠闲地去跟齐威王闲谈。

与其他人的讽谏方法不同，邹忌讽谏齐威王没有直奔主题，而是首先跟齐威王讲了一个自己私生活的故事，使齐威王听来颇感兴趣，易于集中思想。当齐威王心理上解除了反讽谏的防线后，邹忌再循序渐进地把话题引上事先预设的轨道，等到齐威王发觉邹忌谈说私情的用意时，邹忌的讽谏已经完成了。自然这时齐威王也无法排除已注入脑海中的邹忌讽谏之言了。思而虑之，一切在情在理，他就不能不接受邹忌的谏言了。

邹忌讽谏之所以成功，除了与上述心理战术的巧妙运用有关外，还与其讽谏语篇的前后照应思路密切关联。仔细分析一下，邹忌的讽谏语篇明显地分为两个部分：诱导篇与伏击篇。诱导篇便是前一部分邹忌所说的自己私生活的故事部分，它由前提与结论两个结构成分组成。前提是邹忌是丈夫、齐国之相；结论是妻子偏爱他、爱妾敬畏他、客人有求于他。伏击篇便是讽谏语篇的末一段，亦即本语篇的语义重心所在部分。它也由前提与结论两个结构成分组成。前提是齐威王是一国之君，有权有势；结论是"大王宫中的美人，以及所亲近的左右，没有不爱大王的；朝廷之臣，没有不怕大王的；四境之内，没有不想有求于大王的"。这里，我们可以清楚地看到，诱导篇与伏击篇在结构上完全相似，逻辑推理过程亦相同，可以说是两个相似的逻辑语篇。但是，如果我们只看到这两个语篇相似的一点，那么就辜负了邹忌的一片苦心孤诣了。因为邹忌分设两个逻辑语篇，一前一后，其意味是深长的。前一逻辑语篇犹如战略上的疑兵诱敌的行为，后一逻辑语篇则犹如战略上的伏击歼敌的策略。若从更高层次的逻辑结构上看，前一语篇（即诱导语篇）是后一语篇（即伏击语篇）的前提，后一语篇是前一语篇的结论。也就是说：邹忌自己是齐国之相，妻、妾、客人违心地说他美，是个引子、前提；齐威王是齐国之王，宫妇、左右、天下人怕他而不敢忠言直谏，是结论。当齐威王带着愉悦、新奇的心理由诱导篇进入伏击篇的倾听后，心情就显得平缓，反讽谏的心理就无形中被淡化、抑制了；当齐威王接受了诱导篇的事实，承认了伏击篇结论的成立后，自然而然地就肯定了邹忌讽谏语篇的总结论："由此看来，大王所受的蒙蔽远比微臣为甚！"因此，我们才看到了齐威王改过自新、广开言路的结局。

讽谏亦是一种言语交际活动，必须注意交际对象的心理和性情特点，采用不同的言语方法、手段，使交际活动圆满完成。一般说来，日常的言语交际活动，只要交际者稍微注意一下交际对象的有关特性，选择一种适合题旨情境的言谈方法，交际目的是不难达到的。但是，若是讽谏，则不然了。因为讽谏的对象，亦即受交际者是国君或领导者，讽谏者亦即交际者是臣民、被领导者，交际双方存在着地位差别，自然交际者（亦即讽谏者）更要注意揣摩受交际者（被讽谏者）的心理，顺迎其性情，以恰当的言语方式巧言进谏，这样才能使本来听不进忠言和有不同意见的受交际者接受自己的谏言。邹忌讽谏齐威王之所以成功，奥妙正在于此。由此一端，我们也可以这样结言：作为言语交际活动中之一种的讽谏，虽然由于时代的不同，现代民主政治制度的逐步健全，婉言曲折的方法已不像封建时代那样大有用武之地了，但是，诸如邹忌式的"意他言己"的讽谏艺术，并不是可以就此绝迹了。相反，笔者认为，这种方法不仅在现代，乃至在将来，在某种特定的场合、情境下还是很有效果的，甚至不失其魅力。

四、危言耸听：丑女"窃慕大王之美义"

中国有句古语，叫做"人不可貌相，海水不可斗量"。战国时代齐国丑女无盐的事迹，就足以证明这一点。

无盐女，本是齐宣王治下的一位齐国女子，因长得奇丑无比，时人号之曰"无盐"。据史书记载，无盐女之为人，头像石臼，眼睛凹进，身材高大，粗手大脚，鼻子很高，喉结很大，脖子粗，头发少，驼背鸡胸，皮肤黑得像漆。年过三十，没有一个男人愿娶她。虽然她自己厚着脸皮不断向人推售，但仍然嫁不出去。这种情况，如果换成是一般的女子，肯定会自认命苦，悲伤地了此一生。可是，这位无盐女真是"人不可貌相"，她并不妄自菲薄，也不自暴自弃，而是很有自信。有一天，她突然起念要嫁齐宣王。这在别人听来，恐怕要笑掉大牙。可是，无盐却不这样认为，她敢想敢干，想到就能去做，真的去了国都，顿首于司马门外，要求面见齐宣王。齐宣王的侍卫不肯让她晋见，她就对齐宣王的侍卫说道：

"妾乃齐国嫁不出去的女子，听说君王圣德，希望充大王后宫之数，为大王洒扫洒扫后宫也好。"

虽然说得颇是谦虚、委婉，但齐宣王的侍卫们都明白了她的意思，她想嫁给齐宣王，当贵妃。于是大家掩口大笑一场，然后才报告了正在渐台作乐的齐宣王道：

"有个女子想拜谒大王。"

"什么？"齐宣王正玩得高兴，没想到被打断，非常扫兴。

"就是那个长得奇丑无比，天下第一厚脸皮的女子无盐。"

齐宣王一听是无盐女，顿时来了兴致，因为他对无盐女早就有所耳闻，今天倒想看看这个女子究竟丑到什么地步。于是一时来了兴致，便答应召见。

当齐宣王见到无盐女，知其来意后，便婉转地对她说道：

"昔先王为寡人娶妃匹配，皆已备有列位矣。"

无盐一听就明白了，齐宣王这是故意找借口拒绝自己。他是一国之君，他想娶多少女人，哪里还会受到先王规定的限制呢？

齐宣王见无盐若有所思的样子，遂又补充说道：

"寡人今日听郑卫之声，呕吟感伤，激扬楚国遗风。今夫人不容乡里布衣，而欲干谒万乘之主，是不是有什么奇能呢？"

无盐一听，知道这是齐宣王的另一种推托婚姻之辞，只不过是换了一种方式。弦外之音是说，今天能见你一面，已是格外开恩了。无盐虽明白这层意思，但她觉得仍有回旋的余地，因为齐宣王问她有否奇能。如果自己说得好，也算是一种奇能，届时他就不能再推托拒绝了。想到此，无盐立即回答道：

"没有奇能，只不过私下仰慕大王之美义罢了！"

齐宣王莞尔一笑，心想，既无貌，又无才，怎么异想天开，就想当我的王妃呢？但是，转而一想，既然她说仰慕我的美义，而且如此丑陋的面目也敢来见我，可见也不是一个平庸之辈。于是，便和颜悦色地问道：

"虽然这样，那也没关系。寡人想再问一句，你有什么喜好吗？"

无盐立即接口说道：

"有哇，妾曾私下喜爱过隐身术。"

齐宣王一听无盐喜欢隐身术，颇是惊奇，立即来了精神，说道："隐身术也是寡人所喜爱的，夫人可不可以表演一下，让寡人见识一下呢？"

齐宣王话音未落，无盐已不见踪影了。齐宣王一见，大为惊异，立即让人搬来《隐书》反复研读，又退到后宫反复思考，但都不得其解。

第二天，齐宣王又召见无盐，问她隐身术的事。但是，无盐都不肯再说，也不再为他试隐身术了，只是扬目衔齿，举手拊肘，连说四次："危险啊！危险啊！"

齐宣王不解其意，便谦恭地说道：

"寡人希望马上听听夫人的意见，为什么您连说四次'危险啊！危险啊！'？"

无盐抬头看了看齐宣王，见其态度诚恳，这才开口说道："今大王之国，西有强秦之患，南有强楚之仇。"

齐宣王一听无盐这两句，不禁肃然起敬，没想到这样一个乡野丑女子，竟然对国际形势如此了若指掌。遂重重地点了点头，以示鼓励。

无盐抬头望了一眼齐宣王，见其态度认真，遂又接着说道："大王外有二国之难，朝内奸臣当道，正人君子见逐，民心不服，众人不附。大王年过四十，不立太子，不把心思放在教育诸位王子身子，而整天想着与众妇人淫乐，对私心所喜欢的亲近小人尊之敬之，对应该依靠的王公大臣则疏之远之。一旦大王有什么不测，国家社稷必然不稳定，这是危险之一！"

"那第二呢？"齐宣王连忙问道。

"大王大兴徭役，劳民伤财，修筑渐台五重，黄金白玉，琅玕龙疏，翡翠珠玑，莫落连饰，万民疲极，国力耗尽，这是危险之二！"

齐宣王听到此，神情更是严肃了。无盐见此，遂又接着说道：

"大王亲小人，远贤臣，贤者皆逃匿于山林，谄谀小人环于左右，邪伪之徒居庙堂之高，忠君爱国者处江湖之远，这是危险之三！"

齐宣王听到此，脸色大变，浑身颤抖。无盐见之，知道齐宣王已经深受触动了，遂一鼓作气地说道：

"大王不理朝政，日夜淫乐，酒浆流湎，以夜续朝；女乐俳优，纵横大笑；外不修诸侯之礼，内不秉国家之治，这是危险之四！所以，妾连说四次'危险啊！危险啊！'"

无盐说到这里，齐宣王已经惭愧得无地自容了，低头无语，恨不得找个地缝钻进去。过了很久，才抬起头来，以非常真诚的眼光看着无盐，喟然长叹道：

"真是振聋发聩啊，无盐君之言！今天寡人终于知道自己的危险了！寡人的危险，几乎到了无可救药的地步啊！"

说完，齐宣王立即宣布采纳无盐女的建议："立毁渐台，罢女乐，退谄谀；去雕琢；选兵马，实府库；四辟公门，招进直言，延及侧陋；择吉日立太子，进慈母；显隐女，拜无盐君为王后。"由此，"国大安"，万民乐业，天下太平。①

---

① 无盐见齐宣王之事，见于《群书治要》卷四十二。

丑女无盐拜后

齐有妇人极丑，号曰无盐女。白头深目，长壮大节，卬鼻结喉，肥项少发，折腰出胸，皮肤若漆。行年三十，无所容入。于是乃自诣宣王，曰："妾，齐之不售女也。闻君王之圣德，愿备后宫之扫除。"谒者以闻。宣王方置酒于渐台。左右闻之，莫不掩口而笑。曰："此天下强颜女子也。"于是宣王乃召而见之。但扬目衔齿、举手拊肘，曰："殆哉！殆哉！"如此者四。宣王曰："愿遂闻命。"对曰："今大王之君国也，西有衡秦之患，南有强楚之雠。外有二国之难，内聚奸臣，众人不附。春秋四十，壮男不立。故不务众子而务众妇，尊所好而忽所恃。一旦山陵崩弛，社稷不定，此一殆也。渐台五重，黄金白玉，翡翠珠玑，莫落连饰，万民疲极，此二殆也。贤者伏匿于山林，谄谀强进于左右，邪伪立于本朝，谏者不得通入，此三殆也。酒浆流湎，以夜续朝。女乐俳优，从横大笑。外不修诸侯之礼，内不秉国家之治，此四殆也。故曰殆哉！殆哉！"于是，宣王掩然无声，喟然而叹曰："痛乎，无盐君之言！今乃一闻寡人之殆，几不全也。"于是，立毁渐台，罢女乐，退谄谀，去雕琢，选兵马，实府库，招进直言，延及侧陋。择吉日立太子，拜无盐以为王后。而齐国大安。丑女之功也。

————《群书治要》卷四十二

国王一旦昏庸，或一旦沉溺于声色犬马之乐中，要想劝谏，使其醒悟，是不太容易的。比方说齐宣王，本是战国时代一位颇有知名度的明君，国家治理得相当出色。可是，齐宣王亦与其他常人一样，没有恒心，取得成就后就故步自封，不思进取了。后来甚至昏庸到听不进忠言，而是一味轻信小人之言，整日寻欢作乐，筑渐台、选美女、听艳声，搞得本来治理得极好的齐国危机四伏。

面对如此危局，齐国不是没有忠心敢言的谏臣，而是齐宣王不采纳他们的意见，不把逆耳忠言当回事。这样，齐国众臣也就没有办法了，只得让他一味胡闹下去。作为齐国一介之民，丑女无盐深知齐宣王的昏庸已到了病入膏肓的地步，不能不及时救治。但是，用什么方法呢？思来想去，也只有讽谏一条路了。于是，她便以向齐宣王求婚这一在别人看来是荒唐不可言的举动拜见齐宣王，以期收到用荒唐举动惊醒荒唐国君的效果。果然，齐宣王一听她是奇丑女子，出于好奇心理就召见了她。由此，她便迈出了讽谏齐宣王成功的第一步。接着，她又投其所好地为齐宣王表演了隐身之术，使齐宣王对她产生更大的兴趣。之后，当齐宣王再要她试行隐身术时，她又故作怪态怪语，使齐宣王迫不及待地追寻其因由，让齐宣王主动投入了她预设的圈套。最后，她才不慌不忙地收拢伏击圈，擒住了这昏庸的齐宣王，以连说四次"危险啊！危险啊！"使他震惊而醒悟。

无盐女使齐宣王终于悔悟的擒拿手腕，便是我们上文所述的无盐痛陈的"四危"事实。平心而论，无盐所述"四危"内容，都是由目前的状况为前提推导的后果，是未然发生的夸张说辞，并不是目前就已发生的已然事实。但是，无盐劝谏的对象是一位头脑昏然的齐宣王，若基于已有的事实平淡、客观地陈述，齐宣王觉得情况不怎么严重，也许会一笑了之，认为她的讽谏之言是"杞人忧天"。若如此，无盐的讽谏无疑会以失败而告终，齐国的结局说不定真的很危险。正是基于这种思路，讽谏者无盐故意在讽谏语言中危言耸听，夸大其词，痛陈齐宣王不改过自新的严重后果，以使齐宣王在强烈的震惊中醒来，整理已混乱的思绪，重新振作起来，以国事民生为重，使齐国能在激烈的诸侯争战中立于不败之地。事实证明，无盐危言耸听的劝谏方法是有效的，齐宣王终于悔悟，齐国再度强大起来了。

讽谏的"危言耸听"方法，说到底便是修辞学上常说的"夸张辞"。它是故意把客观事实张皇夸大，以期达到一种耸动人心的效果的表达方法。文学创作与言语交际上之所以会出现这种"夸张辞"，"大抵由于说者当时，重在主观情意的畅发，不重在客观事实的记录。我们主观的情意，每当感动深切时，往往以一当十，不能适合客观的事实。所以见一美人，可以有'增之一分则太长，减之一分则太短。著粉则太白，施朱则太赤'（宋玉《登徒子好色赋》）之感；说一武士，也可以有'力拔山兮气盖世'（项羽《垓下歌》）的话。所谓夸张，便是由于这等深切的感动而生"①。

　　因为人是感情动物，在特定情境、特定场合总是会激动的。因此，言语交际中出现危言耸听、故意夸大其词的夸张说法就势在必然了。了解到这一点，我们就可以理喻无盐女何以危言耸听、夸大其词谏说齐宣王了。与口语交际相同，以书面语交际形式出现的文学作品，由于比口语更精炼、艺术要求更高，因此好的文学作品，为了深切地打动读者之心，增加作品的艺术感染力，往往运用夸张辞格。如早在先秦时代，在中国的第一部诗歌总集《诗经》中，我们便有了诸如"周余黎民，靡有孑遗"（《诗经·周南·云汉》）、"谁谓河广？曾不容刀"（《诗经·卫风·河广》）等夸张的诗句；在最早的散文《尚书》中就有"汤汤洪水方割，荡荡怀山襄陵，浩浩滔天"（《尧典》）、"前徒倒戈攻于后以北，血流漂杵"（《武成》）等极力张皇的语句。到了后来，这种言语交际、文学创作上所惯用的措辞方法，竟然逐渐稳固而成为一种"誉人不增其美，则闻者不快其意；毁人不益其恶，则听者不惬于心"②的汉民族文化心理，造就了一种"闻一增以为十，见百益以为千"③的好为夸大其词以抒胸臆的文化传统。

　　当然，夸张与危言耸听，有时确有夸张失实之弊、哗众取宠之嫌，日常生活与严肃的场合、情境中若不掌握好分寸，是会造成相当严重的后果的。但是，在某种特定场合、特定情境下，诸如无盐谏劝昏庸的齐宣王的情况下，夸张就有其独特的效果了，这也是平淡、客观地陈说所无法企及的艺术化、智慧性的手段。因此，在适合题旨情境的条件下，这种"危言耸听"的语言智慧与技巧是值得推崇的。

---

① 陈望道著：《修辞学发凡》，上海教育出版社 1982 年版，第 128 页。
② （汉）王充：《论衡·艺增篇》。
③ （汉）王充：《论衡·艺增篇》。

五、王顾左右：昭奚恤"狐假虎威"

兵权过于集中在一人之手，往往是国家动乱的祸根，古今中外，不乏其例。因此有识见的国君往往都把兵权分授各司，使其互相牵制，宋太祖如此，明太祖亦如此。但是，也有很多糊涂君王，由于事先没有周密考虑，等到兵权集中于一将之手而威胁到自己王位时，才知后悔。比方说战国时代的楚宣王便是其中的一个。

楚宣王，名良夫，又称荆宣王，是战国时代七雄之一的泱泱大国楚国的君王。在他执政期间，由于振先王之余威，重用文武贤能，国家治理得颇是升平。可是，后来楚宣王逐渐感到他所重用的大将昭奚恤拥兵自重，中原诸侯各国视之如虎，楚国大臣亦慑于其威。这时，楚宣王才感到兵权集于一身的昭奚恤可能会对自己构成威胁。心想，一旦有朝一日昭奚恤发动兵变，那么后果就不堪设想了。楚宣王想是这样想，但迟迟没有采取什么防范措施，只是抱着等等再说的侥幸心理，而且还日益对昭奚恤宠遇非常，希冀通过怀柔、仁义手段使其忠心于自己。其实，这是姑息养奸、纵虎为患的错误做法。有识之士早就看得明白了，只是没有人敢讽谏楚宣王。一来怕惹楚宣王之怒，二来又恐得罪昭奚恤，所以进谏之事，迟迟未有。

一次，昭奚恤因故没来上朝，楚宣王问群臣道：

"寡人听说北方各国对昭奚恤畏之如虎，难道真的是这样吗？"

群臣一听楚宣王问及此事，个个战战兢兢，良久无人敢言语。楚宣王看看群臣这副模样，心里也明白了一半。正当楚宣王要罢朝而去时，客楚为官的魏人江乙（又名"江一"）出班奏道：

"大王，臣有一个故事，不知您有没有兴趣听？"

楚宣王一听江乙要讲故事，顿时来了兴致，高兴地说道：

"好哇！"

江乙抬头望了望楚宣王，又扫视了殿上的其他楚国众臣，便不紧不慢地说道：

"有一只老虎，饿了好久，到处寻食，最后抓住了一只狐狸。狐狸说：'我相信，您不敢吃我！'老虎问：'为什么？'狐狸说：'天帝让我做百兽之长，今天您要是吃了我，就是违逆了天帝之命。'老虎半信半疑，狐狸又说道：'如果您不相信我的话，我走在您前面，您跟在我后面，看看百兽见了我是不是望之而逃？'"

"结果怎么样？"楚宣王信以为真，认真地问道。

江乙看着楚宣王那副天真的样子，心里不免好笑，但表面却装做非常认真，继续说道：

"老虎觉得狐狸说得对，于是就跟在他后面一起在山中到处走。结果，百兽远远望见，都纷纷逃跑了。老虎不知道百兽原来是畏惧自己而逃，还以为他们真的是畏惧狐狸呢。"

说到这里，江乙停了下来，看了看楚宣王，又瞧了瞧殿上楚国群臣，只见他们都表现出一副莫名其妙的神情。于是，江乙接着说道：

"今大王之地方圆五千里，带甲之兵百万，皆专属于昭奚恤一人，所以北方诸国都对昭奚恤畏之如虎。其实呢，并非是怕他，而是怕大王的百万甲兵罢了，这就好比是百兽之畏老虎一样。"

至此，楚宣王方明白江乙所讲故事的用意，楚国群臣这才如梦初醒，原来江乙巧妙地说出了他们想说而不敢说的话，想进而无法进的谏言。

之后，楚宣王便逐渐削弱了昭奚恤的兵权，楚国避免了可能出现的武装政变。楚宣王执政期内，天下一直太平。[①]

昭奚恤"狐假虎威"

荆宣王问群臣曰："吾闻北方之畏昭奚恤也，果诚何如？"群臣莫对。江一对曰："虎求百兽而食之，得狐。狐曰：'子无敢食我也。天帝使我长百兽，今子食我，是逆天帝命也。子以我为不信，吾为子先行，子随我后，观百兽之见我而敢不走乎？'虎以

---

① 江乙说楚宣王之事，见于《战国策·楚策一》。

为然，故遂与之行。兽见之皆走。虎不知兽畏己而走也，以为畏狐也。今王之地方五千里，带甲百万，而专属之昭奚恤；故北方之畏昭奚恤也，其实畏王之甲兵也，犹百兽之畏虎也。"

——《战国策·楚策一》

楚宣王有甲兵百万，中原诸侯各国畏如虎狼。但是楚宣王却不明就里，以为北方各国是慑于他的大将昭奚恤的威风。由于这种心理错觉，不仅使昭奚恤自以为是、拥兵自重，而且还使楚宣王与楚国群臣都有一种唯恐政变发生的沉重心理负担。这些本就是错觉引起的错误判断，但是，楚宣王与楚国群臣都没有看清楚，昭奚恤也未清醒地认识到。因此，当楚宣王忧虑地问"北方各国对昭奚恤畏之如虎，难道真的是这样吗"时，早已看透这一假象的江乙就觉得这个问题提得十分可笑。于是，便乘机进言，以解除楚宣王的疑虑，正告楚宣王应该采取的措施，同时也向楚国群臣说明真相，解除他们对昭奚恤畏惧的心理状态。因此，江乙便讲了上述一个语篇的内容。

江乙的谏说语篇，从逻辑上看，可以分为两个组成部分：前一部分即"狐假虎威"的寓言，是个诱导篇，是谏说者为了说服被谏说者而作的虚拟语篇，说明了百兽怕狐是假的，怕虎才是真的。后一部分即正面回答楚宣王问题的部分，是本谏说语篇的逻辑着重点，是全篇说辞的收束，它具体陈说了北方各国惧怕昭奚恤的原因，并且最后以"这就好比是百兽之畏老虎一样"一句为关联语，使诱导篇与逻辑着重点黏着为一体，从而使楚宣王明白：江乙所说的"狐假虎威"的故事实际上就是在说昭奚恤与自己的事，昭奚恤只不过是一只"狐狸"，自己才是真正的兽中之王"虎"，北方诸侯国怕昭奚恤是假，怕自己的百万甲兵是真。由此，楚宣王终于解除了内心恐惧的沉重负担，并且为防患于未然而逐渐削弱了昭奚恤的兵权，使楚国保持了长期的政局稳定。

楚宣王所说："寡人听说北方各国对昭奚恤畏之如虎，难道真的是这样吗?"是个反义疑问句。根据言语交际的规则，回答只有"是"或"不是"两种。但是，事实上我们见到江乙对答宣王时既没有说"是"，也没有说"不是"，而是先说了一个"狐假虎威"的寓言故事，可谓是言语交际上常说的"王顾左右而言他"的情形。若以严格的言语交际学的眼光看，这是"言语犯规"。若从交际氛围的建立要求来说，这是破坏受交际者言语心态的表现，应该以"黄牌警告"。但是，从江乙讽谏楚宣王的实际效果看，这种"王顾左右而言他"的讽谏对答方法又是一种很机智、巧妙的方法。因为它首先通过生动的寓言故事情节的叙述，引起受交际者的浓厚兴趣，使之对自己的言说倾注最大限度的注意力，加强言语刺激的力度，使受交际者对此刺激作出迅速、明显的反应；然后再"言归正传"，说出讽谏的内容，表明自己对被讽谏者的态度，让被谏说者从谏说内容及谏说者的思想倾向中，慢慢体味其深刻含义所在，然后便水到渠成地达到了讽谏的目的。从江乙讽谏楚宣王的事实中，我们不正可以看到这一点吗?

我们说"王顾左右而言他"的手法是一种很有效的讽谏艺术，这并不意味着讽谏只有这一种方法，也不是说只有这一种方法有效。事实上，方法是很多的，效果也是各有不同的。这主要是要根据特定的情境、特定的交际对象而定，不可守株待兔，墨守成规。另外，还应该说明的一点是，我们说"王顾左右而言他"是一种讽谏帝王或领导者的有效方法，但并不意味着这一方法在日常的普通言语交际活动中不可使用。事实上，对于那些有心灵创伤或有难言之隐的被交际者来说，有时候交际者若以"王顾左右而言他"的方法打开对方的心扉，对之婉转进言慰藉，其效果肯定也很佳。如若不信，请一试之。

第六章 星汉灿烂，悠悠古今：
讽谏的智慧（下）

一、笑里藏刀：优旃劝秦始皇多养麋鹿

那还是秦始皇统一天下之前的事，一次始皇帝兴致上来，意欲大拓苑囿，使之东至函谷关，西抵陈仓，作为狩猎纵马游乐之用。工程未开工前，始皇帝召集群臣，问这主意如何？良久，无人答对。

正当始皇帝要裁决退朝之时，侍臣优旃兴冲冲地进来，听说始皇帝要扩建苑囿之事，连忙率而出对说：

"好！大王应该多养些禽兽于其中，寇若从东来，则令麋鹿向东触之；从西来，则令向西触之。"

一句话，说得始皇帝与众大臣忍俊不禁，笑出声来。笑过之后，始皇帝就没再提起扩苑之事，工程计划自然取消了。①

> **优旃御寇之策**
>
> 始皇尝欲大拓苑囿，东极函关，西抵陈仓。优旃曰："善，宜多纵禽兽于中，寇从东来，则令麋鹿向东触之；西来，则令向西触之。"上因寝其事。
>
> ——（明）乐天大笑生《解愠编》卷十一

秦始皇的脾气，大家是知道的。他既然要扩建苑囿，自然是主

---

① 麋鹿御寇的故事，见于（明）乐天大笑生《解愠编》卷十一"讽谏·麋鹿御寇"条。

意已定谁也无法更改的。按常规，始皇帝扩建苑囿之事，若是以颁布旨意的口气说出，那么群臣是无法多嘴说些什么的。只是这一次，始皇帝意欲扩建苑囿的主意还未定，又想听听群臣的意见。因此，群臣倒是有一个进谏的机会，可以乘机发表自己的不同见解。可惜，群臣或是慑于始皇帝的威严，或是认为他要扩建苑囿，方便游乐，似乎没有什么于国不利之处，所以大家就没有吱声了。

但是，侍从优旃虽不算大臣，却有忧国忧民的胸襟。他不认为始皇帝扩建苑囿的事是小事，他认为始皇帝统一天下的宏愿还未实现，劳民伤财地扩建苑囿有碍大业的完成。于是，他想发表一点意见。可是，仔细一想，觉得始皇帝从来就是位有主见、很自大的主子，要讽谏他停止扩建苑囿的计划，恐怕是不能用直言批评式的表达方法，必须找一个比较合适的方式。思来想去，优旃还是觉得以自己弄臣的身份，以笑谈的形式进谏为妙。于是，他便说了上述一番令始皇帝与群臣都不得不笑的话。

优旃这次所说的话，虽然仍然是搞笑的谑语，但明显与往日不一样。以前他作为优伶之臣，常给始皇帝讲些笑话助兴、取乐，但大多是即兴所编的无所意谓的纯粹笑话。而这一次则不然。它虽令始皇帝与群臣为之哈哈一笑，但笑过之后，却让始皇帝就像有把软刀卡在了咽喉，久久难以化解。何以然？因为优旃的笑谈语篇，虽承始皇帝扩苑之意而来，但是其中却旁出了始皇帝之言所未有的语义内容——"以麋鹿御寇"。"以麋鹿御寇"之说，一听就知道是个笑语。但仔细分析一下，它却有着深刻的内涵，另有弦外之音。它以笑谈的形式出现，告知始皇帝扩建苑囿，多蓄禽兽，只能取乐，不能御敌。若想消灭六国、完成统一大业，还是以坚甲兵、设奇谋为宜，不宜玩物丧志。同时，其所言"寇若从东来，则令麋鹿向东触之；从西来，则令向西触之"，又于笑谈中暗示了始皇帝一条战略防御的线索：秦国东部的函谷关、西部的陈仓，都是重要的关口险隘，宜重兵防守，不是兴建苑囿游乐的地方。当这些语义指向的深层内容被始皇帝把握后，他便于无形中在笑里吞下了一把软刀，在咽喉处不上不下，煞是难熬。最后，只能服下优旃的另一剂药：

停止扩建苑囿，积极备战。

"笑里藏刀"，如果是一个人的品性，那是应该指责的。因为这种人很阴险，表面一套，内里又一套，用句成语来形容便叫"口蜜腹剑"。但是，"笑里藏刀"作为言语交际时的一种修辞手段，就是一种积极的语言艺术了。尤其是对于讽谏这种情形，更是如此。因为在特定的语境中，对于特定的言语交际对象，适应题旨情境，以笑谈的形式隐喻另一种不易明说或不愿明说的语义内容，往往比直露的语义表白效果要好得多，受交际者（即被讽谏的对象）也更容易接受，而且气氛和洽。可见，这是一种巧妙的语言交际方式，值得重视。即如上述优旃讽谏秦始皇来说，若优旃采用板起面孔的批评方式，或以一种谏言不入即死在面前的强谏方式，秦始皇肯定不会买账的，而且讽谏者本人的小命说不定也保不住了。因此，我们可以说，"笑里藏刀"作为一种语言表达艺术，不仅在日常生活中有特定的艺术效果，而且在外交斗争、政治斗争中的作用更大。只要善于运用这一手法，定会使交际者的言辞大放光彩，说服效果明显加强。

二、顺水推舟：优旃"漆城荡荡，寇来不能上"

秦始皇号称千古一帝，不是浪得虚名。他能结束自东周末年开始的数百年天下动乱不安、混战不断的乱局，开创出天下归于秦的大一统格局，确实是史无前例的大功绩，在中国历史上无人能与之相比肩。

可是，他的儿子，就是那个号称秦二世的胡亥，虽然有他老子为他创下的基业，有他老子往日的余威震慑着六国的臣民，但是还是坐不稳江山。先是被丞相赵高挟持，演出了一场"指鹿为马"的悲喜剧。之后，又被陈涉、吴广揭竿而起吓掉了魂。若其父始皇帝九泉之下有灵，一定会为之捶胸顿足不已的。

不过，有一天胡亥突然聪明起来，想出了一条防止贼兵攻城的"妙计"：油漆咸阳城墙。当秦二世把这条"妙计"向群臣说出后，大家听后皆面面相觑，一言不发。

正当秦二世自以为得计，非常得意之时，近侍弄臣优旃突然从旁抢步而出，乐呵呵地对秦二世说道：

"皇上的主意好！皇上即使不说，微臣也会坚决请求皇上这样做。油漆城墙，虽然对于百姓来说会增加点赋税负担，但是漆城荡荡，寇来不能上，这本来就是良策。不过，有一点，微臣要提醒皇上，漆城时必须让漆荫干，不能在太阳底下暴晒。所以，漆城不难，只是要找一个足够大的荫室！"

一席话，说得群臣掩口而笑；秦二世羞红了脸面，低首无语。之后，他再也不提漆城之事了。①

优旃漆城之计

秦二世议欲漆京城，优旃曰："善，主上虽无言，臣固将请之。漆城虽于百姓愁费，然漆城荡荡，寇来不能上，固是良策；但漆物必用荫，城漆可办，顾难为荫室耳。"二世笑而止。

——（明）乐天大笑生《解愠编》卷十一

秦二世胡亥虽然软弱可欺，被赵高玩之于股掌之上而不敢吭一声。但是，他毕竟是皇上，除了赵高外，其他人还是不敢戏弄他的。因此，当胡亥想出一条"漆城御寇"的"妙计"而征求大家的意见时，众臣虽在心里笑话他，可是却没人敢当面讥笑。优旃为优伶之臣，地位当然比普通朝臣要低很多，当然更不敢讥笑胡亥，得罪这位皇上了。不过，他与别的大臣不同，他们见胡亥愚蠢可笑可以缄口无言，而优旃是优伶出身，是以笑谈博乐为生涯的，所以他无法管住自己的嘴巴。但是，他在开口之前，又颇为细心地考虑到，讽谏胡亥不可随意，注意方法还是十分必要的。于是他在思虑片刻后就顺着胡亥的意思说了上述一番谑语，使群臣忍俊不禁，使

---

① 优旃讽秦二世漆城之事，见于（明）乐天大笑生《解愠编》卷十一"讽谏·漆城之荫"条。

秦二世羞愧难当。

那么，优旃的一番话何以有如此效果呢？我们不妨来分析一下优旃讽说语篇的语义内涵。从表层语义看，"油漆城墙，虽然对于百姓来说会增加点赋税负担，但是漆城荡荡，寇来不能上，这本来就是良策"，是句违反日常生活常识的笑话，油漆城墙怎能使寇敌无法攻城呢？若真的认为油漆了城墙，攻城者因滑而不能上就能御敌的话，那么这人不是傻瓜似的"聪明"，便是孩子般的天真。因此，胡亥的漆城之计被优旃如此一诠释，就变成了一个笑谈。这便是大臣们忍俊不禁，秦二世羞个红脸的原因所在。从深层语义指向来看，"油漆城墙，虽然对于百姓来说会增加点赋税负担"一语，看似提得轻描淡写，实是本语篇的语义重点所在，它深刻地揭示了陈涉、吴广领导的农民揭竿而起、反抗秦朝的原因。因为若当初没有修筑长城与无止期的徭役，农民揭竿而起的事就不可能发生，胡亥害怕农民军攻城的顾虑也就不会有了。因此，这一句的深层语义既包含有对秦始皇大兴土木、劳民伤财政策的谴责、批判之意，又暗含了对秦二世广征徭役以致民变的严重警告。因此，胡亥听后就打消了漆城的念头。当我们破译了优旃讽谏语篇的语义指向性后，自然也就理喻了秦二世羞愧的原因了。

讽谏帝王，可以通过委婉、含蓄的语言，使其悟而悔过；也可以通过借古喻今的方法，使其对比古今，自省其举措的贤愚，改错从善；还可以根据特定的交际情境、交际对象，直言切谏，使其幡然醒悟。但是，每一种讽谏的方法有时也会有不同程度的局限性。比方说借古喻今的方法，虽然对那些悟性很高的帝王很有效果，但是对那些不学无术或昏庸透顶的君主，则是对牛弹琴了。他们本就听不进逆耳忠言，自然也不会对引经据典、借古喻今的良苦规谏有兴趣。若是这种情形，讽谏者虽然可以改用直言切谏、危言耸听的方法，促使昏庸的国君猛醒，正视现实，改邪归正。但是，假使这君主先前本就没有贤哲过，也就是说是个彻头彻尾的昏君，那么直言强谏也不会有结果的。相反，昏君一发怒，讽谏者的小命恐怕也保不住。关于这个，我们不妨去看看中国历史上的商纣王、隋炀帝等帝王的所作所为就足以清楚了。如果真的遇到像上述我们所说的那种"山穷水尽"的窘境，讽谏之路亦不能说就此断绝了。因为事实上优旃所创造的"顺水推舟"的谲语讽谏之法，还是有用武之地的。因为即使再昏庸不可救药的君主，最起码他对笑谈是有兴趣的，对寓讽刺于笑语中的那种明显的语义内涵还是稍微能够把握的。只要能够达到这一点，那么优旃式"顺水推舟"的讽谏法就会发挥效用了，相信昏君也会有头脑清醒的时刻！

三、稽古喻今：甘夫人"不以玉为宝"

刘备有位甘夫人，原是沛人，生于贫贱之家。但幼年时，里中曾有相面者说"此女后贵，位极宫掖"。等到长大成人后，少时不甚起眼的甘氏，变得体貌特异，玉质柔肌，态媚容冶，真可谓是"女大十八变，越变越好看"。当时刘备驻守徐州，闻甘氏艳名，便召入绡帐中为妾。后来刘备的元配夫人糜夫人早逝，刘备便逐渐提拔、扶正甘氏做了夫人。由于甘夫人天生丽质，加之肌肤宛若霜雪，刘备常于户外望之，犹如月下聚雪的景观。因此，刘备也就特别喜爱她，甚至在亡命途中也时刻不离。

这些本来也不必加以厚非，因为世上的男人没有一个是不好色的，更何况刘备又是位皇叔，还是个有志夺天下的英雄呢！但是，刘备以哭哭啼啼的办法赢得了许多人的同情，又得到了诸葛亮这样的奇才的辅佐，渐渐有了一些地盘之后，却玩物丧志，走火入魔了。当时河南有人献给刘备一个精巧的玉人，高三尺，栩栩如生，光彩照人。刘备反复把玩，爱不释手，乃取玉人置于甘夫人之侧，使之媲美生辉。若此为偶然之举，倒也无妨。只是自此之后，刘备常常白天讲说军谋，晚上则拥甘夫人而玩玉人，且振振有词地说：

"玉得山川灵气，世人皆视为宝物。玉之品质，德比君子，何况还是人形，难道不值得欣赏把玩吗？"

甘夫人知道这是刘备玩物丧志而在自找借口，于是便忧心如焚。这倒不是因为刘备喜爱玉人她吃醋，而是因为这样下去复兴汉室的大业何时才能成功呢？基于这种想法，甘夫人就企图毁坏玉人。没想到，几次都未能成功。到后来，她无计可施，只得向刘备直言进谏了：

"昔宋大夫子罕不以玉为宝，春秋传为美谈。今吴、魏未灭，您怎么以妖玩为念呢？以后凡是淫惑生疑之物，都不要再让进献了！"

刘备听后，沉吟半日。最后还是撤掉了玉人，摒绝了嬖者。①

甘夫人劝夫

蜀先主甘后……生而体貌特异，年至十八，玉质柔肌，态媚容冶；先主致后于白绡帐中，于户外望者，如月下聚雪。河南献玉人高三尺，乃取玉人置后侧，昼则讲说军谋，夕则拥后而玩玉人，常称："玉之所贵，比德君子，况为人形而可不玩乎？"甘后与玉人洁白齐润，观者殆相乱惑，嬖宠者非唯嫉甘后，而亦妒玉人。后常欲琢毁坏之，乃戒先主曰："昔子罕不以玉为宝，春秋美之，今吴、魏未灭，安以妖玩经怀！凡诬惑生疑，勿复进焉。"先主乃撤玉人像，嬖者皆退。当时君子以甘后为神智妇人。

——（晋）王嘉《王子年拾遗记》

《左传·襄公十五年》曾有这样一段历史记载：

> 宋人得玉，献诸子罕。子罕弗受。献玉者曰："以示玉人，玉人以为宝也，故敢献之。"子罕曰："我以不贪为宝，尔以玉为宝，若以与我，皆丧宝也。……"

子罕（即乐喜），是春秋时代宋国的正卿，德操高洁，宋平公颇是倚重他。但是，子罕并不以权谋私，而是清廉奉公。即使国人得玉以献对他表示崇敬，他也丝毫不苟且，故春秋时代传为美谈。

---

① 甘夫人谏刘备之事，见于（晋）王嘉：《王子年拾遗记》。

　　刘备本有席卷天下、包举宇内、囊括四海、复兴汉室之大志，而且经过长期努力由不名一文的贩夫而占有了西川，建立了蜀汉政权。这本该极力称颂才是，但甘夫人却没有这样，而是为他忧虑日深。原因何在？因为刘备原有的计划是复兴汉室，灭曹操、吞东吴，一统天下。但是，自从建立蜀汉政权以后，因玩弄玉人，宠信小人，意志颇为消沉，大志几将磨灭。故为国计，为刘备计，甘夫人不能不忧虑。但是，几次欲谏都苦于找不到合适的措辞，因为刘备一直在玩玉人，执迷不悟。后来，甘夫人终于从玉人本身触发起灵感，想到了春秋时代"子罕不以玉为宝"的典故，于是以此为谏辞，稽古喻今，终使刘备如梦方醒，撒手玉人，摒绝奸佞小人，振作精神而务大计。

　　那么，甘夫人一言何以如此有效呢？我们不妨对她的谏说语篇作一番语义分析。甘夫人所说的"昔宋大夫子罕不以玉为宝，春秋传为美谈"，是个诱导语篇，表层语义是说春秋时代子罕不贪玉的美德，使刘备听来犹如习习春风，以为妻子是在与他谈说历史典故，心里自然轻松舒畅，根本不会意识到甘氏即将要向自己发起精神、心理攻势。待到刘备解除精神防线，正欲洗耳倾听夫人的絮絮私语时，甘氏却冷不防异军突出，扔给刘备一颗重型炸弹："今吴、魏未灭，您怎么以妖玩为念呢？以后凡是淫惑生疑之物，都不要再让进献了！"刘备被突如其来的这一猛烈轰击，顿时头脑清醒，明白了甘氏所说的"昔宋大夫子罕不以玉为宝，春秋传为美谈"的诱导语篇，其深层语义指向是歌颂子罕不以玉为宝的高洁品质、批评自己以玉人"妖玩为念"而丧失大志的昏庸行为。刘备本是个明白人，世人号之为枭雄，当然悟性很好。因此，沉吟良久后，他认为夫人之言是"苦口良药"，是"逆耳忠言"，于是便撒去了玉人，摒绝了小人，致力于经世治国大计了。

　　"稽古喻今"，无论是在口头言语交际中，还是在文学作品中，特别是在议论、政论文中，都是一种十分重要的修辞手段。其作用有两个方面：其一是"据事以类义"①，即依据古代或以前的事情来推阐说明所要论证的观点或结论，以此增强说服力。如战国时代李斯《谏逐客书》开头有一段文字说：

> 臣闻吏议逐客，窃以为过矣。昔穆公求士，西取由余于戎，东得百里奚于宛，迎蹇叔于宋，求丕豹、公孙支于晋。此五子者，不产于秦，而穆公用之，并国二十，遂霸西戎。孝公用商鞅之法，移风易俗，民以殷盛，国以富强，百姓乐用，诸侯亲服，获楚、魏之师，举地千里，至今治强。惠王用张仪之计，拔三川之地，西并巴蜀，北收上郡，南取汉中，包九夷，制鄢、郢，东据成皋之险，割膏腴之壤，遂散六国之从，使之西面事秦，功施到今。昭王得范睢，废穰侯，逐华阳，强公室，杜私门，蚕食诸侯，使秦成帝业。此四君者，皆以客之功。由此观之，客何负于秦哉！向使四君却客而不内，疏士而不用，是使国无富利之实，而秦无强大之名也。

李斯为了谏说秦始皇收回驱逐客卿之成命，列举了秦穆公用由余、百里奚、蹇叔、丕豹、公孙支，秦孝公用商鞅，秦惠王用张仪，秦昭王用范睢等客卿，而使秦国由弱变强的历史事实，以此推阐出结论：客卿没有辜负秦国，没有客卿就没有秦国的强大。同时，呼应文章开头的总观点：逐客是错误的。很明显，这种"据事以类义"，比抽象地说理要有力得多，也最能说服人。

"稽古喻今"的第二个方面的作用是"援古以证今"②，即援引古事或古言证明今日所行之事的合理性或自己观点的正确性。援引古事以证今的，如前文我们所举汉人司马迁《报任安书》援引"文王拘而演《周易》；仲尼厄而作《春秋》；屈原放逐，乃赋《离

---

① （南朝·梁）刘勰：《文心雕龙·事类》。
② （南朝·梁）刘勰：《文心雕龙·事类》。

骚》；左丘失明，厥有《国语》；孙子膑脚，《兵法》修列；不韦迁蜀，世传《吕览》；韩非囚秦，《说难》、《孤愤》；《诗》三百篇，大抵圣贤发愤之所为作"等古事，目的就是为了说明"古者富贵而名摩灭，不可胜记，唯倜傥非常之人称焉"的道理，鼓励朋友任安要在逆境中奋发有为。也就是说，司马迁引古人之事是为了教育今人。援引古言以证今事的，如《左传·僖公五年》：

> 晋侯复假道于虞以伐虢。宫之奇谏曰："虢，虞之表也。虢亡，虞必从之。晋不可启，寇不可玩。一之谓甚，其可再乎？谚所谓'辅车相依，唇亡齿寒'者，其虞虢之谓也。"公曰："晋，吾宗也，岂害我哉？"……弗听，许晋使。宫之奇以其族行，曰："虞不腊矣！在此行也，晋不更举矣。"……冬十二月丙子朔，晋灭虢。虢公丑奔京师。师还，馆于虞。遂袭虞，灭之。

晋侯再次借道于虞国以伐虢国，虞臣宫之奇看出了晋国的不良居心是要连同虞国一起吞并，因此他向虞国国君说明了借道给晋国的危害，并提出虞、虢互相依恃的建议。为了证明自己预言是正确的，断定虞公借道于晋的行事过失，宫之奇便稽引了一句古谚语"辅车相依，唇亡齿寒"来论证，以加强说服力。事实证明，宫之奇的预言是对的，虞公的行事是错的，最终虞国确实被晋侯吞并了。

值得提起的是，"稽古喻今"虽是一种很有效的语言表达技巧，但运用时必须做到所稽引的内容要"如己意而与事合"①，即所用的典故要与写说者所欲表达之意相合，否则便归于失败。上述甘夫人讽谏刘备之所以成功，原因很简单，她所引"子罕不以玉为宝"之典正好与欲谏刘备撤玉人之意密合无垠，故效果特佳。

---

① （唐）王昌龄：《诗格》。

四、指桑骂槐：敬新磨数落中牟县令

一般说来，开国帝王大多是靠武力夺得天下的。

说到此，我便想起了五代后唐的开国皇帝庄宗李存勖。李存勖，小名亚子，沙陀人。本姓朱邪氏，因祖父朱邪赤心有功于唐，唐懿宗赐其姓李。其父李克用是唐末河东节度使，封晋王。李存勖继任为晋王后，经过与北之契丹、南之后梁、东之桀燕等割据势力的多年争战，壮大了势力，最终建立了唐政权（为表示不忘李唐，仍用"唐"国号，史称后唐），称唐庄宗。

大概是因为本是武将出身，习惯了盘马弯弓的征战生活的缘故，庄宗李存勖坐上龙位后，对天下太平的生活很不适应。于是，这位好战分子便感到静坐无事很无聊也很苦恼。不过，过了一段时光，这位庄宗终于找到了消遣的办法：畋猎。虽然畋猎没有征战时的雄壮气势，但马上驰骋也是颇够味的。一次，庄宗兴致起来，纵马而猎，及于中牟县。鞭急马快，民田稼禾大片被践。中牟县令为民请命，当马切谏。不意，庄宗大怒，斥退县令，且令将其杀之，大臣无人敢谏止。一会儿，伶人敬新磨从背后转到庄宗马前，立时率人追回县令，押至庄宗马前，愤怒地指责县令道：

"你做县令，怎么就不知道我们的天子喜欢打猎呢？你为什么纵容你的县民种庄稼，从事农业生产，以供国家税赋？你为什么不让你的县民饿着肚子，将田地空出来，以备我们的天子驰骋打猎呢？你罪大恶极，理应处死！"

说毕，敬新磨就请庄宗对中牟县令行刑，诸伶亦共相唱和。庄宗听着，看着，哈哈一笑，纵马而去，中牟县令亦被免了罪，打道回府了。①

---

① 新磨谏庄宗之事，见于（宋）欧阳修：《新五代史·伶官传》。

敬新磨数落中牟县令

　　庄宗好畋猎，猎于中牟，践民田。中牟县令当马切谏，为民请，庄宗怒，叱县令去，将杀之。伶人敬新磨知其不可，乃率诸伶走追县令，擒至马前责之曰："汝为县令，独不知吾天子好猎邪？奈何纵民稼穑以供税赋！何不饥汝县民而空此地，以备吾天子之驰骋？汝罪当死！"因前请亟行刑，诸伶共唱和之。庄宗大笑，县令乃得免去。

——《新五代史·伶官传》

　　庄宗为一介武夫出身，性格本就粗放；加之又新近做了皇帝，自然脾气很大，心性骄傲了。当他乘兴纵马畋猎之时，中牟县令却因庄宗马践民禾而挡马阻谏，当然庄宗会怒发冲冠了。在如此情境之下，直言谏劝庄宗改过自新，释免中牟县令之罪，一般来说是肯定要失败的。而伶人敬新磨因平日侍从庄宗，了解庄宗的心性，知道以直谏硬说的方法是丝毫没有用的，相反，还会激怒他的情绪，使事情更糟。于是，敬新磨便改变了谏劝的方法，顺着庄宗的心理态势，责骂起中牟县令的不是来。但是，有趣的是，敬新磨虽然表面在责备中牟县令，实则是在"指桑骂槐"。其所言"你做县令，怎么就不知道我们的天子喜欢打猎呢"，表层语义是谴责中牟县令犯有官僚主义错误，不知庄宗有好猎的本性，反而来阻止庄宗纵马。而深层语义则是歌颂中牟县令刚直不阿、为民为国不怕丢官丢命的可贵品质。其所言"你为什么纵容你的县民种庄稼，从事农业生产，以供国家税赋？你为什么不让你的县民饿着肚子，将田地空出来，以备我们的天子驰骋打猎呢"，表层语义似乎仍在谴责中牟县令冒犯庄宗天威，不为庄宗畋猎创造条件，反而纵民稼穑以碍庄宗纵马，而深层语义则远非如此了。这话仔细分析起来包含有两层语义：一是歌颂中牟县令对庄宗忠心耿耿、对职守勤勤恳恳，领导中牟县百姓努力发展农业生产，以供国家税赋；二是谴责庄宗昏庸不懂世情，臣下为自己克尽忠心，自己反而要加罪于他。因此，当庄宗听到敬新磨说中牟县令"罪大恶极，理应处死"时，内心十分惭愧。于是，为了掩饰内心的羞愧，他只得佯装大笑，跑马而去了。这样，中牟县令得救了，敬新磨的讽谏目的亦达到了。

臣下讽谏皇帝，不同于日常生活中普通朋友间的劝说情形。因此，对于大多数的君主来说，直来直去的讽谏方法事实上是行不通的。因为即使是再英明的君主，他明明知道臣下直言规谏自己是出于一片忠心，但出于他那神圣不可冒犯的帝王之尊的心理，往往也会使他情绪激动，失去理智，错把忠言当谗言，错把赤胆忠心当作狼心狗肺。因此，中国历史上凡是善于进谏的贤臣，大多喜欢运用婉曲、含蓄的讽谏方法，或借古喻今，或触景生情地编造寓言，或自为譬喻，或王顾左右而言他，或指桑骂槐以达意等等。这样的讽谏，虽说语义指向性不太明晰，但崇尚蕴藉、含蓄精神的中国人包括帝王们是喜欢的。因为谏说者的讽谏语篇的语义指向性越蕴藉含蓄，被谏说者透过对这含义深长的谏说语篇的咀嚼，越能体味出无尽的意蕴来。而且，这种委婉、含蓄的讽谏语篇由于说得蕴藉、含而不露，在心理上有极大的缓冲力，既顾及到了被谏说者（帝王们）的面子，又使之心理荡起无尽的涟漪。久久不得平静后，被谏说者自然而然地接受了这不可却之的忠言：谏说者的讽谏。

虽然在现代我们并没有帝王可去讽谏了，一般来说，我们的建言与批评再也不必"指桑骂槐"、曲折隐晦了，但是，在特定情境下，对特定的交际对象，这种谏说方法说不定还会有用。

五、蜻蜓点水：纪昀不拒酬金

爱新觉罗氏统治中国最为隆盛的时代，是乾隆在位的年头。乾隆在位60年，虽给后世留下了一段美好的盛世历史，但是，乾隆到晚年时却也犯了不少错误。仅重用权奸和珅一事，就使大清王朝的国库为之一空，巨大的财富皆落入和珅家的私人金库中，致使国家财政赤字年年上升，经济危机、政治危机一触即发。因此，嘉庆四年（1799），当乾隆驾崩，嘉庆皇帝亲政后，大清王朝的政治、经

120

济形势就显得特别严峻。面对乾隆晚年留下的危局，嘉庆一执政便首先逮捕了权奸和珅和尚书福长安，没收了他们的资财以充国库；整治吏狱，挽救政治危机。在整顿吏治的过程中，嘉庆还决定为在乾隆时代被和珅之流打击迫害的官员恢复名誉、平反昭雪。另外，还准备破格提拔几位曾为父君作出突出贡献而被和珅等人排挤的官员。但是，当整顿吏治的工作快要告一段落时，破格提拔官员的事却迟迟未付诸实施，这倒不是嘉庆吝啬官禄，而是他自己主意还未定。因为破格提拔官员，在他之前的大清王朝的历代帝王手里都没有先例，加之几次征询大臣的意见皆无结果，因此，这事就一直耽搁下来了。

　　突然有一天，嘉庆帝想起了父君乾隆生前最宠信的重臣纪昀来。当纪昀奉旨来见嘉庆时，嘉庆便详细地把自己的想法及顾虑告诉了纪昀。纪昀听后，沉吟良久，没有直接对此事作可否的表态与意见，只是这样对嘉庆帝说道：

　　"陛下，臣荷蒙先帝重恩，为官数十载，从未有人敢以金钱或重礼贿赂我。为什么？只因臣生性并不贪墨。虽然这样，但若是亲友有丧事，臣为之点主或作墓志铭，他们所馈赠的礼金，不论厚薄，臣都是来者不拒的。"①

低调做人的学问

　　清朝的嘉庆皇帝，登位后对前代留下的一些遗留问题进行处理，还准备破格提拔几位曾为前朝作过贡献却被奸臣排挤、打击的官员。但这破格提拔的事在清朝没有先例，群臣反应不一。嘉庆皇帝拿不定主意，便问老臣纪昀。纪昀沉吟片刻，说："陛下，老臣承蒙先帝器重，做官已数十年了。从政，从未有人敢以重金贿赂我；为了撰文著述，也不收厚礼，什么原因呢？这只是因为

_____

　　① 此故事是二十多年前笔者根据复旦大学图书馆中一本小书而来，原书名今已失记，原书今亦查找不到。但这个故事是存在的，并非笔者杜撰，今日我们上网还能读到类似的故事。

我不谋私、不贪财。但是有一样例外，若是亲友有丧，要求老臣为之主事或作墓志铭，他们所馈赠的礼金，不论多少厚薄，老臣是从不拒绝的。"嘉庆皇帝听完纪昀一席话后感到莫名其妙，仔细一想，才点头称许，于是下了破格提拔这批官员的决心。

　　嘉庆听毕，莫名其妙。纪昀说完，会意地看看嘉庆。良久，嘉庆点点头。

　　之后，嘉庆便大胆地破格提拔了一批曾为父君作出过突出贡献的官员，吏治整顿出现了新景象。

　　嘉庆皇帝尊重纪昀，所以才征询他的意见，将自己意欲破格提拔一批为乾隆作出过重要贡献的官员的计划告诉他。这是多大的面子啊！可是没想到，纪昀却说了如上一番没头没脑的话：他生性不贪赃受贿，但亲友有丧事，请他为死者灵牌点主或作墓志铭时，无论死者家属送多少礼金，他都一概收受，绝不推却。从表层语义看，这番话与嘉庆皇帝的问话语篇根本没关系。若根据言语交际规则，受交际者不直接回答交际者的问题，而是"王顾左右而言他"，说一些与问话语篇无关的事情，这就是与交际者采取不合作态度的表现，是言语交际中的"犯规"行为，应该罚下言语交际场或示黄牌警告的。但是，事实上，作为交际者的嘉庆皇帝却没有对作为受交际者的纪昀产生不满情绪，更没有把他罚出言语交际场，而是对他"王顾左右而言他"的回答语篇会意地点点头。以此观之，受交际者纪昀的回答语篇是回答了交际者嘉庆皇帝的问话语篇，而且嘉庆皇帝是很赞同纪昀的回答内容的。那么，这是何故呢？

　　要追究这个问题，我们的眼光如果仅局限于纪昀回答语篇的表层语义，那就远远不够了，解决的途径只能是透过其深层语义来分析。从语义分析的角度看，纪昀所说"臣荷蒙先帝重恩，为官数十载，从未有人敢以金钱或重礼贿赂我"，表层语义是在感激乾隆帝对自己的知遇之恩，歌颂自己的清廉品质；实际上，这表层语义不过是个诱导刺激物，其目的在于"抛砖引玉"，带出"若是亲友有丧事，臣为之点主或作墓志铭，他们所馈赠的礼金，不论厚薄，臣都是来者不拒的"这一语篇重音。当这一语篇重音出现后，聪明人便能把握本语篇的真正语义指向性了。嘉庆皇帝本就是个悟性颇好的主子，因此他在沉吟半晌后，便迅速、准确地破译了纪昀谏说语篇的语义内涵，知道纪昀所说的为丧家作铭、点主收金而不却的话，是在暗示他为祖宗推恩是不必顾忌什么的。由此，让嘉庆皇帝清楚地意识到，自己意欲破格提拔为先帝作出过突出贡献的官员的设想是对的，是在为祖宗推恩，是弘扬先君德化的表现，根本没有什么不妥之处。这正如纪昀为别人点主、作铭收金而不却以让死者后人为死者尽孝的道理是一样的。于是，嘉庆皇帝便果断地实行了自己提拔官员的计划。可见，纪昀"蜻蜓点水"式的巧妙讽谏发挥了很大效果，为嘉庆帝的吏治整顿工作奠定了坚实的基础。

讽谏（admonish）是一种语言的艺术，它既要求讽谏者（admonisher）有渊博的学识、灵敏的机辩，又要求讽谏者根据讽谏对象即被交际者（communicatee）的心理态势、性格特点采用适合对象、适合题旨情境的有效方法。否则，讽谏者不是以失败告终，就是丧生于帝王刀下。纪昀曾侍从乾隆皇帝数十年，讽谏、侍对过乾隆无数回，但每回都是以委婉含蓄的方法进行的，结果都令乾隆十分满意。嘉庆皇帝虽学识不及其父，但也是位颇聪颖、贤达的君主，由他想为父君乾隆推恩、破格提拔前朝有功官员的举措，就足可看出这一点。因此，纪昀在了解嘉庆皇帝性情、心理后，同样采用了委婉含蓄的谏说方法，以"蜻蜓点水"式的回答语篇，使嘉庆皇帝思而得其真义、意向，既迎合了嘉庆皇帝喜欢自作主张、自以为聪明的心理，又含糊其辞地说出自己的意见和主张，但又不为日后事情的成败留下负责的把柄。这便是纪昀讽谏艺术的高妙处。

当然，我们承认纪昀所用"蜻蜓点水"式的讽谏方法是很巧妙的，效果也是很好的。但是，这仅是从语义分析的角度来看的。若从更高的逻辑层次上来观察，"蜻蜓点水"式的讽谏方法的成败关键主要是依赖于讽谏者对讽谏对象的性格特点以及受讽谏时的心态的准确把握上。汉代著名思想家、哲学家王充在《论衡·自纪篇》中曾记述了孔子失马一事，颇能说明问题：

> 孔子失马于野，野人闭不与，子贡妙称而怒，马圉谐
> 说而懿。

子贡是孔子言语科的得意门生，是最善于辞令的。但是，当野人扣了孔子的马而不还时，他用美巧的雅语向野人交涉，结果反惹怒了野人（村野之人），交涉努力归于失败。相反，马夫没有什么高深的言语修养，只会说些诙谐的俗语，结果野人却高兴地把马交还给了他。

为什么会这样呢？难道子贡的"妙称"还不及马夫的"谐说"吗？当然不是，而是另有道理。子贡所交际的对象是个没文化的野人，而不是有修养的国君或士大夫，自然美妙的言辞对于野人就发挥不了作用，而是像对牛弹琴。这是子贡言语交际时不注意对象之失。因此，正如王充就此事所作的分析那样："以圣典而示小雅，以雅言而示丘野，不得所晓，无不逆者。"① 由此，我们可以清楚地见出言语交际（包括特殊的言语交际——讽谏）时注意交际对象的重要性。

讽谏（包括日常言语交际）时准确把握受讽谏者的心态也是非常重要的。这一点，我们从"苏秦精说于赵，而李兑不说；商鞅以王说秦，而孝王不用"② 的历史事实中，就足以清楚地见出。那么，原因何在呢？汉代王充在《论衡·自纪篇》中作过精辟的概括与分析：

> 夫不得心意所欲，虽尽尧、舜之言，犹饮牛以酒，啖
> 马以脯也。

---

① （汉）王充：《论衡·自纪篇》。
② （汉）王充：《论衡·自纪篇》。

众所皆知，苏秦、商鞅都是战国时代的豪杰、游说的专家，但是苏秦第一次游说赵肃侯、商鞅开始几次与秦孝公交谈，都是以失败告终的。之所以如此，就是他们当时没有准确把握他们所游说对象的心态倾向。所以，尽管他们的游说辞"尽尧、舜之言"，结果还是"犹饮牛以酒，啖马以脯"，不起任何作用。

从上面我们对纪昀讽谏语篇的分析可知，纪昀"蜻蜓点水"式的谏法之所以效果很好，关键在于讽谏者纪昀准确把握了讽谏对象嘉庆皇帝的性情、心态。

第七章　嬉笑怒骂，皆成文章：
排调的智慧（上）

　　语言是最重要的交际工具。有了语言，人与人之间才能相互传递信息，彼此交换思想、观点，大家才能协调行动，进行改造自然、改造社会的伟大事业，使人类社会得以发展；有了语言，人类的思想、文化成果才能得以传承，后人才能借助前人的间接经验，站在前人的肩膀上，以前人已经取得的经验或成果为起跑点，进而取得更大的成就，由此推动社会以更快的速度向前发展，科技发展以跳跃式向前突飞猛进；有了语言，人与人之间才能传达情感，展露出喜怒哀乐等丰富的情感情绪。如果没有语言，人与猿猴没有区别，只能停留在动物的层面，几十万年、几百万年而无所作为。

　　语言既然是工具，那么工具的使用效率则与运用工具的人有关。有些人语言天赋较好，语言能力比较强，他们在运用语言这一工具表情达意时会显得比较得心应手，游刃有余，能够出色而圆满地完成其交际任务，因而他们的人生道路或事业发展会比较顺遂；有些人先天的语言天赋不太好，语言能力较差，且又后天学习不够，他们在运用语言这一工具表情达意时会显得比较笨拙，甚至不得其法，与人交际时往往言不由衷，不能圆满地完成交际任务，甚至得罪了受交际者，从而使事业或人生陷入了困境。如果要打个比方的话，语言就像是一柄双刃剑。剑握得法，或使用得法，它可以杀人而保护自己；若握得不对，使用不得法，自己也能为剑所伤。语言也是一样，如果使用得好，能很好地传情达意，那么与他人的沟通就会比较顺畅，交际任务就易于达成，在社会上就可能比较成功。反之，就可能比较失败。

　　语言作为一种工具，对于每一个人都是平等的。只要是一个正常人，都会有语言能力，都能使用语言这一工具。也就是说，在掌握语言工具这一公共资源方面，可以说是人人平等的。但是，我们也应该看到，在人类社会中，人与人之间并不是完全平等的，如社会地位、金钱权力等，都能将人划分为不同的等级，让人形成三六九等。正因为如此，以语言进行交际，交际者与受交际者之间事实上存在着地位不平等的问题。另外，还有一点也是事实上客观存在的，即言语交际既可能是"合作"的，也可能是"非合作"的，甚至是"竞争"的。如果在言语交际中，交际者或受交际者的一方遇到地位不平等的情况，或是"非合作"的言语博弈时，那么就需要有语言表达的智慧，以消解言语博弈中可能产生的现实危险。

如果能够明白这些道理，注意语言作为交际工具所具有的双重性格，就能避免作茧自缚、画地为牢的尴尬局面，不至于被自己所说的话困死；如果能掌握一定的语言表达智慧或技巧，即使不慎陷入语言的困境，也能打破语言的牢笼，在言语博弈中顺利突围并反败为胜。关于这一点，我们不妨借鉴学习一下古人，看看孔融如何戏弄曹操、谢综如何反讽其舅范晔、纪晓岚如何反击和珅，看看东吴大帝孙权、齐太祖萧道成、女皇武则天等帝王是如何被人关进语言的牢笼，看看齐国名相晏子与楚王、东吴名嘴诸葛恪与蜀汉名臣费祎、吴越王钱俶与陶谷、纪昀与俄国使节等的外交博弈，看看刘贡父如何自作聪明而反被苏东坡"创意造言"所反讽，欧阳修如何自恃才华而为刘原父"图穷匕见"逼到了死角，相信大家肯定能从中获得启发，从而掌握在言语博弈中占据主动地位，握好语言这柄双刃剑，既能有力地杀敌制胜，又不致自伤其身。

一、为情造文：孔融出典"想当然"

大家都知道曹操厉害，可是有一位孔融，他是不怕曹操的，甚至还敢"调戏"曹操。

那是汉献帝建安五年秋后的一天，曹操还沉浸在打败北方强敌袁绍的极大成功喜悦之中，正在饮酒赋诗的时候，突然有人送来一封书信。曹操拆开一看，知是孔融写来的，内容是有关曹操打败袁绍功绩的歌颂之词，曹操览毕，一笑了之。随手把信搁在了书案上，又去拿酒杯了。他去庭院走了一圈后突然折回室内，又拿起那封信。因为他觉得孔融今日突然来信恭维自己似乎有点蹊跷，心想这位孔圣人的后代，平日倚仗自己是孔子的后裔，有点学问，从来不买他这个丞相的账，而且时有敌对情绪，怎么今天无缘无故地拍起了自己的马屁来了？说不定是黄鼠狼给鸡拜年，没安好心。于是曹操又重看了一遍孔融的信，发现里面的"武王伐纣，以妲己赐周公"的典故，自己从来没听说过。想了半天，这位颇为博学的孟德公还是没有想出办法去核对这个典故的出处。第二天，他便在朝中把孔融所写的这句话说给众臣听。结果，大家也说不知道。于是，曹操就想，这孔融虽有点傲气，但学问确实很好，想必他这句话是有根据的吧。因为记得他的祖宗孔老夫子曾有句名言："知之为知之，不知为不知，是知也！"孔融作为孔子的嫡派传人，肯定不会凭空臆造典故的。这样，曹操就相信这句话是有出典的了。

又过了一段时间，曹操一日偶与孔融相见，寒暄之后，曹操突然记起他的那封信，便想当面请教一下"武王伐纣，以妲己赐周公"典故的出处。不意，曹操刚开口，孔融就哈哈一笑。曹操被搞得莫名其妙，便认真地问道：

"公言'武王伐纣，以妲己赐周公'，典出于何书？还望赐教！"

孔融看看曹操，半日才答道：

"以当今的情形看，只是想当然罢了！"

曹操愣了半响，没反应过来。而孔融却扬长而去了，临走时还不时地回首冲曹操直笑。良久，曹操才如有所悟，一顿足，差点没气昏过去。①

---

① 孔融讽曹操之事，见于（汉）范晔：《后汉书·郑孔荀列传》。

孔融"想当然"

初，曹操攻屠邺城，袁氏妇子多见侵略，而操子丕私纳袁熙妻甄氏。融乃与操书，称"武王伐纣，以妲己赐周公"。操不悟，后问出何经典。对曰："以今度之，想当然耳。"

——《后汉书·郑孔荀列传》

曹操为何顿足？曹操为何发昏？这还得从曹操的好色说起。曹操虽然直到晚年还说"老骥伏枥，志在千里"，不忘实现他一统天下的宏愿，可算是一位有远大志向的政治家，但是，在生活上他是一个极端的享乐主义者。这从他"对酒当歌，人生几何"的诗句中足可见出。当然，喝一点酒还不能完全证明曹操是个享乐主义者，因为有时他喝酒，是"何以解忧？惟有杜康"的缘故。了解历史的人都知道，曹操的享乐主义行为主要是表现在好色方面。著名的事例有三个：一是在宛城与张秀决战时，因贪被中之乐，折损心爱的大将典韦，使之后悔不已，几番痛不欲生；二是与袁绍作战时，俘获袁熙之美妻甄氏，一见便欲收为"床上用品"；三是与孙权、刘备赤壁鏖战前，作铜雀台，意欲打败孙权，夺来江东二乔享用。尤其对于甄氏，曹操心病更大，不同于另外两次。因为宛城之役眷恋的是露水情人，江东二乔是意念中的幻想，对曹操的打击不算大。而对甄氏则不同，当初曹操一见甄氏便惊为天人，魂也销了，骨也酥了，立意要纳为己妾。不意却被儿子曹丕抢在前头，先下手为强，占为己妻。曹操虽然心中有恨，但又无法说出。因为甄氏都成了自己的儿媳妇了，他还能说什么呢？这个曹操心里明白，众臣也知情。因此，当孔融笑对曹操说"以当今的情形看，只是想当然罢了"时，曹操就联想到自己与儿子争甄氏的事，知道孔融所说的"武王伐纣，以妲己赐周公"的典故是假的，是孔融有意编造出来嘲弄自己把甄氏让给儿子曹丕是不情愿的。因为众所周知，周武王讨伐商纣王、灭商朝，事出妲己迷惑纣王，使纣王沉溺于酒色，偏信谗言，搞得天下人心大怨。而周公是辅佐周朝的贤臣，武王怎可能把如此这等妖妇赐给贤臣周公呢？经过这么一联想，曹操才明白孔融为什么要写信恭维他灭袁绍的功绩，才明白他编造典故的原因，原来是为了讽刺、嘲弄自己。你想，曹操能不顿足，能不气得发昏吗？

征引前人言论证明自己的某一观点，或论证某一行事，是言语交际或政论文写作中常用的一种修辞手段，其效果是十分明显的。但是，作为一种修辞手法，它在使用中必须遵循一定的规范。一般说来，有两种基本的方法：一是"明引"，二是"暗引"。

所谓"明引"，就是在说写中明确指出所引言语的原说写者姓名（包括书名、文章名），并用"引号"明确标示出来；或是不指明原来的说写者姓名，但用引号明确标示出来。这种引用，在古今都很常见（古代没有新式标点符号引号）。古代的如《孟子·梁惠王上》："老吾老，以及人之老，幼吾幼，以及人之幼，天下可运于掌。《诗》云：'刑于寡妻，至于兄弟，以御于家邦'"，所引《诗经》的话，就是"明引"。至于现代的，则更普遍。如香港作家杜渐《书痴的话》：

> 李谧说过："丈夫拥书万卷，何假南面百城。"我虽没有万册书，但比起古人的册卷来说，何止万卷？我也会有寂寞之时，碰到不如意的事，我就"躲进小楼成一统，管他冬夏与春秋"！有书作伴，自然忘却心中烦恼，我可以说平生无大志，只是个孜孜蛀书虫。痴人痴话，看官请勿见怪。(杜渐《书痴的话》)

这里，"丈夫拥书万卷，何假南面百城"与"躲进小楼成一统，管他冬夏与春秋"两句话，都是"明引"。稍有不同的是，前句既交代了说话者李谧的姓名，又加了引号作为标示；后句则只以引号标示，没有交代作者鲁迅的姓名。

所谓"暗引"，就是既不交代引语原说写者的姓名（包括书名、篇名），也不加引号予以标示，将引语与自己的说写内容融为一体。

这种情况在古今文学作品中都非常普遍。古代的"暗引"，如我们前文所举曹操《短歌行》"青青子衿，悠悠我心。但为君故，沉吟至今"，其中的"青青子衿，悠悠我心"二句就是将《诗经·郑风·子衿》中的句子化入其诗的。现代的"暗引"，如台湾作家杏林子《重入红尘》：

> 院子里的乌柏开始发芽了，春天的夜晚，细雨霏霏，一灯荧荧，我独坐桌前写读，伴着远近的车声狗声，以及一声声走近又走远的"烧肉粽——"
>
> 那个熟悉的台北市又一点一点回来了。
>
> 我终于发现，不论怎么爱山爱水，爱花鸟走禽、天地万物，我最爱的还是人。
>
> 这一想，不禁掷笔长叹。
>
> 罢了罢了，还是安安分分做我的"杜子春"吧！这剪不断理还乱的红尘啊！

上引文字最后一句中的"剪不断理还乱"，就是"暗引"。它引自南唐后主李煜《乌夜啼》词，李词原句是："剪不断，理还乱，是离愁，别是一番滋味，在心头。"这里作者将之化入自己的句子中，既未言明来自李词，也未标引号以作显示，是典型的"暗引"。在文学创作中，这种"暗引"处理得好，既能化人为己，又能增添作品的典雅气质。

可见，征引前人言论以为己用，效果是明显的，但是，在"明引"或"暗引"两种方法中只能择一而用，并且必须根据"明引"或"暗引"的规范要求进行，即要"有所本"。至于上述孔融自编典故和古人之言以讽曹操的文本，从修辞学的原则上看是不规范的，但是，作为一种"为情造文"的语言技巧、一种排调艺术的创新，还是值得赞赏的，因为语言运用本来就没有一定之律，是允许创新的。

二、以儆效尤：诸葛恪"植梧桐以待凤凰"

玩政治，真是一件十分有趣的事，有时为了某种目的可以仇家相见，煞是亲热；有时为了一时之利又可以撕破脸皮，大打出手。不是吗？三国时代吴、蜀两国时而联手抗曹，时而暗放冷箭；时而缔结姻缘，时而又倾起大兵杀得天昏地暗。这不就是一个十分明显的例证吗？

说到孙、刘两家时和时战的有趣，便让人想起吴、蜀两国大臣的有趣来。南阳诸葛氏三兄弟诸葛瑾、诸葛亮、诸葛诞，个个聪明过人，堪称人中之杰。可是，三人却分别效力于吴、蜀、魏三国。老大诸葛瑾仕吴，官拜大将军、左都护，职领豫州牧，而且还是孙权的宠臣；老二诸葛亮为蜀汉丞相，职领益州牧，封武乡侯，名气就更大了，自然中国人是无人不知、无人不晓的了；从弟诸葛诞仕魏，为吏部郎，累迁扬州刺史、镇东将军、司空。三人皆有盛名，但当时世人却有一句口号曰："蜀得其龙，吴得其虎，魏得其狗，"①说这老三最差。不过，再差他还是一条狗啊！不至于是一只兔、一只猫。他在魏国也不错，还与夏侯玄齐名呢。这三兄弟分仕三国，当时的人们听来颇觉有趣。实际上，这还不算什么。最有趣的还是老大、老二的事。他们分别臣于孙权、刘备，在孙、刘两家的争斗之中各为其主，扮演了重要的角色，从来不徇手足之情。据说诸葛瑾出使蜀国，诸葛亮出使吴国，两兄弟都从不私下会晤，叙畅兄弟情谊，而是公庭相见，甚至为了各国的利益而针锋相对，寸步不让。这一情况，直到他们的后代还是如此。

一次，诸葛亮派费祎出使吴国。孙权素知费祎是位杰出的外交家，于是在赐宴招待费祎之前，先与大臣们说好，待费祎来时，大家只顾吃，别抬头理他。过了一会儿，费祎进来参加国宴。孙权见之，立即停下杯箸招呼。而此时吴国其他大臣则都伏食不起。费祎

---

① （南朝·宋）刘义庆：《世说新语·品藻》。

见此情景，知有奥妙，于是便先发制人，说：

"凤凰来翔，麒麟吐哺。骡驴无知，伏食如故。"

吴国大臣一听，立即全部抬起头来，辍食面面相觑。孙权一见众臣无人能够对答，又见费祎得意地对他笑，搞得颇是尴尬。

正当费祎要落座的时候，突然吴国大臣中站起一人，慢条斯理、语调不阴不阳地说道：

"爱植梧桐，以待凤凰。有何燕雀，自称来翔。何不弹射，使还故乡？"

话音刚落，孙权立即眉心舒展，吴国众臣个个面露微笑。而费祎呢？则久久地看着那位出对的吴臣，半日没答上话来，那神情颇难形容。

过了一会儿，孙权从费祎的眼神中似乎看出了他对刚才出对的吴臣有些困惑之情。于是，便笑呵呵地对费祎介绍说：

"费大使，听说过朕臣诸葛恪吗？"

费祎一听诸葛恪之名，立即醒悟过来，原来刚刚使自己瞠目结舌的吴臣便是丞相孔明兄长诸葛瑾之子！大概是因为自己嘲弄吴臣不成反受其谴的屈辱感，或是因为他为自己辜负丞相希望、使蜀国外交失利而难过，他垂下首来，久久没再言语。①

吴蜀之臣斗嘴

孙权尝飨蜀使费祎，逆敕群臣："使至，伏食勿起。"祎至，权为辍食，而群下不起。祎嘲云："凤凰来翔，麒麟吐哺；驴骡无知，伏食如故。"诸葛恪曰："爱植梧桐，以待凤凰。有何燕鸟，自称来翔。何不弹射，使还故乡。"咸称善。

——（隋）侯白《启颜录》

孙权本想设计戏弄一下费祎，以挫挫蜀国使臣的锐气。没想

---

① 诸葛恪反讽费祎之事，见于（隋）侯白：《启颜录》，又见《太平广记》卷二百四十五"诙谐一"。

到，费祎巧舌如簧，竟然以"凤凰来翔，麒麟吐哺。骡驴无知，伏食如故"一语构筑了一座坚不可摧的语言牢笼，把孙权以外的所有吴国大臣统统关了进去，使孙权徒观其臣受辱而不得解救，使吴国大臣们在这座语言牢笼里备受心理、精神的折磨而痛苦得难以挣脱。何也？

费祎的这番话，表面是说："凤凰来了，麒麟见了，连忙辍食；骡驴不知凤凰为仙鸟，仍在埋头吃食。"不明真相者听了，一定觉得莫名其妙。但是，吴国之君孙权，以及吴国的所有大臣们，则不会觉得莫名其妙。因为他们既是这场言语博弈中的重要一方，也是这场言语博弈的设计者，他们在事先合谋戏谑费祎的场景中所做的一切（即费祎来临，孙权停箸招呼，吴臣伏食如故），为言语交际的双方提供了一个共知的语境参数。因此，当费祎话语出口后，孙权与其大臣们都迅速地破译出费祎语篇的深层语义："蜀国的使者是凤凰，吴国之主孙权是麒麟，而吴国的群臣则都是无知低贱的骡驴。"正因为如此，吴国的大臣们都感到自己像是被费祎打入了被辱的语言牢笼，因而感到气愤、痛苦。而孙权呢？虽然被费祎客气地抬举为麒麟，但是作为吴国的帝王，他还不及蜀国的大臣呢！为什么？因为麒麟虽珍贵，但毕竟是地上跑的珍兽，岂可与天上飞的仙鸟凤凰相比呢？所以，孙权也感到难堪。

虽然费祎所构设的语言牢笼很坚固，但是最后毕竟还是被一个人以语言的钥匙打开了牢门，解脱了许多被羁縻的语言囚徒——吴国众臣。而且，这位打开牢门的人还把构筑这座语言牢笼的人乘机反锁进牢中，使之体会到被囚于语言牢笼之中的痛苦滋味。这个人是谁？读了上述故事，我们都知他是诸葛亮的侄儿、孙权的宠臣诸葛恪。

那么，诸葛恪打开费祎语言牢笼的钥匙是什么呢？毫无疑问，是他所说的"爰植梧桐，以待凤凰。有何燕雀，自称来翔"一语。那么，这句话有什么高妙之处呢？仔细分析一下，我们便会明白。这句话表面只是说凤凰、燕雀，没有明指何人。但深层的语义指向却是针对费祎而来的，讥讽他不是凤凰，而是燕雀，是下等小鸟。

这样，费祎所构筑的语言牢笼就被打破了。可是，诸葛恪觉得这还不够。于是又抛出"何不弹射，使还故乡"一句，趁机把费祎关入了语言牢笼：即让他滚回蜀国，不要在此冒充好汉。到这里，费祎还有什么办法呢？这便是诸葛恪排调中"以徼效尤"的艺术。

言语交际是一种十分复杂的活动，它要依据交际的对象、交际的情境、交际的目的等，具体确定交际的方式与手段，以恰切题旨情境的措辞说服被交际者，或与之达成一种和洽的交际氛围，从而顺利地完成交际任务；或是与之进行言语竞争，在言语博弈中占据上风。上述诸葛恪与费祎的言语交际文本，则属于第二种情况，是外交中的语言博弈，带有一种排调嘲讽的色彩，正因为如此，双方的言语语篇都很高妙，隐喻内涵很多。虽然表面看来是无所用意的客观叙事，实则内藏尖锐的嘲讽意蕴。特别是诸葛恪最后"以徼效尤"的语篇，更是锋芒毕露的"反唇相讥"。

日常生活中，我们提倡人与人之间以友爱为贵，主张坦诚相见，开诚布公，言语交际中不必"以徼效尤"，不必唇枪舌剑，以致造成人与人之间的情感隔膜。不过，事实上这只是一种美好的愿望，实际生活中"以徼效尤"的反讽情形还是大量存在的。如外交上、政治上的斗争，都还用得着这种方法，因为它有其独特的表达效果，是一种排调的艺术。

三、如法炮制：张裔认为"卓氏寡女贤于买臣之妻"

蜀、吴有郎舅关系，这个大家都知道。

因此，在孙、刘二家殊死相拼前，由于郎舅之情分以及吴国太的一手维持，吴、蜀两国曾有过一段温情脉脉的和平友好时期。不过，由于刘备、孙权各为一国之主，故此两国的交往常常带有某种敌对情绪，即使在十分"亲切友好的气氛"中进行的会谈，双方言语之中也少不了某种竞争、博弈甚至是相互贬嘲的味道。有关这方面的历史记载很多，这里不妨随手举一例。

有一次，刘备手下一位贤臣叫张裔，字君嗣，在益州时为孙权部将所获，被缚送孙权。诸葛亮知张裔贤达，意欲通过和平外交政策，赎回张裔。于是便派邓芝为特使，前往吴国，与孙权举行磋商会谈，要求赎回张裔。

邓芝一入吴国，立即打听张裔的下落，得知张裔被拘吴国后，流落民间，伏匿未出，孙权不知此事。邓芝心想，聪明一世的孙仲谋这次可犯了严重的官僚主义错误，连张裔这位杰出的人才都未引起重视，竟然让他流徙民间，也不怕他逃回西川帮助刘备。邓芝心里虽然这样想，可表面上却不露声色，不愧为一位杰出的外交家！怪不得孔明这次又要派他为特使到吴国，办这件颇为棘手的赎人外交事件。

也许是因为孙权以前对邓芝的印象很好，孙权曾写信给孔明说："丁厷掞张，阴化不尽。和合二国，唯有邓芝；"也许是因为孙权并不知道这次邓芝所要求赎回的张裔是个很重要的人才。反正，这次邓芝跟孙权一说，孙权马上就答应了。于是，邓芝便高高兴兴地带着张裔准备回西川了。

临行前，邓芝偕张裔去与孙权道别。孙权见张裔流落民间多年的失魄相，就戏说道：

"蜀国山川险要，人杰地灵。只是让寡人不解的是，卓氏寡女怎么就跟司马相如私奔了呢？贵土的风俗，怎么会是这样呢？"

说毕，孙权微笑着看看张裔，又瞥瞥邓芝。

张裔一听，知道是孙权在嘲讽蜀国，于是便接口答道：

"不过，臣以为卓氏寡女，还是贤于买臣之妻！"

邓芝一听，满意地点点头。然后，抬眼微笑着看了看孙权。

孙权没有说话，良久才尴尬地笑了笑，又摇摇头。然后，挥挥手，让邓芝、张裔回国去了。

但是，张裔刚走不久，孙权就突然醒悟。遂连忙派人去追，结果张裔早已预料到，急急逃回了蜀国境内，孙权派出的人没能追上。①

————————

① 张裔讽嘲孙权之事，见于《三国志》卷四十一《蜀书》十一。

张裔反唇相讥

会先主薨，诸葛亮遣邓芝使吴，亮令芝言次可从权请裔。裔自至吴数年，流徙伏匿，权未之知也，故许芝遣裔。裔临发，权乃引见。问裔曰："蜀卓氏寡女，亡奔司马相如，贵土风俗何以乃尔乎？"裔对曰："愚以为卓氏之寡女，犹贤于买臣之妻。"权又谓裔曰："君还，必用事西朝，终不作田父于闾里也，将何以报我？"裔对曰："裔负罪而归，将委命有司。若蒙侥幸得全首领，五十八已前父母之年也，自此已后大王之赐也。"权言笑欢悦，有器裔之色。裔出阁，深悔不能阳愚，即便就船，倍道兼行。权果追之，裔已入永安界数十里，追者不能及。

——《三国志》卷四十一

孙权虽然是一代豪雄，在政治、军事、外交方面都颇有建树，曹操曾感慨地说："生子当如孙仲谋。"但是，正如所有人一样，孙权有其所长，亦有其所短。比方说辩答之事，他就不太擅长，常常败于蜀国使臣之手。上举之例，就是一个明证。

本来，孙权轻易放了张裔这一重要人才就是个大错，可是孙权却并不知道。这个不说也罢，只是千不该万不该，孙权在与张裔辞别时却因想戏弄张裔、贬斥蜀国而自讨了没趣，被张裔奚落了一顿，以致无言答对，失了自己帝王的颜面。当然，从语义分析的角度看，孙权的排调语篇亦颇有智慧。语篇的前半部分所说"卓氏寡女怎么就跟司马相如私奔了呢"，是个典故，说的是汉时蜀人卓王孙有女卓文君新寡，蜀人司马相如饮于王孙家，慕文君艳色，遂以琴心挑之。文君素知相如为才子，亦有意于他。于是，文君便夜奔相如，与之驰归成都。由此，天下舆论大哗。卓王孙耻于女儿败坏门风，遂与之决绝。后来，因相如家徒四壁，无计为生，文君乃当垆卖酒。其父王孙耻之，遂分家财与相如，使其生活。语篇的后半部分"贵土的风俗，怎么会是这样呢"，是承文君私奔相如的典故而发的议论。表层语义是在问张裔蜀国的风俗怎么是这样，实际上其隐含语义是在讥讽蜀国民风自古不好。因为在封建时代，女子不遵父母之命、媒妁之言而与男人私奔是最可耻的事。因此，孙权才苦心孤诣地搜出这个典故，其目的就在于贬斥蜀国。

虽说孙权聪明，但是张裔也不傻。孙权话刚出口，他便破译了其真正的语义指向。因此，他立即"如法炮制"，以其人之道还治其人之身，也引了一个典故：朱买臣妻子别嫁之事。而且这一典故所叙之事与孙权所用典故是同一时代，都在西汉武帝时候。它说的是汉武帝时会稽吴人朱买臣家贫无以为生，每日卖薪自给。且行歌诵书，言己五十岁当富贵。其妻羞之，求去。买臣说："吾五十当富贵，今已四十余矣。待吾富贵，报汝功。"其妻不从，遂嫁田夫。后买臣因严助荐举，出任会稽太守，奉旨入吴，见故妻与新夫治道迎官。买臣即命后车载其夫妇至舍园中，给食一月，其妻惭而自缢。这个典故讽刺的是吴地妇女嫌贫爱富的品性，其所说的买臣之妻是世人皆谴责的坏女子的典型。因此，当张裔以"臣以为卓氏寡女，还是贤于买臣之妻"的话来对答时，孙权立即哑口无言了。因为张裔的对答语篇中隐含了这样一层语义：若说卓文君不守封建伦理规范可耻，那么朱买臣之妻嫌贫爱富就更为恶劣了；若说蜀国风俗不淳，则吴地民风更坏。既如此，孙权还有脸面吗？

在前面的章节中，我们曾说过，征引典故是一种很重要的修辞手法，无论在口头的言语交际方面，还是在文学作品的创作方面，都有十分突出的效果。因此，古往今来的文学家、外交家、辞令家，没有一个不喜欢"引经据典"的。但是，值得注意的是，按照修辞的原则，征引典故都是以之来正面论证自己观点的，根据典故本身所蕴含的意义来运用。这一点，前有所论，兹不赘述。

上述孙权戏张裔、张裔讽孙权，虽都运用了征引典故的方法，但其用典的目的不是从正面论证自己的观点，而是用以讽刺对方，是反其意而用之。也正因为如此，这种"反用"典故的结果是话语中充满了讽嘲与幽默的效果，与"正用"典故所产生的严肃性效果明显不同。

四、应时对景：张湛为范甯开"古方"

古人云："读书破万卷，下笔如有神。"可见，多读书是大大有益的。

但是，从科学的眼光来看，这种观点也未免有失之偏颇的地方。因为它仅看到了多读书的好处，却未看到多读书的害处。殊不知，过分地沉溺于书卷之中，眼睛是吃不消的。若是"左丘失明"，满腹经纶又有何用呢？

晋人有范武子（名甯）者，博学通览，无所不知。曾官至豫章太守，累迁为中书郎。可是，就在他晋升为中书郎后，突然有一天目痛异常。情急之下，便去求诊于同僚张处度（名湛）。处度虽非专业出身的大夫，却因博学多识，颇懂一些医术，有时还能开出一些妙方。武子是处度的同僚，彼此的情形大家都知道。因此，当武子向处度求方时，处度颇是沉吟了好一会儿，良久才对武子说道：

"您的目疾没什么大碍，我有一个古方，是春秋时代宋国阳里子年轻时得到的，后来传授给鲁国的东门伯，东门伯又传授给了左丘明。到了汉代的杜子夏、郑康成，三国魏的高堂隆，晋代的左太冲，凡此诸贤，都患有目疾。相传此方的内容是：'用损读书一；减思虑二；专内视三；简外观四；且晚起五；夜早眠六。凡六物熬以神火，下以气徒，蕴于胸中七日，然后纳诸方寸，修之一时。'这样，目疾便能根除，近视能数清自己眼睛的睫毛，远视能见尺捶之余。长服不已，还能透视墙壁之外。不但可以明目，还能延年益寿呢。"

范武子听毕，愣了良久。然后揉揉眼睛，起身去了。

张处度呢？见范武子无言而去，心知他已明白己意，遂又冲着他的背影叮嘱了一句：

"范君切记服药啊！"①

---

① 张湛传授范甯古方之事，见于《晋书》卷七十五《范甯传》。

张湛治眼古方

初，甯尝患目痛，就中书侍郎张湛求方，湛因嘲之曰："古方，宋阳里子少得其术，以授鲁东门伯，鲁东门伯以授左丘明，遂世世相传。及汉杜子夏、郑康成、魏高堂隆、晋左太冲，凡此诸贤，并有目疾，得此方云：用损读书一，减思虑二，专内视三，简外观四，旦晚起五，夜早眠六……非但明目，乃亦延年。"

——《晋书·范甯传》

范武子目疾求医，这是很正常的事。但是，要知道，在一千多年前的晋代，眼病却不是都可以治疗得好的。范武子因读书过度，目痛疾起，这明显是用眼过度所致。张处度虽然颇通医道，但是范武子若真是眼睛出了问题，他也是没有办法的。因为那时还没有现代眼科手术，也没有什么眼药水之类。因此，那时唯一的办法只有一个：减少用眼时间，少读书。这样，方可有救治的希望。否则，便有失明的可能。如果是年轻人，即使不至于失明，但起码也会变成近视眼。近视眼放在今天算不了什么，配副眼镜就行了。要知道，在近两千年前的中国古代，是没有那个洋玩意的。如果真的成了近视眼，那就要像明人冯梦龙《笑府》中那首嘲笑近视者的诗所说的那样：

笑君双眼忒希奇，子立身旁问是谁？
日透窗棂拿弹子，月移花影拾柴枝。
因看画壁磨伤鼻，为锁书箱夹着眉。
更有一般堪笑处，吹灯烧破嘴唇皮。

果真如此，不仅后悔莫及，还要痛苦万分呢！

张处度平素便知范武子读书过于刻苦，不知节制。作为同僚，他早就想规劝几句。可是苦于一直没有机会。这次范武子因目痛而求医于他，岂不是一个极好的劝说机会？因此，当范武子向他求方时，他沉吟了好一会儿。其实，他这是在考虑以什么办法劝说范武子节制用眼。思索良久后，张处度觉得以常规的方法规劝，可能不起什么作用。于是，他便"应时对景"说了上述一番排调的话语，使范武子思而得之，反省到自己目疾的缘由。

张处度的一番话语，不咸不淡，何以说得范武子坐立不住，转身而去呢？我们不妨对张处度的排调语篇作一语义分析，看其奥妙何在？语篇的第一部分说他有一古方，由春秋时代的宋国阳里子传下，春秋时代的左丘明，汉时杜子夏（名邺）、郑康成（名玄），魏高堂隆（字升平），晋左太冲（名思）等诸贤皆用过此方。表面看来，这似乎是些客观的历史叙事。实际的用意则是以此作诱导话题，引出排调语篇的第二部分："古方。"所谓"古方"，它所开的六味药："损读书"、"减思虑"、"专内视"、"简外观"、"旦晚起"、"夜早眠"，明眼人一见便知这不是治目疾的物质之药，而是治精神的心理之"药"。表层语义似乎在调侃，深层语义则是在讽刺范武子目疾之因在于"多读书"、"多思虑"、"专外视"、"繁外观"、"旦早起"、"夜晚眠"。委婉地在排调中规谏了范武子当以"左丘失明"为教训，注意节制用眼。当"古方"开毕后，张处度为了使范武子加深对"处方"的印象，引起重视，特意再说出了排调语篇的第三部分："古方"的效果。聪明人都知道，所谓"近视能数清自己眼睛的睫毛，远视能见尺捶之余。长服不已，还能透视墙壁之外。不但可以明目，还能延年益寿"之辞，纯属张处度的信口夸张。这些话语看似在戏谑范武子，实则语义深处是在暗示范武子，要想心明眼亮，延年益寿，必须牢记他的劝导，"长服"其"药"：少读书，注意节制用眼。

当然，张处度确实是懂医。但是，这里他为范武子所开的"古方"却不是医治眼疾的普通处方，而是一剂劝谏朋友的"苦口良药"。范武子是博古通今之人，自然会明白其语义内涵，领悟其"逆耳忠言"之意蕴。因此，他揉揉眼睛离开了。

前文我们已经说过，由于孔子"春秋笔法"的修辞实践在前，为后世人们的修辞活动率先垂范，加之儒教在中国历史上超乎寻常的影响力，遂使崇尚含蓄、讲究蕴藉的心理不仅事实上成为汉民族人民共具的心理倾向，而且还固化为中国人的一种文化传统。

如果我们细心观察生活，在日常生活中也能时时感受到中国人崇尚含蓄、蕴藉的心理特点与行为表现。比方说，中国人做事讲究谨慎，强调"三思而后行"；中国人自古以来做人就讲究内敛，不事张扬（用今天的话来说，叫低调）；中国人说话总是模棱两可，为自己留足回旋的余地，不会把话说死。表现在文学上，就是崇尚"温柔敦厚"，作诗追求"不著一字，尽得风流"①、"含不尽之意，见于言外"② 的境界。唐代诗僧皎然还明确提出了"文外有旨"的诗论，指出："两重意已上，皆文外之旨。若遇高手，如康乐公，览而察之，但见情性，不睹文字，盖诗道之极也。"③ 由中国诗家、诗论家崇尚含蓄之心态，我们便能窥见汉民族人民共具的心理倾向。

上述张处度委婉规劝范武子读书要有节制一例，虽不同于诗歌创作上崇尚蕴藉、含蓄的情形，但其心理态势则是一致的。因为以劝谏、说服为目标的言语交际，其第一要义是要"应时对景"，以最富于机趣、最有效果的方法去打动受交际者，使其接受交际者的劝谏。张处度说服范武子用眼要节制，但又知其难以做到，于是只好采用了排调之中见寓意的委婉说法，使其思而得之。事实上，张处度的方法是对的，因为范武子自省了。

五、以矛陷盾：谢综嘲范晔"不同夏侯色"

对于文人，中国有两句名言：一是说"文如其人"，一是说"文人无行"。

南朝刘宋时代，有一位大才子叫范晔，出身南朝士族之家。其高祖范晷，乃西晋雍州刺史，加左将军；其曾祖范汪，入仕东晋为安北将军、徐衮二州刺史，晋爵武兴县侯；其祖父范宁，在东晋官

① （唐）司空图：《诗品·含蓄》。
② （宋）梅尧臣语，见欧阳修：《六一诗话》。
③ （唐）皎然：《诗式·重意·诗例》。

任临淮太守、豫章太守；其父范泰，在东晋与南朝刘宋时代，都是一代风云人物。范泰仕晋时，初为中书侍郎，后任国子博士、南郡太守、东阳太守、御史中丞等职。后因助刘裕有功，又官至侍中、尚书常侍兼司空等，加振武将军。刘宋代晋后，官拜金紫光禄大夫、加散骑常侍。范晔生于如此显赫的世家，加上天生聪颖过人，又有深厚的家学渊源背景，所以少年时代即表现出不同寻常的才华，不仅博通经史，而且善属文，擅书法，精音律。稍长，即官运亨通。年十七，即被州刺史征辟为主薄，不就。年二十三，征召到刘宋彭城王府下为冠军参军，随后转为右军参军。之后，则先后担任尚书外兵郎、荆州别驾从事史、秘书监、新蔡太守、司徒从事中郎、尚书吏部郎等官职，仕途可谓一帆风顺。宋文帝元嘉九年冬，扬州刺史、彭城王刘义康之母王太妃卒。刘义康召集门下旧僚帮助料理丧事，范晔与其弟范广渊亦在其中。王太妃出殡前夜，轮到范晔与其弟广渊守灵值夜。范晔不仅没有悲伤之意，而且还与其弟邀约一位朋友躲到屋内饮酒作乐。喝到高兴处，范晔竟然忘乎所以，推开北窗，听挽歌而助酒兴。刘义康闻之，大为震怒，向宋文帝奏了一本，遂贬范晔为宣城太守。

　　遭遇到人生的第一次挫折后，范晔开始痛定思痛。在宣城太守任上，为了排解精神上的苦闷，他开始了《后汉书》的编纂工作。仿效汉人司马迁，逆境中发愤图强，删众家《后汉书》成一家之作。书成，声誉鹊起。元嘉十五年，按照刘宋时代地方官的轮任制度，范晔调离宣城太守之职，转任长沙王镇军长史，并领宁朔将军衔。次年，其父正妻在宜都过世。范晔乃其父之妾所生，从小在范家备受冷落与歧视，因此对于嫡母并无感情。但是，按照礼教伦理，范晔必须立即前往宜都奔丧。无奈之下，范晔只得动身，但带了妻小。这次违礼行为再次受到了弹劾，所幸宋文帝赏识其才未予治罪。

　　绕过了人生的又一道坎后，范晔再次进入人生的顺风道。从元嘉十七年到元嘉二十一年的五年间，范晔仕途一帆风顺。先是出任始兴王后军长史，并职领南下邳太守。后始兴王由豫州调任扬州刺史，范晔随之入京，不久升任统领禁军的左卫将军与太子詹事（相当于尚书令），可谓到达了权力的巅峰。元嘉十七年宋文帝刘义隆与彭城王刘义康兄弟之间的猜忌日深，宋文帝以"合党连群，阴谋潜计"的罪名将刘义康的亲信刘湛、刘斌等十余人或诛杀或流放，削弱了威权日重的刘义康的势力。随后，宋文帝刘义隆又进一步解除了刘义康的宰辅之职，将其贬往豫章为江州刺史。刘义康不甘心政治上的失败，遂加快了政变的步伐。元嘉二十一年，刘义康的几个心腹开始筹划政变，并为政变物色力量。鉴于范晔曾是刘义康门下旧僚，当下又掌握着禁军，正是最有力的人选。于是，刘义康就通过各种方法拉拢范晔，并就昔日宣城之贬的事向他道歉。最终，范晔被动卷入。于是，刘义康确定于次年九月起事。可是，到了预定时间，政变却因故未能进行，加之刘义康的一个党羽徐湛向宋文帝告密，政变最终流产，范晔反而成了主谋，惨遭杀害，成了冤死鬼，终年四十八岁。

从整个事件来看，范晔确实是无辜的。但是，造成系狱被杀的结果，范晔本人也确有不可推卸的责任，是其"文人无行"的结果。如果他坚守读书人的本色，就不会有宣城之贬，也不会因嫡母之事而被弹劾，更不会不记宋文帝曾经法外开恩的情谊而加入刘义康政变的阵营，而最终成了冤死鬼。如果真有大丈夫视死如归的气概，倒也让后世之人肃然起敬，可惜在生命的最后时刻，范晔再一次让人失望了，又演出了一幕"文人无行"的丑剧。当死期来临时，他先是假装坦然自若，还写了一首诗安慰、劝解因受牵连而同处狱中的外甥谢综。诗言：

祸福本无兆，性命归有极。
必至定前期，谁能延一息。
在生已可知，来缘恓无识。
好丑共一丘，何足异枉直。
岂论东陵上，宁辨首山侧。
虽无嵇生琴，庶同夏侯色。
寄言生存子，此路行复即！

谢综读之，深为舅舅的大义慷慨之气所激动。于是，谢综也达观地面对死神了。可是，当刑期到了，谢综看到舅舅范晔却是另外一副嘴脸。见到他平日昵爱的妓妾皆来跟他作生死之别时，这位平日大义凛然的左卫将军与太子詹事竟然泣涕涟涟。谢综一看舅舅这副腔调，不免大失所望，情不自禁地想起了早先范晔勉励自己的那首诗，遂对范晔说道：

"舅殊不及夏侯色！"

范晔一听这话，立时羞愧难当，收住眼泪，含羞去了九泉之下。①

谢综讽舅

范詹事在狱，为诗曰："祸福本无兆，性命归有极。在生已可知，来缘�无识。好丑共一丘，何足异枉直。岂论东陵上，宁辨首山侧。虽无嵇生琴，庶同夏侯色。寄言生存子，此路行复即！"及临刑，晔母至市，涕泣责晔，晔色不怍。姝及妓妾来别，晔悲涕流连。晔甥谢综曰："舅殊不及夏侯色。"晔收泪而止。

——《尧山堂外纪》卷六十三

读过《韩非子》的人，都知道里面有一个很有趣的寓言故事——"自相矛盾"：

说古代有一个人，不事耕作，专做"军火"生意，以出售矛、盾为生计。一天，这人带了一些矛与盾，伫立街头叫卖。可是，良久无人问津。这人急了，乃高声叫卖。一会儿举起盾，高喊道：

"我的盾坚固无比，世上没有什么能够戳穿它的。"

一会儿又举起矛，高声夸耀道：

"我的矛锋利无比，世上没有什么戳不穿的。"

如是者再三，果然招来了不少人。这人不禁大喜，心想这一矛

---

① 谢综临刑嘲范晔之事，见于《尧山堂外纪》卷六十三。

一盾一定能售出了。于是，索性一手举矛，一手持盾，轮番夸起自己的矛、盾来。

不意，突然人群后有一人拨开人流，挤至楚人面前，问道：

"如果用你的矛戳你的盾，怎么样？"

那人一听，立即哑口无言。围观的人则一哄而散。①

韩非之所以要说这个故事，并非是为讲故事而讲故事，而是有所为而为。他编造出这个寓言故事，其意在于说明"舜之救败也，则是尧有失也；贤舜则去尧之明察，圣尧则去舜之德化；不可两得也"的道理，从而提出了"尧、舜不可两誉"，正如矛、盾不可双夸的观点。很明显，韩非的论辩是很有说服力的。

当然，我们承认韩非触景生情，自为寓言佐证自己的论点，是一种智慧的表现。但是，若以上述谢综一语羞范晔之例来与之作比，则韩非的智慧又略逊一筹了。为什么？我们不妨先来对谢综"舅殊不及夏侯色"一语作些语义分析，看看它何以使范晔立时羞愧难当。

范晔获罪入狱后，曾在牢中写了一首言怀兼劝慰谢综的诗，对生死之事发表了一番慷慨达观的精辟之论，使谢综心折情动。特别是"虽无嵇生琴，庶同夏侯色"两句，其所表现出来的范晔视死如归的豪迈气概，更令谢综久久激动不已。因为诗中所提及的嵇康、夏侯玄，都是骨气凌云、视死如归的豪杰，颇为世人景仰。所谓"嵇生琴"，用的是嵇康的典故。嵇康，乃三国魏时著名文学家，生平有奇才，博洽多闻，雅爱老庄，曾官至中散大夫。后来因与魏室有姻亲关系，又与司马氏有隙，终因钟会构罪陷害而被杀。但临刑前，他神态自若，援琴而鼓，曰："袁孝尼曾从吾学广陵散，吾每靳之不与，广陵散于今绝矣！"闻者莫不悲涕交加。所谓"夏侯色"，也是一个典故，说的是夏侯玄之事。夏侯玄也是三国时魏人，少有才名，弱冠即为散骑黄门侍郎。曹爽辅政时，夏侯玄曾累迁至

---

① 互相矛盾的故事，见于《韩非子·难势》，原文是："客有鬻矛与盾者，誉其盾之坚：'物莫能陷也。'俄而又誉其矛曰：'吾矛之利，物无不陷也。'人应之曰：'以子之矛，陷子之盾，何如？'其人弗能应也。"

散骑侍中护军、征西将军，都督雍、凉州诸军事。后曹爽见诛，司马懿权重，李丰、张辑谋欲诛司马氏，以夏侯玄为辅政。不意事泄，被夷三族。但是，夏侯玄临斩东市前，仍颜色不变，言动自若，时人叹赞不已。

因为范晔是谢综的舅舅，又是名重一时的大文人，作为外甥的谢综，自然相信范晔临刑时是能够"庶同夏侯色"的。不意，当刑期真的来临时，范晔却对妓妾泣涕涟涟，露出畏死之色。因此，谢综对他也就彻底失望了，不仅崇敬之情一扫而光，而且鄙夷之绪油然而生。于是就抛出了一枚炮弹："舅殊不及夏侯色"，以其矛陷其盾，揭穿了范晔贪生怕死的本性。试想，天资聪明而又曾经那等豪放的范晔怎能不羞愧难当呢？谢综之排调，虽是一言，但又有怎样的千言万语能与之匹敌呢？

讽刺、排调，不同于一般的言语交际，不可以说得平淡、直接。若此，则讽刺、排调所特有的机趣就不复存在了。因此，我们认为讽刺、排调艺术的第一要义是要做到"言近旨远"，"省文约字"，但又"意溢于句外"。何以然？因为从语义的破译与把握的实际看，含蓄、委婉的语言往往有一种令人味之不尽，但又思而可得的审美情趣。《周易》曾记载过孔子这样一句话：

　　　　子曰："其旨远，其辞文，其言曲而中。"

唐人孔颖达对之解释道：

　　　　其旨远者，近道此事，远明彼事，是其旨意深远；若
　　龙战于野，近言龙战，乃远明阴阳斗争，圣人变革，其旨
　　远也。（《五经正义》）

可见，中国人自古以来即崇尚"言近旨远"的语言艺术。之所以如此，孟子曾对之作过如下解释：

言近而旨远者，善言也。守约而施博者，善道也。君
子之言也，不下带而道存焉。（《孟子·尽心下》）

即是说，只有言近旨远的语言，才能算"善言"；只有"辞约
而旨丰，事近而喻远"，才能"余味日新"；① 只有"守约而施博"，
才能"略小存大，举重明轻，一言而巨细咸该，片语而洪细靡
漏"。②

谢综讽刺的对象是他的舅舅范晔，自然不能讽意太露，讥言太
多。因此，他只能用"以其矛陷其盾"的方法，借范晔本人之诗
句，一语轻轻点到。使其讽刺语篇言近旨远，余味悠长，使范晔思
而得之，更加羞惭。斯其妙也！

---

① （南朝·梁）刘勰：《文心雕龙·宗经》。
② （唐）刘知几：《史通·叙事》。

第八章　嬉笑怒骂，皆成文章：
排调的智慧（中）

一、自怨自艾：晏子自认"最不肖"

春秋时代有两大特点：一是各诸侯国之间的兼并战争、攻伐多；二是各诸侯国的外交活动频繁。齐国是当时的大国之一，在当时的国际舞台上地位颇为重要，自然这两个特点更加明显了。

公元前547年开始，齐国由景公杵臼执政。景公不计前嫌，任人唯贤，用灵公、庄公两朝之卿晏婴为相，国家治理得颇是井井有条，齐国在当时国际事务中的作用就更加重要，国际地位也更高了。到公元前六世纪中叶之后，国际形势风云变幻，各诸侯国之间的兼并战争更加激烈。为了维持齐国的长治久安，景公派晏子为特使，前往南方大国楚国进行友好访问，以期密切两国关系，缔结友好、互不侵犯条约。

孔子曰："有朋自远方来，不亦乐乎？"按道理说，晏子以大国之相身份，从遥远的北国不远千里来到南方，楚王应隆重接待，热烈欢迎。不意，楚王不知生了哪门子邪劲，在晏子刚到时便派人去戏弄了晏子一番。让傧相在召晏子入宫晋见时，开小门于大门之侧而迎之，其意是讥其身短。哪知晏子心知其意，执意不入，并且提出了理由：

"出使狗国者，才从狗门进入。今臣出使的是堂堂大楚国，不当从此门进入。"

楚王傧相无奈，只得通禀楚王，楚王遂改令晏子从大门进入。

按照外交常规，外国使节进见，东道主国君理应首先寒暄致意，并请使节转达自己对来访国国君的问候。可是，楚王则不然。

他一见晏子进殿，便开口辱人：

"难道齐国真的没人了吗？怎么让你为使节呢？"

晏子一听，觉得不对劲，这叫什么话？但联系入门之事一想，他立即明白了，楚王今天摆明了是要侮辱自己和齐国。无论是作为一个人，还是作为齐国之相，晏子都觉得自尊心受到了极大的伤害。心想，既然楚王如此不友好，那么自己完全可以对楚王、对楚国"以牙还牙"。可是，他刚要"以牙还牙"予以反击时，突然想起老友孔丘所说的"小不忍则乱大谋"的话，于是忍住了。因为他知道，自己若与楚王一样，话说得那样露骨、刻薄，势必会破坏会见的气氛，使此次出访的任务难以达成。沉吟了一会儿，晏子将火气压回了一半，这才神情平缓地回答楚王道：

"齐都临淄，城区三百闾，人口密集；临淄之民，张袂成阴，挥汗成雨；临淄之市，车如龙，人如水，比肩接踵。大王怎么说齐国无人呢？"

楚王见晏子如此夸口，便又紧逼一句道：

"既然如此，那么齐王怎么派你为使节呢？"

晏子一听，知道楚王之意，遂莞尔一笑道：

"齐王派遣使节，是有原则的，让贤者出使贤主，不肖者出使不肖之主。臣最不肖，所以最合适出使楚国了！"

晏子话音刚落，楚王就惭愧地垂下了头，一句话也没有，而楚国之臣则议论纷纷。①

晏子使楚

晏子使楚。楚人以晏子短，楚人为小门于大门之侧，而延晏子。晏子不入，曰："使狗国者从狗门入。今臣使楚，不当从此门入。"傧者更道，从大门入。见楚王，王曰："齐无人耶？使子为使。"晏子对曰："齐之临淄三百闾，张袂成阴，挥汗成雨，比

---

① 晏子出使楚国之事，见于《晏子春秋》卷六内篇杂下第六。

肩继踵而在，何为无人?"王曰："然则何为使子?"晏子对曰：
"齐命使，各有所主，其贤者使使贤主，不肖者使不肖主，婴最
不肖，故宜使楚矣。"

——《晏子春秋》卷六

一般说来，一个时代有一个时代的风尚。因此，在一个时代为
美的东西，到了另一个时代可能就被认为不美或是被视作丑的东西
了。唐代诗人白居易的《上阳白发人》诗中曾这样写道：

> 上阳人，上阳人，红颜暗老白发新。……玄宗末岁初
> 选入，入时十六今六十。……莺归燕去长悄然，春往秋来
> 不记年。……今日宫中年最老，大家遥赐尚书号。小头鞋
> 履窄衣裳，青黛点眉眉细长。外人不见见应笑，天宝末年
> 时世妆。……

诗中提到了唐天宝末年到贞元初年，在不到三十年的时间里，
妇女的服饰风尚就完全改变了。本来在天宝末年，窄衣襟、窄袖
口、小头鞋，细画长眉，是妇女们十分时髦的打扮。可是，到了贞
元初年，摩登女郎的打扮却变成了宽襟大袖、短画眼眉的样子。由
此，上阳人贞元初年穿着天宝末年的时装才会为人耻笑。可见，一
个时代有一个时代的风尚，确实不假。

不过，话又说回来，虽说一个时代有一个时代的风尚，但是有
时某一种风尚则是很多时代所共同追求的。比方说，男人以身材高
大为美的标准，便可以说是一种多时代抑或说是自古及今人们所共
同追求的时尚。正因为如此，我们所述的主人公晏子才在出使楚国
时被人侮辱了一顿。

晏子出使楚国时，是以齐国之相的身份去的。不意，这位地位
显赫的齐国之相却因身材矮小首先就被楚傧开小门迎接侮辱了一
顿。没想到，晏子并不生气，只是自怨生得矮小，并不怨天尤人。

只是为了齐国的尊严，他给楚傧吃了一颗软钉子，说："出使狗国者，才从狗门进入。今臣出使的是堂堂大楚国，不当从此门进入。"其深层语义是说，若承认楚国是狗国，则我就从狗进出的小门进去；若不承认楚国是狗国，则当开大门迎接我。因此，当楚傧禀告楚王晏子的对语时，楚王只好开大门迎接晏子了。哪知，楚王一计不成又生二计。当晏子进殿后，他又亲自出马戏辱晏子。其所言"难道齐国真的没人了吗？怎么让你为使节呢？"，表层语义是个平常的问句，而实际的隐含语义则是讥笑晏子身材矮小，不配出使泱泱楚国。晏子明知楚王问句的真正语义内涵，却故意装作不知，只是回答楚王问句的表层语义："齐国人口多不多"，借机向楚王夸耀了齐国首都临淄"张袂成阴，挥汗成雨"的繁荣景象，告知楚王：齐国是幅员辽阔、人才济济的大国。然而，楚王却执意要侮辱晏子人格，仍是以"既然如此，那么齐王怎么派你为使节呢"之语苦苦相逼。于是，晏子不得已，只好给楚王抛出了一块硬骨头"齐王派遣使节，是有原则的，让贤者出使贤主，不肖者出使不肖之主。臣最不肖，所以最合适出使楚国了"，让他慢慢消受去了。

楚王嗅觉虽然不太好，但是味觉还是很灵的。当他吞吃晏子抛给他的那块"骨头"时，立即感到这是一块难以下咽，甚至有点卡喉的"骨头"。因为作为"骨头"的晏子答话语篇表层语义是说：齐国派遣使节，各有所主，贤者出使贤主，不肖者出使不肖之主。我最不肖，所以宜派到楚国来。这话听起来似乎是晏子自我贬损自己的自怨话，实则细想起来，其深层语义是说：楚王是天下最不肖的国王。只要楚王不傻，他一定能从"不肖者出使不肖之主"的大前提以及"臣最不肖"的小前提的推论中，知道其作为结论的深层语义是在嘲骂他最不肖。正因为如此，楚王才垂首无语，楚臣才议论纷纷。

"自怨自艾"的排调方法，看起来都是排调者自怨自责的语气，实际上这并不表示排调者本人在"自艾"，要改正自己的缺失。相反，他"自怨"的目的主要是借贬损自己来更严厉地贬损被排调者，以便达到嘲弄、排调的艺术效果。这个，我们从上述晏子的言语方法及结果中就足以明白了。

中国自古便有一句老话，叫做"胜者为王，败者为寇"。当然，这话用来作为评判两个人优劣的标准，未免失之偏颇。比方说刘邦与项羽，虽然刘邦最后成功了，当了皇帝；项羽最终失败了，自刎乌江。但是，在历史上却并不是人人都认为项羽劣于刘邦。最起码还有相当一部分人会认为，即使不论灭秦的武功，单以人格、品行而论，项羽就要优于刘邦不知多少倍。正因为如此，在中国历史上历来都不乏赏识项羽而鄙视刘邦的人。不过，这里我们又得把话说回来。运用语言进行交际，不同于评品人物。交际的成功、圆满与否，则应完全以"成者为王，败者为寇"的标准来裁定。因为交际便是交际，说出的话就如泼出去的水，说错了就很难挽救回来。而言语交际只能在短时间与特定的情境下发生效应，若此次出语失误，则其交际目的就难以达到，交际任务就不能完成。之后若要弥补、挽回，恐怕就不易了。因此，我们认为"自怨自艾"的方法，虽然一定程度上贬损了自己，但是更大程度地打击了对方。作为排调的艺术方法之一，它实际是很有效果的。

二、证龟成鳖：诸葛恪以军旅之事劝酒

公元 218 年金秋的一天，刚称帝不久的东吴之主孙权，为了纪念抗击曹操的赤壁战争胜利十周年，大会将佐，设宴庆祝。席上，孙权命宠臣诸葛恪行酒以助兴。

诸葛恪奉命行酒，所到之处，无人不欣然酒到杯干。但到张昭面前时，却没办法了。因为张昭之前喝得猛了点，面有酒色，又自恃是两朝元老，所以无论诸葛恪怎么劝，张昭都不肯再饮。诸葛恪劝急了，张昭竟然生气地说道：

"此非尊老敬老之礼！"

诸葛恪一听，知道张昭这是在倚老卖老。但是，自己是个晚辈，资历尚浅，于是便想作罢，移盏再劝他人。

不意，孙权不肯，执意要他劝张昭再饮。诸葛恪面有难色，孙

权便对他说道：

"卿只要让张公理屈辞穷，他应该是会喝的。"

诸葛恪明白了，原来孙权认为张昭不饮是因为自己劝酒的水平还不足。于是，心领神会，举盏再敬张昭道：

"昔尚父九十，秉旄仗钺，尚未告老。今军旅之事，将军在后；酒食之事，将军在前，怎么说这不是尊老敬老之礼呢？"

张昭一听，无辞可对，遂无奈而喝下了盏中之酒。①

诸葛恪为难张昭

孙权大会群臣，……命恪行酒，至张昭前，昭先有酒色，不肯饮。曰："此非养老之礼也。"权曰："卿其能令张公辞屈，乃当饮之耳。"恪难昭曰："昔师尚父九十，秉旄仗钺，犹未告老也。今军旅之事，将军在后，酒食之事，将军在先，何谓不养老也？"昭卒无辞，遂为尽爵。

——《三国志·吴书·诸葛恪传》

张昭乃吴国元老，以前酒已喝多，略有醉意，不想再饮，所以他拒绝了诸葛恪的敬酒，这也是人之常情。既然如此，那为什么诸葛恪奉孙权之命第二次奉酒时，他又一饮而尽呢？这个问题颇是令人回味。为了破译诸葛恪劝酒语之奥妙，探知张昭无奈而饮的原因，我们不妨对诸葛恪的劝酒语篇作一语义分析。

从层次与结构的角度观察，诸葛恪的劝酒语篇可以分为两个平行层面与结构：其一是"昔尚父九十，秉旄仗钺，尚未告老"的用典层面；其一是"今军旅之事，将军在后；酒食之事，将军在前，怎么说这不是尊老敬老之礼呢"的叙事层面。用典层面说的是：周朝的吕尚（本姓姜，字子牙），有奇才。年七十余，直钩垂钓于渭水之阳。其时周文王将出猎，卜之曰："非龙非彨，非熊非羆，所获者霸王之辅。"文王出猎至渭水之滨，果遇吕尚。与语大悦，说：

---

① 诸葛恪劝张昭饮酒之事，见于《三国志》卷六十四《吴书》十九《诸葛恪传》。

"吾太公望予久矣！"遂号之曰"太公望"，立为师。后武王尊为师尚父。太公年九十时，助武王伐纣，秉旄仗钺，指挥万军，灭商而奠周室八百余年江山基业。叙事层面说的是：张昭虽然昔日辅佐孙策有功，号为辅吴将军。但今日孙权与曹、刘逐鹿问鼎，却以老为由，军旅之事告之在后；今日孙权设席，以元老视之，待之为上宾，他却认为"此非尊老敬老之礼"。

若将这两个层面分而置于两种语境，则仅是两个客观的叙事语篇，不会有什么特别的言外之意。但是，诸葛恪的劝酒语篇则不然。它将用典层面与叙事层面有机地统一于同一语篇之中，由此这一前一后并列的两个层面便发生了强烈的对比与反讽效应。整个劝酒语篇就透露出这样的深层语义指向：吕尚九十高龄尚"老骥伏枥，志在千里"，为国效忠，不落人后，精神可嘉；张昭年事不高，却倚老卖老。军旅之事退缩在后，酒食之事一马当先，反而还要口出怨言，节操不高。这样，张昭原来所提出的要他勉强尽爵就是"非尊老敬老之礼"的观点就被驳斥于一边了。剩下来的，只能说明孙权所做的一切是"尊老敬老之礼"。由此，张昭言语之"龟"变成了一只死"王八"。只好无奈从命，尽爵谢众。这便是诸葛恪"证龟成鳖"的排调艺术之妙趣。

众所周知，在文学作品的创作与讽谏君王的口语交际中，引经据典、借古喻今，通过对比的手法达到说服读者或讽谏对象的目的，是很有效的。如唐人王勃《秋日登洪府滕王阁饯别序》有云：

> 勃，三尺微命，一介书生。无路请缨，等终军之弱
> 冠；有怀投笔，爱宗悫之长风。……

在这短短的几句中，作者运用了三个典故：一是"终军请缨"之典，二是"班超投笔"之典，三是"宗悫长风"之典。"终军请缨"之典，说的是西汉人终军（字子云）弱冠之年即为谏议大夫，武帝时出使南越，"请受长缨，羁南越王而致之阙下"（《汉书·终

军传》）的故事；"班超投笔"之典，说的是东汉人班超为人少有大志，家贫而为人抄书，有一天投笔慨叹曰："大丈夫无他志略，犹当效傅介子、张骞立功异域，以取封侯，安能久事笔研间乎?"（《后汉书·班超传》）后投笔从戎，立功西域，封定远侯；"宗悫长风"之典，说的是南朝宋人宗悫（字元干），少时即有大志，其叔宗炳曾问其志向，答曰："愿乘长风破万里浪。"（《宋书·宗悫传》）及长，果有大成，官振武将军、豫州刺史，封洮阳侯。王勃所用的这三个典故说的都是古代少有大志、长有大成之人，以此对比自己少有奇才宏志却长而无成的失魄遭遇，借以抒发其怀才不遇、报国无门的沮丧情怀。千古以降，文人视之为天下奇作。可见，征引典故、运用对比，确实是一种十分有效的修辞手段。

那么，征引典故、运用对比，何以有如此神奇的语言效果呢？这是因为典故所指陈的内容多是历史事实，对读者或言语交际的受交际者来说具有极强的说服力。这一点，我们在前面相关章节讨论"稽古"、"引用"的修辞手法时多有论述，兹不再述。至于运用对比手法的独特效应，道理也很简单。因为对比手法是在运用语言时把两个相对立的事物或概念放在一起叙述描写，因而在相映相衬的语境中，写说者的观点、情感以及所指陈的意蕴就显得分外的鲜明夺目。所以，清人王夫之曾在论诗歌创作时说："以乐景写哀，以哀景写乐，一倍增其哀乐"（《姜斋诗话》），充分肯定了对比辞趣的作用。近人鲁迅先生在《论俗人应避雅人》一文中说得更是具体，他曾以人为例风趣地论道："优良的人物，有时候是要靠别种人来比较、衬托的，例如上等与下等，好与坏，雅与俗，小器与大器之类。没有别人，即无以显出这一面之优，所谓'相反而实相成'者，就是这。"

上述诸葛恪运用征引典故和对比的手法"证龟成鳖"，驳斥了张昭之言，寓讽意于戏言之中的例证，虽不同于上举王勃征引典故、运用对比以抒怀才不遇之感慨的情形，但其方式是一样的。只不过两种尝试的效应不一样，前者让被交际者（张昭）被讽而难堪，让旁观者（孙权及众臣）觉得有趣、巧妙；后者则是让读者在阅毕其文后，对写者（王勃）的遭遇感到不平，为其大志难展而唏嘘再三。前者给人的感受是轻松愉快的，后者给人的则是沉郁顿挫的苍凉感。

当然，我们不主张类于诸葛恪的"冷嘲热讽"，因为这种"证龟成鳖"的方式多少带有一种恶趣，不符合"与人为善"的做人准则。但是，若我们在日常口语交际或文学创作中，运用这种方法造就一种轻松愉快、活跃气氛、缓解人际关系、调节抑郁心理的效应，则这种方法就大该提倡了。

三、同床异梦：石野猪与唐僖宗谈击球

唐玄宗之后，大唐王朝已逐渐走上了末路。等到唐僖宗即位时，李家天下差不多不保了。其时，不仅藩镇割据、军阀混战的局面进一步加剧，而且王仙芝、黄巢等大规模的农民起义也先后爆发。到广明元年（880）十一月，黄巢的起义军甚至还攻陷东都洛阳；十二月又入潼关，破长安，唐僖宗仓皇出逃，唐宗室未及逃出者全被黄巢杀得无遗类。直到中和三年（883）李克用大破黄巢军后，唐僖宗才跌跌撞撞地回到了长安。

按理说，唐僖宗生于如此之乱世，又肩负着挽唐室大厦于将倾的重任，应该好好学学先辈之榜样，励精图治，卧薪尝胆，以期重振李氏威风，延续唐朝国祚才是。然而，唐僖宗却无此大志。他虽坐在火山之巅，命若悬丝，却仍然醉生梦死，整日钻研众艺，以致音律、蒲博、蹴踘、斗鸡等，无不精妙。尤其是击球之技，堪称天下第一人。为此，唐僖宗曾一度十分自豪，感觉非常好。

一天，唐僖宗在宫中遇到优伶石野猪，突然来了兴致，要他侍陪击球作耍。石野猪不敢扫了皇上的兴致，只得奉陪。结果，自然是唐僖宗得了冠军。

比赛结束后，唐僖宗不无自豪地对石野猪说道：

"朕若应击球进士举，当点状元。"

石野猪见僖宗如此自豪得意，心想，天下都乱成什么样子了，

还有心思击球，亏你还是大唐皇帝。想到此，石野猪笑着回答道：

"若遇尧、舜作礼部侍郎，恐怕陛下不免要被驳放。"

说毕，石野猪辞去。唐僖宗望着石野猪远去的背影，回味着他刚才所说的话，无奈地苦笑了一声，然后回宫去了。[1]

石野猪驳放唐僖宗

上好蹴鞠斗鸡，尤善击球。尝谓优人石野猪曰："朕若应击球进士举，须为状元。"对曰："若遇尧舜作礼部侍郎，恐陛下不免驳放。"上笑而已。

——《资治通鉴》卷二百五十三

宋代大圣人朱熹曾有句名言，叫做："同床各做梦，周公旦不能学得，何必一一说到孔明哉！"[2] 这话是说，若两人交谈不投机，或说者兴发而语如涌泉，听者情厌而心猿意马，则这场交谈最好不要再继续下去。若一方执意"一一说到孔明"，则另一方将会昏昏睡去或有老鸦聒耳之感。如此这等交谈，结果无异于"同床异梦"，实不可取。

对于朱圣人的这句训言，相信大家都会认为是十分精辟的，言语交际时也肯定会遵守的。但是，我们上面提及的石野猪由于生于朱圣人之前的唐代，未能亲耳聆听朱圣人的这番教诲，故此他在侍对唐僖宗的言语交际中犯了规，答非所问，就好比是跟唐僖宗同床各做了一梦。何以言之？我们只需仔细分析一下石野猪与唐僖宗的对答语篇，就足可明白了。

唐僖宗因为击球技术高超，加之刚刚又赢了石野猪，故此他得意地对石野猪说了一句："朕若应击球进士举，当点状元。"这话听起来似乎是个陈述句，其语义是说：若世上设有击球科第，凭他的技艺，肯定能得状元。而实际呢？唐僖宗的真意根本不在于此。其

---

[1] 石野猪讽唐僖宗之事，见于《资治通鉴》卷二百五十三"唐僖宗广明元年"。

[2] （宋）陈亮：《与朱元晦秘书书》。

言之深层语义是在说："我的击球技艺在天下堪称第一人，是不是？自古以来，有我这样多才多艺的帝王吗？"很明显，唐僖宗的语义深层实际上蕴含了一个疑问句。按照言语交际的规则，当交际者提出了问题后，受交际者必须根据交际者所提出问题的疑点，作出回答，以表明自己的态度或为交际者提出的问题作一答案。然而，石野猪作为受交际者，虽然心里明白唐僖宗的自夸语中蕴含着一个疑问句。但是，他却不回答唐僖宗语义深层的问题，对唐僖宗要他表态的"我是不是天下击球技艺最高之人？我是不是自古以来少有的多才多艺的帝王"两个问题不置可否，只是答非所问地说了句："若遇尧、舜作礼部侍郎，恐怕陛下不免要被驳放"，令唐僖宗莫名其妙。这个不正是典型的言语交际"同床异梦"的表现吗？

既如此，按照朱熹的圣训，根据现代言语交际的理论与规则，我们是否应该批评石野猪的言语对答是"犯规"的呢？不，我们认为应该表扬石野猪。因为从言语交际的要求与规则来看，石野猪的对答是犯了规。但是，从言语表达的效果来看，它却是出色的。我们不妨就石野猪的对答语篇作一番语义分析，看其妙在何处？

从表面上看，"若遇尧、舜作礼部侍郎，恐怕陛下不免要被驳放"，其语义是说：如果尧、舜二位圣君作礼部侍郎，恐怕要把陛下充军流放远方。而实际上石野猪想说的是什么呢？这只要抓住两个关键词"尧"、"舜"即可求得答案。众所周知，尧、舜是中国远古传说中最为贤明的君主，在他们的手里，天下曾出现过人民安居乐业，一度"天下大同"的鼎盛局面。而唐僖宗如何呢？他的祖宗辛苦打来了江山，他却不珍惜，整日沉溺于游乐之中，无心治国安民，以致天下大乱，唐室大厦摇摇欲坠。试想，若尧、舜作礼部侍郎，能够容得下唐僖宗这样的昏君吗？还好，唐僖宗当了几年皇帝还不傻，石野猪的讽刺含义他听出来了，于是只好苦笑。这种含有讽谏语义的"同床异梦"式侍对，岂不远胜于"同床同梦"的无聊答语吗？

当然，在一般的日常言语交际中，我们不赞成"同床异梦"式的对答方法，因为我们的祖先早在几千年前就告诫过我们"修辞立其诚"（《周易·乾·文言》）的道理。但是，在特定的场合，比方说在政治、外交斗争的范围内，恰切地把握言语交际的题旨情境，适当地运用"同床异梦"式的论辩技巧，对于取得斗争的胜利，完成特殊的交际任务，肯定是有独到效果的。谓予不信，不妨试之。

四、创意造言：苏东坡建造"避孔子塔"

北宋时代有一对宝货：一是苏东坡，一是刘贡父。二人皆滑稽好谑，世人皆知。

宋哲宗时代，一日刘贡父（名攽）遇东坡于惠林僧寮。贡父一见东坡，立时就来了精神。未等东坡坐稳，他便发起谑性来了，跟东坡说道：

"我的一个邻居，他有一个儿子，刚刚成年，他就让儿子代掌当铺生意。结果，不到一年，因为误当了奸人盗物，资本耗折殆尽。其子乃引罪自责，请求道：'儿没有理财能力，以致败了已有家业。今请求让我从师读书，勉力以赴科举，也许还能博得个功名光宗耀祖。'其父大喜，择日准备了酒筵给他送行。临行时，他又叮嘱儿子道：'我老了，今后就靠你来养老送终。现在你离开我出门游学，倘若侥幸，能有所作为，让我们家改门换户，固然是我最大的愿望。但是，有一件事务须切记，不能忘记：如有人与你交友，跟你诗酒唱和，须仔细看好，千万别唱和贼人之诗，狼狈而归。'"

说完，刘贡父望着苏东坡神秘地一笑。

苏东坡早就听出刘贡父的意思，脸涨得通红了。现在又见他冲自己坏笑，心中更不是滋味。于是，沉吟一会，立即接口说道：

"我听说有这样一个故事：昔日孔老夫子从卫国返回鲁国，恰逢有人召请孔老夫子吃饭。群弟子见此，互相商量道：'鲁国是我们的父母之邦。我们跟从老师这么长时间，周游四方，今天有幸都回到了家乡，何不趁着老师不在的时候，出去看看街市，顺道寻访亲人故旧呢？'大家觉得这个建议好，于是就兴高采烈地出去了，在街上随便游逛。但是，刚走到市区，还没来得及好好游览市容，就在熙熙攘攘的人流中远远望见孔老夫子巍然而来，众人都惶惧不安，奔走相告。子由、子夏之徒都奔踔越逸，逃得无影无踪。唯独颜渊拘谨，不能迈开大步逃走。眼看老师就要走近了，颜渊着急了，回头一看，瞥见市中有一座石塔，似乎可以隐蔽，于是就屏伏其旁，等老师走过去。之后，群弟子就把这座石塔称作‘避孔子塔’。”

苏东坡说完，看了看贡父，也冲他神秘地笑了笑。只见先前嬉笑不止的刘贡父，此时却赧然无语。①

苏轼与刘贡父互嘲

刘贡父舍人，滑稽辨捷，为近世之冠。晚年虽得大风恶疾，而乘机决发，亦不能忍也。一日与先生拥炉于慧林僧察，谓坡曰：“吾之邻人，有一子稍长，因使之代掌小解。不逾岁，偶误质盗物，资本耗折殆尽。其子愧之，乃引罪而请其父曰：‘某拙于运财，以败成业，今请从师读书，勉赴科举，庶几可成，以雪前耻也。’其父大喜，即择日具酒肴以遣之。既别且嘱之曰：‘吾老矣，所恃以为穷年之养者，子也。今子去我而游学，倘或侥幸改门换户，吾之大幸也。然切有一事，不可不记，或有交友与汝唱和，须子细看，莫更和却贼诗，狼狈而归也。’”盖讥先生，前逮诏狱，如王晋卿、周开祖之徒，皆以和诗为累也。贡父语始绝口，先生即谓之曰：“某闻：昔夫子自卫反鲁，会有召夫子食者，既出，而群弟子相与语曰：‘鲁，吾父母之邦也。我曹久从夫子辙环四方，今幸俱还乡里，能乘夫子之出，相从寻访亲旧，因之阅市否？’众忻然许之，始过阛阓，未及纵观，而稠人中望见夫子，巍然而来，于是惶惧相告，由、夏之徒奔踔越逸，无一留者。独颜子拘谨，不能遽为阔步，顾市中石塔似可隐蔽，即屏伏

_____

① 苏东坡与刘贡父互嘲事，见于（宋）何薳：《春渚纪闻》卷六“东坡事实”之“苏刘互谑”条。

其旁，以俟夫子之过。已而，群弟子因目之为避夫子塔。"盖讥贡父风疾之剧，以报之也。

——（宋）何薳《春渚纪闻》

刘贡父说了一段"邻居之子"的笑话，苏东坡听了何以满脸涨得通红？苏东坡编了一篇"颜回避孔子"的故事，刘贡父为何颣然无语？要想破译其中的奥秘，我们还得从语义分析着手。

刘贡父"邻居之子"的故事，表层语义是说：他的邻人之子，代父掌柜开当铺，因误质他人盗物而连累吃了官司，以致不到一年即资本耗折殆尽。后想弃商读书，其父大喜。但又怕他在文场上吃官司，故临别时再三叮咛，要他交友或与人唱和诗词时，千万不要马虎大意，不能再像以前开当铺误质盗物一样，因与"匪人"交友、唱和，以致连累吃官司，狼狈而归。刘贡父的这个故事，若是听在一般人耳中，肯定会觉得这是一通有教育意义的话。但是，作为刘贡父的受交际者苏东坡，他一听却感觉不同了。他以贡父为人好谑的情性以及自己的遭遇为语境背景，立即捕获住贡父说这番话的真正语义指向是在嘲讽自己因作诗反对王安石变法，不仅自己被捕下狱，而且还连累了唱和他诗作的王晋卿、周开祖等人也坐了班房之事。东坡本就对王安石变法持有成见，加上因之而收狱、贬官之事，更是切恨前情了。好不容易盼到新党下野、新法废除，自己好不容易再入京为官，贡父还提这件倒霉的事，且语含嘲弄之意。你想，东坡能不急眼吗？

既然贡父的故事是"创意造言"编出来嘲弄东坡的，那么，东坡的述说语篇又如何呢？查查典籍便知，这也是自编自导的"子虚乌有"的故事。它的表层语义是说：昔日孔子带同弟子周游列国，自卫返鲁时，夫子被人邀去赴宴。其弟子见老师离去，便四散去逛大街，观市景。不意，正在兴头上，孔子却打道回还，吓得众弟子四散逃窜。可是，平日聪明的颜回却因行动迟缓，来不及逃去，只得躲于市中石塔之后，屏伏不敢动，故被师兄弟们讥笑。东坡是北宋一代大文豪，看这故事确实编得不差，亦不比贡父的故事缺乏生动性。然而，这只不过是表面的东西而已，而非东坡编造故事的本意所在。那么，本意究竟如何呢？这个只有贡父自己最清楚了。贡父以前患过风疾，病发时，腿不能行，痛苦不堪。因此，当东坡编出颜回行动迂缓，不能阔步的情节时，他立即便知东坡是在嘲弄他那条患病的腿。所以，他只好赧然无语，谁叫他"调戏"别人在先呢？

言语交际活动是一种极富有创造性的活动，因为语言本身就是一种"约定俗成"的社会产物，它没有一成不变的规范，没有先天规定的标准。因此，衡量一种语言或一种语言活动是优是劣，全看它服务于社会或感动交际对象的成功与否。言语交际或文学创作，其目的在于交流思想，沟通交际者与受交际者之间的情感与思想，以期达到某种写说的个别效应或社会效应。正因为如此，在文学创作或口头言语交际时，我们可以允许创作者（作家）或口头言语交际者（说话者）征引历史典故、引述先哲经典言论作为论事、说理的证言，以期达到写、说者说服读者或听者的交际目的。这一点，我们在前面的章节中曾多次提起或论及过，兹不必再述。

不过，这里我们想申述的还有另外一点，这便是在文学创作或口头言语交际中，写、说者是否可以"创意造言"，自编故事作为证言来说服读者、听者呢？这一原则似乎从来没有人提及，更没有人规定过。就笔者个人观点来说，在文学创作或口语交际中是可以运用"创意造言"这一原则去写和说的，只要它具有实际的积极效果即可。何以然？我们虽找不出先人的圣言作证，但是我们有前人"创意造言"的成功范例作依据。请看下面二则：

> 今有构木钻燧于夏后氏之世者，必为鲧、禹笑矣。有决渎于殷、周之世者，必为汤、武笑矣。然则今有美尧、舜、汤、武、禹之道于当今之世者，必为新圣笑矣。是以圣人不期修古，不法常可，论世之事，因为之备。宋人有耕田者，田中有株，兔走，触株折颈而死，因释其耒而守

株，冀复得兔。兔不可复得，而身为宋国笑。今欲以先王
之政，治当世之民，皆守株之类也。

这是《韩非子·五蠹》中的一则，是韩非论变法维新的著名论
断，自古以来便被许多政论家、文章家视为上上乘之论说文字。但
是，这一论说文字的总论点："圣人不期修古，不法常可，论世之
事，因为之备"，却是以"守株待兔"这一"创意造言"的自编文
字为依据和支撑点的。可见，"创意造言"的原则是行得通的，它
的论证效果是有力的。

下面我们再来看一则言语交际中"创意造言"的实例：

惠子相梁，庄子往见之。或谓惠子曰："庄子来，欲
代子相。"于是惠子恐，搜于国中，三日三夜。庄子往见
之，曰："南方有鸟，其名为鹓□，子知之乎？夫鹓□发
于南海，而飞于北海，非梧桐不止，非练实不食，非醴泉
不饮。于是鸱得腐鼠，鹓□过之，仰而视之，曰：'吓！'
今子欲以子之梁国而吓我邪？"……

这是《庄子·秋水》中的一则，记载了庄子与惠子的故事。惠
子"以小人之心，度君子之腹"，以为庄子到魏国是为了夺自己的
相位，于是搜庄子于国中三日三夜。庄子为了说明自己无此意，且
想讽刺一下惠子，于是便在言语交际中"创意造言"，现编了一个
"鸱得腐鼠"的故事，以此隐喻己意，嘲弄惠子之鄙。其结果，惠
子不仅明白了庄子来魏的目的，而且还自比庄子的品格而惭愧不
已。可见，"创意造言"的方法也是言语交际的一条重要原则，具
有良好的语言效果。

既如此，我们何尝不可大大推广"创意造言"的原则，使我们
的文学创作与言语交际更加成功呢？

五、夺人酒杯：纪昀传授辨别狼狗之法

众所周知，乾隆皇帝在世时，曾十分宠信两位大臣，一位是和珅，因为他会逢迎拍马，讨乾隆的欢心；一位是纪昀，因为他博学多才，机辩无双，因此，乾隆曾让他担当《四库全书》主纂官的重任。

虽说和珅、纪昀二人同时都得到乾隆的重任，但是和、纪二人却水火不相容。特别是早蓄异心的和珅，对纪昀简直是视之为眼中钉、肉中刺，恨不得立即除掉他。可是，由于乾隆一直看重纪昀的文才，垂青纪昀的时候远比宠信和珅的时候多，因此，和珅也无奈纪昀何。于是，只好平日言语之间流露出龌龊之言，贬损纪昀几句。哪知，和珅文才不济，每每"偷鸡不着蚀把米"，多次被纪昀嘲弄得无地自容。

1782 年，正值乾隆七十大寿。皇亲国戚、三公九卿、总督巡抚，藏、蒙、苗等少数民族首领，外国使节等，皆汇聚承德避暑山庄，庆贺乾隆华诞"万寿节"。和珅与纪昀为乾隆宠臣，自然在庆寿典礼上是出头露面的人物了。庆典仪式后，乾隆大张筵席，招待贺寿之官员与使臣。与此同时，乾隆又另设一个"千叟席"，招来了全国各地的高寿老人吃宴席，以示皇恩浩荡。就当寿宴开始时，乾隆乘轿而来，众臣、侍卫前呼后拥，好不威风。这时，和珅与纪昀走在一起，列于众臣之前。突然，队伍行进中有一侍卫牵着一条狗从旁而过。和珅一见，立即笑逐颜开，对着纪昀，指着那条狗问：

"是狼？是狗？"

众臣一听，初不解其意。后见和珅狞笑，立时顿悟此非良言，遂直对纪昀哄笑起来。

纪昀机敏过人，自然比众臣更明白和珅话中的含义，遂很谦恭地对和珅道：

"回和大人，尾下垂是狼，上竖是狗！"

和珅一听，顿时黯然无语，悄然离纪昀而去。而众臣一听，则

冲着和珅远去的背影笑个不停。①

运用语言进行交际，最重要的是应注意语境与交际对象，选择最切合题旨情境的方法与措辞，这样才能取得交际所欲达到的最佳效应。排调虽说是一种不同于一般言语交谈的特殊活动，但是，它也是言语交际的一种，自然也应遵守一般的言语交际的通用原则。也就是说，它也要注意交际语境、对象，选择恰当的方法。上述和珅、纪昀的排调之所以能引起对方的强烈心理震动，惹起言语交际圈外的许多大臣的哄笑，成功的奥妙便在于此。

纪晓岚故事

话说纪晓岚当礼部侍郎的时候，一天尚书和御史联袂来访。

聊着聊着，突然外头跑来一只狗。

尚书心中突生一计要取笑纪晓岚，便道："咦，你们瞧那是狼是狗？"（侍郎是狗）

纪晓岚知道尚书在捉弄他，当下也不动声色地说："要分辨狗或狼有两种方法。一种是看它的尾巴，尾巴下垂的是狼，上竖是狗。"（尚书是狗）

一旁的御史大笑道："哈哈，我还道那是狼是狗呢，原来上竖是狗，哈哈，哈。"

此时纪晓岚不慌不忙地接着又说道："另一种分辨的方法就是看它吃什么。狼是非肉不食，狗则遇肉吃肉，遇屎吃屎。"（御史吃屎）

这下子连御史也噤声无言了。

——http：//baike.baidu.com/view/21716.htm

---

① 此故事是二十多年前笔者根据复旦大学图书馆中一本小书而来，原书名今已失记，原书今亦查找不到。但这个故事是存在的，并非笔者杜撰。今日我们上网还能读到类似的故事。如有一段文字，题为"纪晓岚故事"（http：//baike.baidu.com/view/21716.htm），与笔者二十年前所读到的故事情节相似，只是人名有所差别。

　　和珅指着狗问纪昀："是狼？是狗？"这话问得很自然，是应情对景而发。旁观者绝对不会认为这话是别有用心，还真以为和珅分不清狼与狗的样子，故有疑而问。实际上，情况完全不是这样。和珅的话表面看来是个疑问句，其语义是说："这是狼，还是狗？"实际上，这并非他要表达的意蕴。稍作推敲，我们便知和珅的话真正的含义是个陈述句，其语义是说："侍郎是狗。"这是利用汉语传统的谐音取意（即"谐音双关"）的修辞手法来暗中转换语义，骂的是纪昀，因为纪昀当时正是兵部侍郎。故此，和珅说毕，得意地狞笑；其他的大臣一听，则直对纪昀哄笑。

　　那么，纪昀对此作何反应呢？他很谦恭，先称呼了一下"和大人"，然后才回答其问题道："尾下垂是狼，上竖是狗！"这话听来也很自然，不仅适时恰题，而且符合生活的真实。不知就里的人，还真以为纪昀这是在向和珅解释狼、狗之别呢！其实，这话与和珅所用的方法一样，表层是个陈述句，说的是"狼的尾巴是下垂的，狗的尾巴是向上竖着的"。而实际呢？这却是个感叹句，其深层语义是说："尚书是狗！"同样是利用谐音转换的方法来骂和珅，因为和珅当时是户部尚书。但是，纪昀的骂法比和珅巧妙。不同于和珅那样直露，而是制造两个语句："下垂是狼"、"上竖是狗"，以此混淆视听，使人觉得这是一本正经地解说，实则用意则是嘲骂。故此，和珅听后，黯然离去，因为这次他又吃了亏。

　　讽刺、排调的艺术生命在于委婉、含蓄，切不可词意浅露，形同谩骂。但是，含蓄之外又要体现幽默诙谐、婉而多讽的风格。只有这样，讽刺、排调的文字或言语才能"嬉笑怒骂，皆成文章"。

　　前面我们曾经说过，讽刺、排调的艺术有多种，造就排调、讽刺机趣的方法也有多种。上述纪昀巧嘲和珅之例，是纪昀运用"夺他人之酒杯，浇自己之块垒，诉心中之不平"① 的方法而创造出来的。和珅本来挖空心思指狗骂人而问，其意是要侮辱纪昀。不意，纪昀却顺势"以其人之道，还治其人之身"，"夺他人之酒杯"，泄

----

　　① （明）李贽：《杂说》。

心中之愤情，把和珅骂得没趣而逃。如此这等巧妙的讽刺方法，自然应该说是排调艺术中的又一独特景观了。

不过，我们这里应该注意的是，纪昀（包括和珅）排调、讽嘲成佳趣的奥妙所在，与运用传统的谐音取意的修辞手法是分不开的。这一修辞手法的运用以及其独特的"戚而能谐，婉而多讽"①的修辞效果前人早就注意到了的。如《金史·后妃传》有一段文字记载：

> 元妃势位熏赫，与皇后侔矣。一日章宗宴宫中，伶人玳瑁头者戏于前。或问上国有何符瑞，优曰："汝不闻凤凰见乎？"其人曰："知之而未闻其详。"优曰："其飞有四，所应亦异：若向上飞则风雨顺时；向下飞则五谷丰登；向外飞则四国来朝；向里飞则加官进禄。"上笑而罢。

这里的元妃，指的是金章宗的宠妃李氏。因此，优人所说的"向里飞"即谐指"向李妃"②，其所言"向里飞则加官进禄"的话，就是委婉地讽刺金章宗宠信李妃，只要臣下顺应李氏，他就给他们加官进禄。但是，结果章宗"笑而罢"，并不追究优人的罪过，可见，谐音取意的修辞手法之妙用。

虽然我们并不主张嘲弄别人，但适当运用上述方法与原则，提高语言交际效果，则还是可行的。

---

① 鲁迅著：《中国小说史略》，上海古籍出版社1998年版，第155页。
② 参见陈望道著：《修辞学发凡》，上海教育出版社1982年版，第102页。

第九章　嬉笑怒骂，皆成文章：
排调的智慧（下）

一、咏月嘲风：晏子论水土与民风的关系

不懂"满招损，谦受益"① 道理的人，总是自以为是，目空一切，不尊重别人的人格，开口闭口辱人训人，结果常常自讨无趣，自获其咎。

公元前 6 世纪中叶，齐国之相晏子奉齐景公之命，出使南方列强楚国。不料，当晏子到达楚国时，楚王却想戏弄他以取乐，完全不顾外交礼节与当时的国际准则。

就当晏子拟定日期，准备晋见楚王时，楚王密谓左右说道：

"晏婴是齐国最善于辞令者。这次他来访，寡人想侮辱侮辱他，有没有什么好的办法？"

左右一听楚王要侮辱晏子，一些人认为使不得，另一些人则连声附和，甚至还有一个侍从连忙向楚王献计道：

"等到晏子来晋见时，臣请求绑缚一人从大王面前经过。这时，大王您就问臣：'所绑何人？'臣就回答说：'齐国人。'大王您就再问臣：'因为什么罪行啊？'臣就回答说：'因为盗窃罪。'"

楚王一听，觉得这个主意好，于是，就准备照剧本演出了。

过了一会儿，晏子奉命晋见。楚王大摆筵席，盛情招待晏子。

晏子见此场面，觉得楚王颇是重视自己的这次国事访问。于是，就借谢宴的机会，一方面劝酒酬答楚王，一方面与楚王在杯来盏去中巧妙地阐述了齐国对于国际形势的主张，表明愿意与楚国一

_____

① 《尚书·大禹谟》。

起共同促进国际和平的立场，提出了进一步发展齐、楚两国关系的积极主张。楚王听了，频频点头称是。由此，宴会气氛颇是热烈、融洽，宾主双方都喝得个酒足兴酣。

然而，就当宴会即将结束，晏子想发表答谢演讲词时，忽见楚国二吏押着一人来到楚王面前。楚王连忙问道：

"所缚者何人？犯了什么罪？"

一吏回答道：

"是个齐国人。犯了盗窃罪。"

楚王听了，故作惊讶地看了看晏子，然后认真地问道：

"难道齐国人天性善于偷盗吗？"

晏子一听，心知其意，遂连忙绕席而对楚王说道：

"婴听说有这样一句话：'橘生淮南则为橘，生于淮北则为枳。'橘与枳，叶子长得完全相似，但是果实的味道则不同。为什么会这样呢？因为水土不同。今民生长于齐不盗，入楚则盗，莫非是楚国的水土使民善盗？"

楚王一听，知道自己"偷鸡不着，反蚀其米"了。于是只好自我解嘲道：

"圣人不是随便可以戏弄的！寡人今天是自讨没趣了。"①

晏子橘枳之喻

晏子将使楚。楚王闻之，谓左右曰："晏婴，齐之习辞者也。今方来，吾欲辱之，何以也？"左右对曰："为其来也，臣请缚一人，过王而行。王曰：'何为者也？'对曰：'齐人也。'王曰：'何坐？'曰：'坐盗。'"晏子至，楚王赐晏子酒，酒酣，吏二缚一人诣王。王曰："缚者曷为者也？"对曰："齐人也，坐盗。"王视晏子曰："齐人固善盗乎？"晏子避席对曰："婴闻之：'橘生淮南则为橘，生于淮北则为枳。'叶徒相似，其实味不同。所以然

---

① 楚王戏晏子之事，见于《晏子春秋》卷六内篇杂下第六。

者何？水土异也。今民生长于齐不盗，入楚则盗，得无楚之水土使民善盗耶？"王笑曰："圣人非所与熙也，寡人反取病焉。"

——《晏子春秋》

之后几天的访问，楚王对之特别客气，不再与之嬉戏了。

楚王是堂堂大国楚国的君主，晏子是赫赫大邦齐国的首相。按理说，楚王是很贤能的，在接待外宾时肯定懂得国际准则与外交礼仪；晏子既是经常出访列国，又是齐国之相，自然是能言善辩、胸藏锦绣。既然如此，楚王与晏子的相见，可谓是贤主对佳宾，英雄遇好汉了。不意，楚王这次不仅不贤明，甚至可以说有点昏庸、可笑。他明知"晏婴是齐国最善于辞令者"，却非要侮辱他不可。于是便听任左右设了一个"缚盗辱齐"的局，企图以"齐人天性善盗"的预设圈套引晏子上钩，从而以偏概全地侮辱齐国是盗贼之邦，民风不淳。哪知，晏子比楚王聪明多了！因为他知道：楚王的这句话是别有用心的，不管怎么回答都会坠入其陷阱中。若回答"不是"，则意味着"齐人不是天性善盗，而是后天学会善盗"，这明显是自己侮辱了自己；若回答"是"，则承认齐国人是天生就擅长偷盗，这更是在自己骂自己。

不过，晏子明智地绕开了楚王预设的陷阱区，另辟新径，扬长走开，让楚王自己掉进自己挖好的陷阱。当然，楚王并不傻，绝对不会将脚伸进自己预备好的陷阱中去。不过，不要紧！晏子帮他，从其背后推了他一把："婴听说有这样一句话：'橘生淮南则为橘，生于淮北则为枳。'橘与枳，叶子长得完全相似，但是果实的味道则不同。为什么会这样呢？因为水土不同。今民生长于齐不盗，入楚则盗，莫非是楚国的水土使民善盗？"至此，虽然楚王还未及觉察，可是已被晏子从背后一把推入了陷阱中，再也动弹不得了。何以言之？我们不妨对晏子的话作一番语义分析，之后一切都会明白的。

从整体上看，晏子的这番话可以分为前后两个层面。前一个层面是诱导语篇，是通过譬喻的形式而作的一个颇具意味的掌故叙述。表面语义是说："橘树生长在淮南、淮北两地，由于水土之异，结出的果实及其味道是不一样的，只不过枝叶相似而已。"实际上，它的深层语义却是后一层面所说的内容："今民生长于齐不盗，入楚则盗，莫非是楚国的水土使民善盗。"这样，晏子不仅推翻了楚王先前所作的"齐国人天性善于偷盗"的结论，而且反守为攻，由橘、枳之喻推论出楚国的水土是孕育盗贼的温床之结论。试想，楚王这一下岂不是堕入自己本已挖好的陷阱——诬说齐人天性善盗——之中了吗？最后，只好以"圣人不是随便可以戏弄的！寡人今天是自讨没趣了"之解嘲语，含蓄、羞怯地向晏子求饶了。

分析至此，也许有人会问：为何晏子不直接说出"今民生长于齐不盗，入楚则盗，莫非是楚国的水土使民善盗"这番一语破的的反驳语篇，而是绕着圈子多费口舌呢？这个，便是关系到排调与论辩的艺术与技巧问题了。试想，若如上述所说，一语破的，直陈楚国的水土是孕育盗贼的温床，那么楚王肯定不服气，认为这种回答莫名其妙，晏子不仅没有回答他所提的齐国人是否天性善于偷盗的问题，而且反落下蛮横无理的恶名。若如此，则楚王不再说什么，也算晏子失败了。因为他没有提出证据支撑住自己的论点，自然楚王认为他的话不能成立。相反，则楚王的话就是成立的了。从此，齐人便要背上"天性善盗"的恶名了。

然而，事实上晏子没有以上述直接反驳的方法来回答楚王，而是先故作悠闲地"咏月嘲风"一番，讲了一个橘、枳的掌故，然后又分析了橘、枳异味的原因是水土不同。至此，他实际上已经完成了论证"水土不同是导致同物异实之根源"的过程。然后，再以已经被证明过了的"水土不同是导致同物异实之根源"的结论为前提，就水到渠成地推出了"齐人本不盗，只因楚之水土使之盗"的结论。到此时，楚王方知晏子"咏月"——述说橘、枳掌故——的用意原来是为了"嘲风"：反唇相讥攻击楚国民风不淳，民好盗窃。这便是晏子"咏月嘲风"的排调艺术之高明处！

中国有句古话，叫做"识破天机不灵"。若允许我一语道破天机的话，那么晏子"咏月嘲风"的排调艺术的成功奥妙只不过是善用譬喻而已。这是因为譬喻本身就有化抽象为具体，变平淡为生动，令未知为已知，使深奥变浅显等种种奇妙的艺术效果与魅力，[①]只要善于运用，其效果是立竿见影的。故它的重要性，历来的外交家、游说家、修辞学家都深为知之。尤其是战国时代的辞令家惠施对此认识得最清楚。刘向在《说苑·善说》中曾有这样一段生动的记载：

> 客谓梁王曰："惠子之言事也善譬，王使无譬，则不能言矣。"王曰："诺。"明日见，谓惠子曰："愿先生言事则直言耳，无譬也。"惠子曰："善！今有人于此，而不知弹者，曰：'弹之状何若？'应曰：'弹之状如弹。'则谕乎？"王曰："未谕也。""于是更应曰：'弹之状如弓，而以竹为弦。'则知乎？"王曰："可知矣。"惠子曰："夫说者固以其所知，谕其所不知，而使人知之。今王曰'无譬'，则不可矣！"王曰："善！"

虽说惠施在强调譬喻的重要性时有些夸大其词，但是，譬喻的作用确实是其他修辞手法所无可比拟的。即以上述晏子巧喻嘲楚王、惠施说梁王二例来说，就足以有力地证明了这一点。

上面我们虽说晏子运用譬喻来排调楚王取得成功并不稀奇，但是平心而论，晏子的譬喻运用得确实巧妙，非常人所能企及。因为它一方面比类简捷，以橘、枳异地而味异为喻，易于为人所理喻，没有沿袭陈说，也无语义朦胧之嫌；另一方面，它所设之喻与所欲论证之理，两者密合切至，可谓喻至而理明。因为如此，苦心孤诣地设计、造言欲辱晏子的楚王才被驳得哑口无言，只得承认晏子是不可随便戏弄的圣人。

---

① 胡裕树主编：《现代汉语》（增订本），上海教育出版社1999年版，第459—460页。

二、抛砖引玉：张元一与女皇说笑

唐朝则天时代，武氏家族显赫不可一世。凡是与则天有亲族关系的人，都能做高官，享厚禄。这个想必世人皆知。不过，武门之人是否个个好汉，人人英雄，恐怕就很少有人晓得了。笔者不敢说对历史有多深的造诣与研究，但于基本的历史事实还是略知一二的。仅就唐代武氏家族来说，我认为武氏家族的所有成员中，除了女流则天皇帝非常杰出外，其他诸如武三思、武士逸等人，皆算不上什么人物。至于武士逸之孙武懿宗之流，就更是一代不如一代了。

武懿宗，是则天皇帝的伯父武士逸之孙，托堂姑妈武则天的福，仰蒙其浩荡皇恩，以司农卿爵为郡王。但武懿宗虽高官得做，骏马任骑，可就是从没有给姑妈争过气。相反，他老是给则天皇帝丢脸。神功初年，孙万荣击败王孝杰兵，则天诏命武懿宗为神兵道大总管讨之。武懿宗奉命率大军征讨孙万荣，初出京师时还耀武扬威，不可一世。可是，一旦遥见孙军出动，他就恰似惊弓之鸟，弃军而逃。时人知之，多有讥笑之言。

也许是看在姑侄份上，武懿宗兵败后，则天并没有怎么处分他，更没有予以行政记大过。还是让他养尊处优，去做郡王。后来，西戎兵起，则天又想起武懿宗，再度让他挂帅统兵以御之，希冀他这次能旗开得胜，挽回些以前的面子来。哪知，这次武懿宗因见是异族之兵，更是吓破了胆。兵至边关，还未与西戎兵交锋，武懿宗就畏懦而遁。于是，朝野上下震惊，天下舆论为之哗然。

一日，则天临朝，见群臣交头接耳，私语纷纷。则天皇帝知道大家这是在议论她的外侄儿武懿宗兵败之事，为了装扮门面，假意对群臣板下面孔，叫出武懿宗，问道：

"武懿宗，你畏敌临阵私遁，该当何罪？"

武懿宗见姑妈发了脾气，遂连忙叩首山响，道：

"臣该死！罪该万死！"

群臣见状，皆屏息以待则天如何处理此事。不意，突然从朝班中转出一人。大家一看，原来是滑稽善言的左司郎中张元一，平日则天皇帝颇为宠信他。则天皇帝一见是张元一出班，连忙问道：

"张爱卿有何话说？"

张元一见问，立即回答道：

"臣有一诗，不知圣上愿听否？"

则天皇帝回道：

"爱卿，请念！"

张元一明白则天皇帝的心意，知道她一定会为武懿宗开脱，不会对他怎么样。他便想乘机当众戏弄武懿宗一次，为大家出口气。于是，他便煞有介事地吟道：

"长弓短度箭，蜀马临高蹁。去贼七百里，隈墙独自战。忽然逢着贼，骑猪向南窜。"

群臣一听，忍俊不禁，笑出声来。则天皇帝一听，亦知张元一话中之意，遂决定将计就计，乘张元一谑戏之机放过武懿宗。于是，她立即就坡下驴地笑问张元一道：

"难道懿宗没有马吗？"

则天倒很爽快，不仅自己道出张元一话中隐指武懿宗的谜底，而且还反以"难道懿宗没有马吗"将了张元一一军。

张元一见天机已泄，也就不再隐讳了，于是就直接回答则天的问题：

"骑猪，夹豕也！"

则天一听，大笑不止。而武懿宗闻此，则寻地缝未恐不及。

不过，武懿宗这次虽羞红了颜面，但在群臣与则天的笑声中蒙混过了关，仍然没被治罪。唉，还是皇帝姑妈好！①

---

① 张元一戏武懿宗之事，见于《唐诗纪事》卷十三"张元一"条。

张元一讽嘲武懿宗

武后朝，左司郎中张元一善滑稽，时西戎犯边，武懿宗统兵御之，至邠畏懦而遁。懿宗短陋，元一嘲曰："长弓短度箭，蜀马临高蹁。去贼七百里，隈墙独自战。忽然逢着贼，骑猪向南窜。"则天未晓，曰："懿宗无马耶？"元一曰："骑猪，夹豕也。"则天大笑。

——《唐诗纪事》卷十三

武懿宗出战畏敌遁逃，群臣皆有非议。然而，由于他是则天皇帝的侄儿，大家也就不敢多嘴了。张元一亦不过是则天皇帝治下的一介之臣，又非皇亲国戚，自然对则天皇帝怎样处理武懿宗临阵脱逃问题不可贸然干预了。但是，他对则天皇帝有心要徇私情脱免武懿宗有些不满，对武懿宗屡搞特殊化心有不平之意。于是，他便利用平日则天皇帝喜爱谑浪的特点，用戏言嘲弄武懿宗一番，一来顺水推舟为则天有意脱免武懿宗之罪送个顺手人情，则天心里自然会感谢他的，说不定以后还会给他加官晋爵呢！二来戏言谑浪，既可以缓解朝堂之上君臣各怀心思的沉闷气氛，又可讽刺武懿宗的贪生怕死而代群臣立言，以平众人之愤。如此这番讨好两方的事，张元一如何不做呢？正因为如此，我们这才看到张元一托言进诗而让则天皇帝大笑，让武懿宗羞愧难当的一幕。

张元一上述那首"打油诗"，之所以有如此独特的效果，这是因为它明是戏谑，实有寓意。从表层语义看，这首诗说的是这样一件事：有一位张长弓、操短箭、骑蜀马的将军，登坡远眺，遥见贼兵自七百里外而来，立即下马"隈墙独自战"。而当贼兵忽至时，弃马骑猪往南便逃。因为故事本身就很滑稽，因此则天与群臣一听便忍俊不禁，失声大笑。然而，笑过之后，则天皇帝却察觉了这首诗的深层语义是在讽刺武懿宗，那位"长弓短度箭"的将军说的不是别人，而是隐指武懿宗。于是聪明的则天皇帝便一语戳穿了张元一的谜底，反以"懿宗没有马吗"一语将了张元一一军，使张元一

176

无处退步：要么承认那诗是讽刺武懿宗的，要么就得回答武懿宗为何骑猪而不骑马这一问题。不意，张元一毫不躲闪，反而从容对道："骑猪，夹豕也。"这话看起来又是戏谑语，实则是在回答则天皇帝的提问："懿宗没有马吗？"同时又寄寓了这样两种深层语义：一是说武懿宗见了贼兵，哪里还知骑马逃得快，匆忙中见猪也骑着跑了，根本不能清醒地考虑问题了；二是说猪即豕，骑猪即是夹豕，而"夹豕"亦即"夹屎"，其意是形容武懿宗畏敌逃跑时的狼狈相。这个就不仅仅是嘲讽，而是进一步丑化武懿宗了。故此，武懿宗才感到无地自容。

那么，当则天皇帝出人意料地将了张元一一军后，张元一为何不慌不忙呢？这个便是张元一比则天皇帝高明之处。因为张元一诗中的"骑猪向南窜"一句，正是引诱则天皇帝提问"为何骑猪"的诱饵。不意，则天皇帝果真上钩。于是，张元一也就从容不迫地亮出"骑猪，夹豕也"的嘲讽谜底。这个，便是张元一巧妙的"抛砖引玉"的排调艺术。

"抛砖引玉"的方法，一般来说，总是由此方"抛砖"，另一方"出玉"。但是，在言语交际中，"抛砖"与"出玉"可以是同一方，亦即同是交际者一方或同是受交际者一方。因为在言语交际活动中，有时交际者或受交际者的一方所意欲达到的交际目的，正是另一方所不愿达到的。这一点在排调性语言交际活动中表现得尤为突出，比方说上述张元一所意欲嘲讽武懿宗贪生怕死、畏敌"夹屎"而逃的情形便很典型。虽然张元一作为交际者所要讽刺的是未曾参加交际的武懿宗，而非作为受交际者的武则天，但是，武则天是武懿宗的姑妈，是袒护武懿宗的。因此，实际上则天皇帝是武懿宗的代言人。既如此，则天皇帝当然不愿张元一达到交际的目的：讽刺、侮辱武懿宗。张元一是聪明的，他了解武则天的心理，所以先抛出一"砖"：戏谑诗。待到武则天捡起那块"砖"，问他"懿宗没有马吗"，他便自然而然地抛出怀中之"玉"："骑猪者，夹豕也"，让则天皇帝睁开眼睛看看这块"玉"如何。事实证明，这块"玉"是真玉，就连站在交际场外的武懿宗也感到它的光芒刺眼，实在消受不了。这个便是张元一"抛砖引玉"的排调艺术性所在。

当然，我们不主张用"抛砖引玉"的方法来讽刺、挖苦朋友或是其他人。但是，若将此方法、技巧推广而至更广范围的日常言语交际活动中，以委婉方法圆满地表达自己的思想和情感，完成交际任务，则是可以大大赞赏的。

三、触景生情：吴越王与陶谷蟹宴上的外交斗争

记得司马迁《史记·越王勾践世家》中有"飞鸟尽，良弓藏；狡兔死，走狗烹"这样的话，说的是自古以来当帝王的与臣下只能共患难，不能同富贵。一旦他们目的达到，就过河拆桥，忘记臣下昔日效忠之功，甚至还把有功之臣置于死地而后快。可见，当帝王的多半没良心。

想当初，宋太祖赵匡胤发动兵变，逼周太后与幼主禅位于他，幼子寡母只得照办。可是，礼将行，未有禅文。赵匡胤急于坐龙位，一时手足无措，急得火急火燎。这时，历仕晋、汉、周三朝，曾官至翰林学士、兵部侍郎的陶谷，站在一旁却从容不迫。在赵匡胤万般无奈之时，陶谷探怀取出禅文以进，曰："已成矣！"于是，赵匡胤便顺利地举行了受禅仪式，当上了皇帝。

按理说，这次陶谷帮了赵匡胤一次大忙，立有不可抹杀之大功，赵匡胤上台后理应提拔提拔陶谷才是。可是，赵匡胤非但没有这样做，而且在陶谷托人向他表达希望升官的愿望时，还当着众臣之面，大大奚落了陶谷一番：

"翰林起草诏书，都是照抄前人旧本，是俗话所说的'依样画葫芦'罢了！"

陶谷一听，差点没气死。最后，实在咽不下这口气，便题了一首诗于玉堂之上。诗云：

> 官职须从生处有，才能不管旧时无。
> 堪笑翰林陶学士，年年依样画葫芦。

表面看来，这好像是陶谷在自我解嘲而已，实则诗内包含了满腹的牢骚。

后来，赵匡胤觉得陶谷还很有用场，于是便给他加了官。到开宝九年（976）宋灭南唐后，赵匡胤还重任陶谷，让他出使江浙的吴越国，向吴越王钱俶展开政治、外交攻势，希冀纳吴越之地归之大宋版图。陶谷于是便得意地奉旨前去了。心想，这一下他可又要为赵匡胤立功了，说不定，事成之后赵匡胤还会给他加官晋爵呢！

吴越王虽说是当时一代豪主，但是宋灭南唐等九国后，他已是势单力孤了。故此，当大宋使臣陶谷到临时，钱俶不敢怠慢，而是隆礼接待，以结其心。哪知陶谷却以大国之使自居，傲慢不可一世。吴越王虽然心实厌之，但表面还是对之尽礼殷殷，而且还特意为他举办了一次蟹宴。吴越国因滨海临江，海鲜特别丰富，故宴席之味特别丰富。陶谷来自北国，自然吃得尽兴了。当食至蝤蛑时，陶谷问起了蝤蛑的族类。吴越王以为他是北人，不大懂海产，于是便向他热情地作了介绍，并命人自蝤蛑至蟛蜞，连上几十道上等海鲜佳肴。不意，陶谷吃到后来，突然释箸而叹曰：

"真所谓一蟹不如一蟹！"

吴越王一听，先是一愣，随后则沉吟了半晌。

陶谷一见吴越王如此之反应，反而笑了。

过了一会，吴越王命人上了一道葫芦羹。

葫芦羹上来后，吴越王笑容满面，首先自己尝了一口，接着又热情地劝进陶谷。而陶谷见吴越王如此殷勤，立即起了疑心。于是，久久未曾动箸。最后，吴越王又含笑说道：

"此羹味极佳，先王时，庖人善制此羹，今依样做来！想来味道不会比先王之时差。"

钱俶说毕，吴越之臣皆掩袖而笑。

而陶谷听后，原来满面的笑容立时一扫而光，剩下的只是满面绯红。看来，这次回国赵匡胤又要骂他无能，外交失利了。[①]

[①]　吴越王讽嘲陶谷之事，见于（明）马愈：《马氏日抄》之"蟹芦图"条。

陶谷"依样画葫芦"

吕亢画《蟹芦图》一卷，凡十有二种。蝤蛑最大，两螯八足，皆有毛拨，棹子形如蝤蛑，螯足无毛拥剑，状如蟹而色黄，一螯偏巨。彭蜞小蟹也，吴人呼为"彭蜞竭杞"，大于彭蜞，壳斑黑，螯赤色。沙狗小若彭蜞，见人辄走入沙穴，钩致不可得，望潮即白壳，潮来时则举螯如望日，不失期倚望，大如彭蜞，每行数步辄举两螯，相拱而望。石蜠大于常蟹，壳通赤，长如鹅卵，蜂江螯足坚如石，不可食，芦虎壳坚硬不可食。彭蚑大于蜞小于蟹，吴人炒食之最香。末画一淡斑胡芦。抚卷谛视，惟知笔法渲染甚妙，而不解其意云何。观其卷尾，有陶士祆《跋》云："陶谷久在翰林，意希大用，使同类讽太祖微伺旨意曰："谷在朝宣力实多。"上曰："我闻翰林草制，皆检前人旧本，俗所谓依样画葫芦耳。何宣力？"陶谷题一绝于玉堂署，云："官职须从生处有，才能不管旧时无，堪笑翰林陶学士，年年依样画葫芦。"太祖见之，薄其怨望。后奉使吴越，忠懿王宴之，因食蝤蛑，询其族类，忠懿命自蝤蛑至蟛蜞凡十余种以进。谷曰："真所谓一蟹不如一蟹。"实因此以讽忠懿之弗如钱镠也。宴将毕，或进葫芦羹相劝，谷不举箸。忠懿笑曰："先王时，庖人善为此羹，今依样馔来者。"谷一语不答，亢为此图殆以是耳。

——（明）马愈《马氏日抄》

吴越王钱俶宴请陶谷大使，本来宾主吃得颇是尽兴，为什么突然席间陶谷一语而顿使吴越王沉吟半晌，气氛为之沉闷下来呢？为什么陶谷席上一直谈笑风生，而到席终上汤时，吴越王劝了他一句却笑容即逝、满面绯红呢？我们最好还是先来对陶、钱二位的话语作一番语义分析，相信效果肯定比其他各种臆说要好得多。

陶谷在吃了几十道蟹类佳肴之后，突然说了一句："真所谓一蟹不如一蟹。"表层语义似乎在埋怨东道主吴越王钱俶所上的菜肴味道一道比一道差，因为陶谷是在宴席上吃了很多蟹类之后说这番话的，故一般人总是对陶谷的话作如上这种表层语义的理解。然而，吴越王则不然。他从陶谷一到吴越国之后，就发现这次大宋派使臣是有政治、外交企图的，因此便处处出言、举措特别谨慎，不给大宋以觊觎的希望。哪知，陶谷却处处以大国特使的身份自高自大、出语轻狂，话中总带有藐视吴越国的口吻。故当陶谷"一蟹不如一蟹"之语出口后，钱俶立即沉吟不语。因为他知道，陶谷这话的深层语义是在说：吴越国自钱镠立国以来，国王一代不如一代，国势一年不如一年。现在大宋都已灭了十国中的九国，吴越国还有什么抗衡大宋的力量呢？还不如趁早投降为妙。钱俶既然已经破译到了陶谷话中的深层奥秘，知道他在侮辱自己、贬抑自己，试想，他能不气吗？然而，作为外交斗争，他又不好发作。除了沉吟不语，他还该如何呢？

吴越王是国王，自然是自尊心很强的人，他岂肯白白被宋朝的一介使臣侮辱？吴越王也是个聪明人，难道就没有回击陶谷的办法吗？不！事实上钱俶是最后的胜利者，他在席终所说的那句劝羹语，表面看来是十分殷勤的、好意的劝进客人之语。因为钱俶说这番话时正是席终上汤之时，自然会使人被表面语义所迷惑。但是，作为曾经被赵匡胤讥讽过"依样画葫芦"、又刚在席上讽嘲过钱俶的陶谷，是不会肤浅地理解钱俶的劝羹语的。因为陶谷知道，钱俶的话远比自己的反讽巧妙得多，意蕴也更丰富。它的深层语义有两重：一是讽刺陶谷不安于当翰林学士，竟然厚颜无耻地向赵匡胤伸手要官，结果被赵匡胤当众讥笑一番；二是告知亦是警告陶谷及赵匡胤休想打他吴越国的主意，他钱俶虽勇武不及其祖钱□，但治国之能亦不在其祖之下，他要保住祖辈艰苦创业打下的江山，绝不会向大宋王朝纳土归降的。如此之深的语义，岂能不让"依样画葫芦"的陶谷既羞又愧呢？羞的是他被钱俶揭穿老底，无地自容；愧的是这次出使吴越，政治、外交目的是万万不能达到了，回去怎么向赵匡胤交代呢？说不定，赵匡胤又要讽刺他了。你想，这时陶谷能不脸面绯红吗？

在言语交际中，"触景生情"，根据特定的交际对象和特定的交际目的而措辞出语，是十分重要的。但是，在"触景生情"的言语交际过程中，交际双方（交际者和受交际者）都必须事先界定一个为双方所共知的语域，提供一个为彼此所了知的语境参数。只有这样，交际者"触景生情"所生发的语篇之深层语义以及情感色彩、思想倾向的微妙暗示才能被受交际者所把握，使之对交际者所说语篇的指号刺激作出反应。同样，受交际者也只有在按照交际者的言语指号的刺激指引下破译其"意谓"之后，再以"触景生情"的方法回应交际者一个表达自己思想、情感内容的语篇，才能使双方的这场言语交际活动得以圆满完成。至于交际者与受交际者究竟谁将赢得这场交际的胜利，则就全然看双方各自的出语水平以及"触景生情"创造文本的技巧了。不过，从上述陶谷与钱俶的排调语篇中，我们大致可以得出这样的结论："触景生情"的技巧在于切合时间、场合，出语水平在于包含语义的深浅与多寡。陶谷的排调虽然把握了"触景生情"的火候，但语义内涵不及钱俶丰富，故陶谷输却钱俶一筹。排调如此，其他言语交际亦然。

四、抱布贸丝：张融瘦马讨官

人人都知道做皇帝好，其实也有不好的地方，那就是说话不自由，绝对不能信口开河，甚至连开个玩笑也不行。因为在中国古代，皇帝是"金口玉言"，说出来的话就不能收回。如果说话不算数，那以后就没有至高无上的威信了，要想镇住虎视眈眈想做皇帝的乱臣贼子，那就难了。

就中国历史来看，一般说来，开国帝王都是雄才大略之辈，他们都是开明或英武之君，肯定不会昏庸到乱说话的地步。只有末世帝王或亡国之君，才会行事错乱，口无遮拦。不过，有时也有例外，如南朝齐太祖萧道成，他就犯过乱说话的错误。

有一次，萧道成与张融闲聊，顺口许诺给他司徒左长史之职。但是，后来却没有兑现。如果萧道成遇到的是别人，说说也就算了，相信也没人敢跟他齐太祖较真。可是，张融不是别人，他是个不好惹的主。

对南朝历史有所了解的人都知道，张融，字思光，一名少子，吴郡人。出身世族，乃南朝刘宋时会稽太守张畅之子。初仕刘宋朝为封溪令，后举秀才，对策中第，为尚书殿中郎，不就，改为仪曹郎。不久奔叔父丧而得罪免官，后复摄祠部、仓部二曹。入齐，官拜黄门郎、太子中庶子、司徒左长史等职。其人形貌短丑，行止怪诞。初出仕为封溪令时，路经嶂□，为獠贼所执，将杀食之，他竟然神色不动，作《洛生咏》，獠贼怪而异之，终未加害。又有一次，浮海至交州，遇大风，不仅毫无惧色，而且自咏"干鱼自可还其本乡，肉脯复何为者哉"，又作《海赋》。除了胆识过人，他还才情过人，在清谈、佛学、书法等方面都有颇高的造诣，尤其擅长草书，并为此而得意。有一次齐太祖萧道成跟他说："卿书殊有骨力，但恨无二王法。"他竟回答道："非恨臣无二王法，亦恨二王无臣法。"又常叹息："不恨我不见古人，所恨古人不见我。"萧道成曾笑言："此人不可无一，不可有二。"

却说齐太祖萧道成答应拜张融为司徒左长史之后，很长时间没见动静。张融急了，想跟萧道成理论。但是，想了想，却没有去。正好有一天，萧道成让张融跟随出巡。张融觉得机会来了，遂特意骑了一匹瘦骨伶仃的马陪侍在齐太祖萧道成身边。萧道成一见，甚感困惑，于是就问张融道：

"卿马为何如此之瘦？每日给粟多少？"

"每日给粟一石。"张融脱口而出道。

萧道成看了看张融，又看了看他的马，更加困惑了，遂又问道："每日食粟一石，不算少啊，为什么会瘦成这样呢？"

张融见萧道成终于上了圈套，遂笑了笑，然后答道：

"臣只是答应给它每日食粟一石，其实从来没有给它吃过这么多！"

萧道成听了这话，又见张融神秘地一笑，终于明白过来了。

第二天，张融便正式当上了司徒左长史。①

---

① 张融骑瘦马之事，见于（宋）庞元英《谈薮》。

张融"许而不与"

太祖尝面许融为司徒长史，敕竟不出。融乘一马甚瘦，太祖曰："卿马何瘦，给粟多少？"融曰："日给一石。"帝曰："何瘦如此。"融曰："臣许而不与。"明日，即除司徒长史。

——（宋）庞元英《谈薮》

《诗经·卫风·氓》有诗句曰：

氓之蚩蚩，抱布贸丝，匪来贸丝，来即我谋。

记得以前刚读初中时，就曾翻看过《诗经》，也曾读到过这首诗，但读到这几句总是弄不懂意思。现在，我终于明白了：原来这个笑嘻嘻的氓，不是真的上街买卖做生意，而是来骗大姑娘，商请姑娘与他约定婚期。

上述故事中的张融，虽然不像氓那样笑嘻嘻，但是，他随齐太祖萧道成出巡，特意骑一匹瘦骨伶仃的马，却也性质类于氓之"抱布贸丝"的情形，同样是"匪来贸丝，来即我谋"的有目的行动。虽说他不像氓那样去骗大姑娘，但他骑瘦马却是为了去干求官的营生，可以说品行不怎么高洁。不过他的方法倒是很巧妙，而且还敢讽刺皇帝萧道成，这一点可是没出息的氓万万不敢想，更不敢做的了。

那么，张融是怎样讽刺萧道成的呢？我们分析一下上述故事情节及其对话，就会明白。张融之所以要骑一匹瘦马在萧道成面前晃悠，目的就是为了引起他的注意，引诱他挑起话题。果然不出张融所料，齐太祖萧道成自投罗网，开口问起了张融之马为何如此之瘦？每日给粟多少？张融见问，自然立即接上了话头。这一来是因为萧道成是皇帝，他是臣下。皇帝问，他自然要回答。二来因为萧道成的问话是自己事先想挑起的，自然这机会不能失却。况且他还想合拢伏击圈，制伏萧道成呢！于是，张融便夸张地说他每日给马喂粟一石，以便引诱萧道成再问下去。不意，齐太祖聪明一世，糊涂一时，竟然被张融牵着鼻子走，又追问起张融之马食粟多而瘦的根由。这时，张融觉得时候到了，该擒住萧道成了。于是，便抛出了一句意味深长的话："臣只是答应给它每日食粟一石，其实从来没有给它吃过这么多！"表面上看来是说自己言而无信，不给马那么多食物。实际上，其真正的语义指向是在讽刺齐太祖萧道成对臣下言而无信，只空口许诺，不具体实施诺言的毛病。这样，终于使萧道成出了丑，露了乖。虽然萧道成心里肯定不快，但是第二天还是无奈而被迫封了张融为司徒左长史。谁叫他是皇帝呢？谁叫他乱说话呢？既然是皇帝，既然许诺了，就必须兑现，不管愿意不愿意。否则，这皇帝就没威信了，那以后还怎么在臣下面前发号施令呢？这就是做皇帝的无奈！

张融两句话就让齐太祖萧道成就范，这确实是了不得的语言技巧，令人敬佩。但是，若仔细分析，他的技巧也只是一般，只是运用了中国古已有之的"双关"手法。"双关"修辞手法分为三类：一是利用语音上的相同或相近的条件而创造的"谐音双关"，二是利用一词多义的条件而创造的"语义双关"，三是利用特定情境而创造的"对象双关"。[①]

谐音双关：如唐代诗人刘禹锡《竹枝词》诗："杨柳青青江水平，闻郎江上唱歌声。东边日出西边雨，道是无晴却有晴。"其中，末一句的"无晴"与"有晴"，表面说的是"晴雨"之"晴"，实际是以谐音的方式关涉着感情之"情"，"眼前的事物'晴'实际是辅，心中所说的意思'情'实际是主"[②]。这种双关，在汉语歇后语中运用非常普遍，前文我们已经说过，兹不赘述。

语义双关：如《史记·淮阴侯列传》中所记齐人蒯通游说韩信背叛刘邦而自立的相面语："相君之面，不过封侯，又危不安；相君之背，贵乃不可言"，其中之"背"，表面说的是与"面"相对的

---

① 吴礼权著：《现代汉语修辞学》（修订版），复旦大学出版社 2012 年版，第 29—33 页。

② 陈望道著：《修辞学发凡》，上海教育出版社 1982 年版，第 96 页。

"后背"之"背"，实则关涉"背叛"之"背"，就是利用"背"有"脊背"与"背离"二义而创造出来的双关文本。①

对象双关：对象双关更是说写中常见的。如唐代诗人朱庆余《近试上张水部》诗："洞房昨夜停红烛，待晓堂前拜舅姑。妆罢低声问夫婿，画眉深浅入时无。"整个一首诗构成一个"对象双关"，因为它"表面是写初嫁女子洞房花烛之后即将要拜公婆的忐忑心情，实则是诗人探问主考官张籍（水部郎中）口风，想了解他对自己考试满意的程度"②。张籍读诗后，回了一首诗《酬朱庆余》："越女新妆出镜心，自知明艳更沉吟。齐纨未是人间贵，一曲菱歌抵万金。"这首诗用的也是"言此意彼"的"对象双关"手法，婉约地表达了其对探问者朱庆余才华由衷的赞赏之情。③

"双关"修辞手法的特点是虽不直白本意，不说本事，但在其所言他意、所用他事的烘托之下，其含蓄、蕴藉之意尽在不言之中，有一种独特的"秘响旁通，伏采潜发"④ 的语言效果，使人"玩之者无穷，味之者不厌矣"⑤。

上述张融讽嘲齐太祖萧道成而得官之例，正是"对象双关"修辞手法的巧妙运用。结合上面我们所举中国古典诗歌创作与日常口语交际的实例，我们更能深刻体认到中国人崇尚含蓄、委婉的心理特点，同时也能见出"双关"修辞手法在言语交际与文学创作中的重要作用与地位。因此，我们认为，重视"抱布贸丝"、"言此意彼"的语言技巧与方法，恰当运用"双关"修辞手段，是十分必要的。因为这将会提高我们的语言表达效果，有助于言语交际的圆满，增强文学作品的艺术感染力。

---

① 吴礼权著：《现代汉语修辞学》（修订版），复旦大学出版社 2012 年版，第 32 页。
② 吴礼权著：《现代汉语修辞学》（修订版），复旦大学出版社 2012 年版，第 34 页。
③ 吴礼权著：《现代汉语修辞学》（修订版），复旦大学出版社 2012 年版，第 34 页。
④ （南朝·梁）刘勰：《文心雕龙·隐秀》。
⑤ （南朝·梁）刘勰：《文心雕龙·隐秀》。

五、图穷匕见：刘原父"观乞儿弄蛇"

宋代的欧阳修是个知名度极高的人。曾当过宰相，领导过北宋文学革新运动，诗、词、文都冠绝一时，甚至连当时的大文豪苏轼也自叹弗如，评价他的作品"论大道似韩愈，论事似陆贽，记事似司马迁，诗赋似李白"①。也许是因为名气太大的缘故，或是感觉太好的原因，欧阳修难免有时会有一些小骄傲，以致得罪了很多人，甚至连好友刘原父（名敞）也得罪了。

刘原父，江西人，与欧阳修是大同乡。庆历六年与其弟刘攽（字贡父）同登进士第。为官为学，在北宋都是一时之翘楚。为官方面，他颇有政绩，后官至集贤院学士。为学方面，成就更是卓然，是北宋时代著名的史学家、经学家和散文家。欧阳修后来概括他一生的学问成就时曾评价道："自六经百氏古今传记，下至天文、地理、卜医、数术、浮图、老庄之说，无所不通；其为文章尤敏赡。"② 当然，欧阳修这么客气地赞扬刘原父，是在他死后。在刘原父生前，欧阳修则没少捉弄他。了解刘原父的人都知道，刘"为政有绩，出使有功"，为学有成，什么都好，就是有一样不好：好色。他晚年丧妻后，人老心不老，硬是不听众人劝谏，续娶了一位美艳的少妇，以致时人多有闲言。欧阳修作为原父的好友，大家又都是文人，这种风流韵事不说也罢。可是，不知道欧阳修当时是怎么想的，一时冲动，文人的习气改不掉，自恃文才，作诗一首嘲讽原父道：

> 仙家千载一何长，浮世空惊日月忙。
>
> 洞里桃花莫相笑，刘郎今是老刘郎。

---

① （宋）苏轼：《居士集·序》。
② （宋）欧阳修：《集贤院学士刘公墓志铭》。

原父得诗大为不悦，从此耿耿于怀，总想找个机会报"一箭之仇"。可是，一直都没有寻着合适的机会。

后来，御史中丞王拱辰（字君贶，原名王拱寿，开封府咸平人。宋仁宗天圣八年状元及第，时年十七岁）请客，欧阳修因与王拱辰为连襟，同是薛简肃公（即薛奎，曾官至资政殿学士，参知政事）的女婿。因此，王拱辰请了刘原父，自然也就请了欧阳修。宾客安席后，原父看看王拱辰，又看看欧阳修，突然笑了。王拱辰不解，忙问因由：

"刘君何故失笑？"

原父见问，便开言道：

"我突然想到一件事。"

王拱辰不知就里，连忙问道：

"什么事？可否说来听听？"

原父一听王拱辰有兴趣，心中大喜。于是，又看了看王拱辰与欧阳修，这才说道：

"这件事说来挺好笑的。"

王拱辰一听这事挺好笑，就更加高兴了，欧阳修也来了兴趣。于是，大家都正襟危坐，等着原父讲故事。

原父见大家胃口都被吊上来了，便从容说道：

"从前，有一个学究课蒙，诵《毛诗》至'委蛇委蛇'句，学子念'蛇（shé）'字本音，学究非常生气，怒斥学子道：'跟你说过多少遍了，"蛇"当读作"姨"字，以后不得再读错了！'第二天，学子上学路上看到有一个乞儿弄蛇，一时贪玩，与众人一起围观，忘了上学时间，结果到午饭后才到私塾，学究非常生气，怒问道：'为什么这么晚才来？'学子回答道：'弟子上学路上，看到一个乞儿弄姨，就随众人一起围观。乞儿先弄大姨，后弄小姨，甚是有趣，看得忘了时间，就迟到了。'"

说到这里，原父戛然而止，抬眼特意看了看欧阳修。

王拱辰见此，立即知原父之意，不禁开怀大笑。

欧阳修起初不解，但一见拱辰大笑，立时低首赧然。①

欧阳修"弄蛇"

刘原父晚年再娶，欧公作诗戏之云："仙家千载一何长，浮世空惊日月忙。洞里桃花莫相笑，刘郎今是老刘郎。"原父得诗不悦。欧公与王拱辰同为薛简肃公婿，欧公先娶王夫人姊，再娶其妹，故拱辰有"旧女婿为新女婿，大姨夫作小姨夫"之戏。原父思报之，三人会间，原父曰："昔有一学究训学子诵《毛诗》，至'委蛇委蛇'，学子念从原字，学究怒而责之曰：'蛇当读作姨字，毋得再误。'明日，学子观乞儿弄蛇，饭后方来，问：'何晏也？'曰：'遇有弄姨者，从众观之。先弄大姨，后弄小姨。是以来迟。'"欧公亦为之噱然。（按：薛简肃公五女，长适张奇，次乔易从，次王拱辰，次欧阳公，次又适拱辰。载公墓，文甚明。而诗话等书皆称欧阳公两为简肃公婿，未确。）

——《尧山堂外纪》

据《战国策·燕策三》记载，战国末期，秦王嬴政有吞并燕国之心，燕太子丹派刺客荆轲以进献督亢地图与樊於期首级为名，密谋刺杀秦王以阻其伐燕计划。荆轲至秦，秦王见首级与地图，心喜而召见之。不意，荆轲裹匕首于地图之中，当向秦王展毕地图后，露出匕首，抓起即刺秦王。秦王超越而起，挥剑砍断荆轲双臂，太子丹的刺杀计划归于失败。不久，秦起大兵，灭了燕国。这个便是历史上有名的"图穷匕首见"的计谋。

欧阳修得罪了刘原父，作为朋友，原父自然不会以蓄刀刺之的方法来报复的。但是，"以牙还牙"、"以其人之道，还治其人之身"的方法，用语言来反讽一下欧阳修自然是可以的。也许是基于这种想法，于是刘原父便在王拱辰的酒席宴上效昔日荆轲"图穷匕首见"的计谋，先给欧阳修讲了一个动听的"学究课蒙"的故事，然

---

① 刘敞戏嘲欧阳修之事，见于《尧山堂外纪》卷四十九。

后突然超然而起，以"先弄大姨，后弄小姨"这把锋利的匕首插入欧阳修的"心脏"，使之立时"低首赧然"。

那么，刘原父的排调何以有如此的威力呢？我们不妨先来对原父的"学究课蒙"的语篇进行一番语义分析，看其奥妙何在？

从表层语义看，"学究课蒙"的故事说的是：一个学究教学子读书，至《毛诗》"委蛇委蛇"句，学子将"蛇"字念成原音"shé"。学究怒其误读，训教学子"蛇"在这里当念成"姨"音。于是，学子牢记在怀。第二天观乞儿弄蛇上学迟到，学究问其因，他便如实告之观弄蛇而耽误。但是，这次学子说"蛇"却不念"shé"音，而是念成了"姨"音，以致把"先弄大蛇，后弄小蛇"说成"先弄大姨，后弄小姨"，闹了笑话。这个故事在旁人听来，觉得蛮有趣。但是，在欧阳修听来却如万箭穿心。因为这故事的底蕴"先弄大姨，后弄小姨"，从刘原父所讲故事的上下文来看是"先弄大蛇，后弄小蛇"之意。但是，原父的真意却正是落实在这误读的字句上，它是嘲弄欧阳修先娶了薛简肃公的大女儿，后又续娶了其小女儿这件事的。由此可知，原父先前所编的学究训徒时教其读"蛇"为"姨"是有目的的。只是这种意图起初很隐蔽，就好比荆轲裹在督亢地图里的匕首，不易被欧阳修所察觉。而当"先弄大姨，后弄小姨"之语出口时，欧阳修已措手不及了。于是，只好吃了刘原父这一刀。但是，想想以前自己嘲弄原父晚年娶少妇的事情，欧阳修也就只得低首赧然了。因为这是报应！

在汉语修辞史上，有一种常为人们所运用的修辞手法，名曰"飞白"。所谓"飞白"，就是"明知其错故意仿效"[1] 的一种修辞手法。这种修辞手法，是"表达者为了形象、生动地再现所叙写（或塑造）的人物形象而故意记录（或虚拟记录）其说写的错误。因此，这种修辞文本的建构，在表达上有形象、生动的效果；在接受上使人有如见其人的逼真感或忍俊不禁的幽默感"[2]。如《史记·

---

① 陈望道著：《修辞学发凡》，上海教育出版社 1982 年版，第 163 页。
② 吴礼权著：《现代汉语修辞学》（修订版），复旦大学出版社 2012 年版，第 116 页。

张苍列传》：

> （高）帝欲废太子，而立戚姬子如意为太子，……而周昌廷争之强，上问其说，昌为人吃，又盛怒，曰："臣口不能言，然臣期期知其不可。陛下虽欲废太子，臣期期不奉诏。"

这里所记周昌"臣期期知其不可"、"臣期期不奉诏"两句话中的"期"，其意"等于现在我们说'极觉得不对'或'极不赞成'的'极'字。本来不必重复。但因周昌本来吃舌，当时又气极了，一时说滑了便说成了'期期'。而《史记》就把那说滑了的'期期'直录下来[①]"。司马迁是史学家，当然知道怎样记录历史事实，但是为了生动地再现周昌为人耿直而又性急、口吃的忠君形象，就有意将周昌口吃时的语误直录下来，以让后世读者清晰地看到周昌这个鲜明的形象。

"飞白"修辞手法的运用，不仅有逼真再现人物形象的作用，有时还能产生一种幽默讽嘲的效果。如清人褚人获《坚瓠首集》甲集卷三记有如下一个故事：

> 有人送枇杷于沈石田，误写琵琶。石田答书曰："承惠琵琶，开奁视之，听之无声，食之有味。乃知司马挥泪于江干，明妃写怨于塞上，皆为一啖之需耳。嗣后觅之，当于杨柳晓风、梧桐夜雨之际也。"

沈石田（即沈周，字启南，号石田，明代著名书画家）明知送枇杷者错把水果"枇杷"写成乐器"琵琶"，但是，却在复信时故意仿效，也将"枇杷"写为"琵琶"，而且还煞有介事地对这"琵琶"作了一番描写，说它"听之无声，食之有味"；又说白居易江

---

① 陈望道著：《修辞学发凡》，上海教育出版社1982年版，第164页。

干挥泪，王昭君含怨出塞，都是为"一啖之需"；最后，再要了一个花枪，告诉送枇杷者要他去"杨柳晓风、梧桐夜雨之际"觅"琵琶"。如此这等"飞白"，既委婉地指出了写别字者的无知，又不失幽默诙谐之趣，读之令人觉得意趣横生。这便是"飞白"的讽刺佳趣！

上述刘原父用以投向欧阳修的"匕首"："先弄大姨，后弄小姨"，运用的正是这种"飞白"辞格。只不过，与上举二例不同的是，刘原父的"飞白"辞，是自己一手编造的。虽然"蛇"在古代确有两读之音，但一般来说是不会有人把"先弄大蛇，后弄小蛇"的"蛇"读成"姨"音的。可见，刘原父的"飞白"是独具一格的，其佳趣、智慧又在其他人的"飞白"修辞术之上。

六、以夷伐夷：纪晓岚让俄国人"鬼鬼在边"

大清王朝的乾隆时代，是满洲人统治中国的鼎盛时期。此时虽未实行门户开放政策，但外国使节来华访问的活动却颇为频繁。乾隆皇帝本是个好大喜功、故作卖弄的家伙，因此每每要召见一些西洋及东洋各国颇有汉学功底的外国使节，希冀"战胜于朝廷"，提高自己及中国在国际上的知名度。

一次，一个俄国使臣求见。侍从禀知乾隆，说这位俄国人汉语十分精通。乾隆一听十分高兴，这一下他可以在外国友人面前卖弄一番学问了。于是，立即传令召见。

俄人奉命晋见，行过晋见大礼后，便环视了一下乾隆朝中侍立的大臣们，然后颇为傲慢地对乾隆说道：

"陛下，外臣今有一上联，求对于贵国大臣，希望能在七日之内回复。如果有人能对上，外臣则不胜感激！"

俄人话虽说得很客气，但乾隆听出了他这话中是颇有骨头的，明显有藐视大清帝国之意，是在欺负中国无人。于是，乾隆便也十分高傲地说道：

"那就请出上联吧！联句乃区区小事，何须七日？"

俄人望了望乾隆，又看了看大清众臣，然后得意地拖长声调说道：

"我俄人，骑奇马，张长弓，单戈成战；琴瑟琵琶八大王，王王在上！"

俄人话音一落，乾隆顿时惊诧不已。啊？好大的口气！

大清朝臣一听，个个目瞪口呆。嗯，好妙的对子！

俄人看了看乾隆，又瞟了瞟满殿的大清众臣，见其人人神情惊诧，心知自己的这一联是太妙了，看来这乾隆与众臣今日是无法对出了。想到此，他便得意地扫了乾隆一眼，抬腿便要告辞了。

正当俄人刚刚抬步，乾隆与众臣都非常尴尬之时，突然朝班中走出一位清朝大臣，向前挡住了俄人，说道：

"且慢！我现在就有一下联，何烦贵使节七日再来？"

乾隆及满殿大臣一看，原来是大清一代文宗纪晓岚出来接对了，于是，大家都长长地舒了一口气。

俄国使节被拦后，吃惊地打量了一下纪晓岚，然后仍很傲慢地说道：

"那么，就请续下联吧。"

纪晓岚斜睨了一眼俄人后，剪手在大殿中踱了几步，然后直视俄人，从容说道：

"尔你人，袭龙衣，伪为人，合手即拿；魑魅魍魉四小鬼，鬼鬼在边！"

乾隆一听，哈哈大笑；满殿清臣一听，则情不自禁地竖起了大拇指。而那个俄国使节一听，则就如霜打的黄花，半日无语，只好垂首而退。①

———————

① 此故事是二十多年前笔者根据复旦大学图书馆中一本小书而来，原书名今已失记，原书今亦查找不到。但这个故事是存在的，并非笔者杜撰，今日我们上网还能读到类似的故事。如网络上就有一段文字，题为"纪晓岚的故事"（http://tieba.baidu.com/p/771322267）。

析字外交

一次有俄国使臣傲慢的提出一上联："我俄人，骑奇马，张长弓，单戈成战；琴瑟琵琶八大王，王王在上！"要求在七日内回复。

纪晓岚当场回复一下联："尔你人，袭龙衣，伪为人，合手即拿；魑魅魍魉四小鬼，鬼鬼在边！"

当场说的那俄人哑口无言！垂首退去。

——http://tieba.baidu.com/p/771322267

　　一般来说，要西洋人学好汉语是比较困难的，要他们弄通汉字会意、象形的精蕴则就更难了。因为中国文字是一种以象形、会意为主的非拼音文字体系，与西洋文字以字母、音节表现的拼音文字体系有很大的区别。两种文字体系代表了两种完全不同的思维模式，其所体现的东西方文化精神差别也非常明显。因此，能真正、透彻地把握对方的文化精神与民族心理特点，精确运用对方的文字体系的内涵表情达意，不管是东方人，还是西方人，都感到十分困难。然而，世上的事往往有大出人所意料之处，理论上的不可能性也会被突破。即如俄国使臣出联巧难乾隆及清臣一事来说，就足以说明了这一点。

　　俄国使臣所出的难联，是采用中国封建士大夫、文人常以为高妙的析字取意的修辞方法，将"俄"析为"我"和"人"两字；将"骑"析成"奇"和"马"两字；将"张"析成"长"和"弓"两字；将"战"（繁体为"戰"）析成"单"和"戈"两字。然后，再将原字与所析出来的偏旁字巧妙地组成四个互相关联的句子："我俄人，骑奇马，张长弓，单戈成战"，以此巧妙地表达了俄人自夸其勇、蔑视清廷的深层语义。一个俄国人能析汉字而成如此之妙句，含如此之深意，本已令乾隆及清廷众臣意料不及了。可是，在此之后，俄人又"横刀立马"再使出一记绝伦之刀："琴瑟琵琶八大王，王王在上"，独具匠心地由三种乐器的双王之字头，引出"八大王，王王在上"的语句，向清廷发出了严重的挑衅，意在振俄人威风，灭清廷志气。其深层语义似乎在说：大清朝不要再与俄罗斯帝国相争了，快把河山拱手相让与俄人，向"王王在上"的沙皇屈膝称臣吧！

乾隆是个聪明的主子，清臣也不是饭桶。因此，当俄人上联一出口，大家立即知其语义指向所在，知道他这是在向清廷示威，藐视中华。但是，由于俄人的上联匠心独运，一时是很难续出合适的下联的。于是，大家只好干瞪眼，徒见俄人得意地狞笑。面对这一外交尴尬，乾隆感到非常难堪，清臣们也感到惭愧不已：堂堂大清公卿，竟然被俄国人用汉语对联逼入了绝境！不过，中国有句古话，叫做"天无绝人之路"，待纪晓岚走出朝班，巧弄三寸不烂之舌后，中国外交史上便增添了光彩的一页。

纪晓岚所说："尔你人，袭龙衣，伪为人，合手即拿；魑魅魍魉四小鬼，鬼鬼在边"，不仅天衣无缝地对上了俄人的上联，而且内含"以夷伐夷"的讽刺、贬抑俄人的语义机关。"尔你人"，是析"你"成"尔"、"人"后而成句；"袭龙衣"，是析"袭"成"龙"、"衣"后而成句，隐指俄人析字为联是袭汉人之"龙衣"，讽刺他拾中国人之牙慧；"伪为人"，是析"伪"成"为"、"人"而成句，语中隐骂俄人是"夷"，不是人；"合手即拿"，是析"拿"成"合"、"手"后而成句，意思是说俄国人没有什么了不起，中国人合手即可擒拿。这四句析字为文，其方法全同俄人，但语义构成却高其一筹。它不是像俄人那样直露地自夸，而是通过贬抑对方而自逞其能，一语双收效。至于"魑魅魍魉四小鬼，鬼鬼在边"两句，其构句方式亦同俄人，也是利用偏旁字的特点，引出了"四小鬼，鬼鬼在边"的语句，自然而然、不露声色地贬斥了俄人，警告他说沙俄只不过是靠在中华帝国一边的"小鬼"，不可猖狂。俄国使臣既然精通汉字，自然也能悟出纪晓岚的语义内涵。因此，当他听到纪晓岚如此绝妙之对时，只好垂首服输，惭愧而去了。

析字为文，寄寓深意，这是一种古已有之的修辞手法。清人顾炎武在《日知录》卷二十七记录得颇多，说得也很明白：

太白诗有《古朗月行》，又云"今人不见古时月"（《把酒问月》）。王伯厚引《抱朴子》曰："俗士多云：今日不及古日之热，今月不及古月之朗"（《困学纪闻》卷十八；《抱朴子·外篇》卷三《尚博》篇），是则然矣。而又云"狂风吹古月，窃弄章华台"（《司马将军歌》），又曰"海动山倾古月摧"（《永王东巡歌》）。此所谓"古月"则明是"胡"字，不得曲为之解也。……或曰：拆字之体，只当著之谶文，岂可以入诗乎？"藁砧今何在？山上复有山"，古诗固有之矣。

顾氏所言"古月"为"胡"，这是今人多知的析字格了。但是诸如"藁砧今何在？山上复有山"之类的析字为文，则就非众人皆晓了。此古诗原文为四句："藁砧今何在？山上复有山。何当大刀头？破镜飞上天。"宋人王观国《学林新编》卷八解释说："藁砧者，铁也；藁砧今何在者，问夫何在也。山上复有山者，出也；言夫已出。大刀头者，镮也；何当大刀头者，何日当还也。破镜者，月半也；破镜飞上天者，言月半当还也。"据此以观，此等析字取意已非合"古"、"月"为"胡"之类那么简单了，而是经历两重曲折之后，真意方显。陈望道曾解析此例说："'藁砧'两字共有两重曲折：（一）先衍义为'铁'；（二）再依'铁'谐音作'夫'；'山上复有山'是'出'字的化形。'大刀头'也有两重曲折：（一）先衍义作'镮'，（二）又从'镮'谐音作'还'。'破镜'是月半的衍义。"由此，将"析字"分为"化形"、"谐音"、"衍义"三类。[①]

上述俄人与纪晓岚的析字为文，虽然没有"藁砧今何在"诗那样令人难知其意，但是，俄人与纪晓岚连析四字，各成一个含有深意的语句，其智慧、技巧又在"藁砧"诗之上。特别是纪晓岚析字对句，尤其难能可贵。这是因为作为出句者的俄人，他可以苦心经

---

① 参见陈望道著：《修辞学发凡》，上海教育出版社 1982 年版，第 146 页。

营多时，然后按照自己的思路析四字而成一上联。而作为对句者的纪晓岚，则被要求在极短的时间内按照出句者的同样思路去搜寻对句。如果只是简单地析出四字以成句，也许对纪晓岚来说并不难。但是，俄人的出句用意却无疑在要求纪晓岚的析字为文也应含有深意，而且作为外交斗争的形式，还必须要压过出句。试想，这是何等难度的析字修辞活动？然而，读了上文，我们知道纪晓岚成功了。由此，纪晓岚在中国修辞史上便增添了析字为文、寄寓深意的光彩一页。

　　尽管现在有不少学者以为"析字为文"是一种近于游戏的语言活动，认为如同孔融的《郡姓名字诗》，是一种苦心离析文字却完全没有意义与修辞作用。但是，我们也必须看到文学作品创作与口语交际活动中，运用"析字为文"的修辞手法往往比规范、直接的表达方式在效果上要好得多。口语交际中利用"析字为文"的情形很多，其作用、效果很灵活，我们只要看看纪晓岚对俄人的言语作品便可"举一隅而知其三"了。至于文学作品中运用"析字为文"的手法，更是屡见不鲜，其效果也是十分明显的。如清人曹雪芹《红楼梦》第五回有一首诗说："凡鸟偏从末世来，都知爱慕此生才；一从二令三人木，哭向金陵事更哀。"其中，"凡"、"鸟"是析"凤"（繁体字为"鳳"）而来，隐指王熙凤；"二"、"令"乃析"冷"而成，"人"、"木"系析"休"而成。因此，"一从二令三人木"，实则是通过"析字"修辞法，"暗示贾琏对王熙凤的态度由听从而冷淡，而休弃"[①]，寓意十分深刻。如此"析字为文"，岂不远较直接陈述来得更加含蓄、蕴藉、耐人寻味吗？其实，不仅小说中有"析字"手法的运用，古代诗词中也有。如宋人黄庭坚《两同心》词："你共人，女边着子。争知我，门里挑心"，这几句词是"写一个女子不满自己男人与别的女人相好而郁闷的心情。但是，词人没有直写，而是运用析字手法来表达，……所谓'女边着子'，即合'女'、'子'为'好'；所谓'门里挑心'，就是合'门'、

---

　　① 陈望道著：《修辞学发凡》，上海教育出版社1982年版，第147页。

'心'为'闷'。两句合起来，就是这样一个意思：你与别的女人相好，怎让我好不郁闷"。①

文学作品中运用"析字"，在古代是司空见惯的。其实，在中国古代，口语中运用"析字"手法也是非常普遍的。如清人褚人获《坚瓠首集》卷二《巧对》条："有三女而通于一人者，色美而才。事发到官，出一对云：'三女为奸，二女皆从长女起。'一女对云：'五人张伞，四人全仗大人遮。'官薄惩之。"三个年轻女子共通一个男子，这在任何时代都是有伤风化的罪行；在中国古代，更算得上是十恶不赦的。但是，官老爷对于到案的三个女子并未厉声斥责，而只说了一句："三女为奸，二女皆从长女起。"意思是说："你们三人作奸犯科，干出如此伤风败俗的事来，到底是谁带的头？"官老爷的这层意思说得比较委婉，透着学问与优雅，是因为他运用了"析字"修辞法，将"奸"（繁体为"姦"）离析为三个"女"字，然后构成一个精巧的语句，让犯事的三个女子自己意会其含义。三个女子也很有才学，洞悉了官老爷的意思，立即"投其所好，顺势建构了一个析字修辞文本：'五人张伞，四人全仗大人遮'，以离析'伞（傘）'字的方法巧妙地向老爷求情，希望他网开一面。结果，风雅而爱炫才的老爷还真的网开一面，大事化小，小事化了，'薄惩之'（也就是今天所说的'批评教育了一顿'）而结案。"② 可见，在口语交际中，"析字"修辞法的运用所发挥的"寄寓深意"的效果更为明显。

相对来说，"析字"修辞法在古代运用得较多，现代人运用的就少多了，这与时代风尚有关（兹不展开论述）。偶尔还是有人会用到这种修辞手法的。如《李敖回忆录》："我妈妈生在1909年，今已'米寿'之年，眼看九十了。"其中，"米寿"之"米"，可以拆解为"八十八"，因此"米寿"就是"八十八岁"之意，这就是"析字"法的运用，表意比较含蓄而富于机趣。

---

① 吴礼权著：《现代汉语修辞学》（修订版），复旦大学出版社2012年版，第261—262页。

② 吴礼权著：《现代汉语修辞学》（修订版），复旦大学出版社2012年版，第262页。

参考文献

1. 《周易》

2. 《尚书》

3. 《春秋》

4. 《左传》

5. 《诗经》

6. 《论语》

7. 《老子》

8. 《庄子》

9. 《孟子》

10. 《墨子》

11. 《荀子》

12. 《韩非子》

13. 《晏子春秋》

14. （汉）韩婴：《韩诗外传》。

15. （汉）董仲舒：《春秋繁露》。

16. （汉）司马迁：《史记》。

17. （汉）班固：《汉书》。

18. （汉）班固：《汉武故事》。

19. （汉）王逸：《楚辞章句》。

20. （汉）刘向：《说苑》。

21. （汉）刘向：《战国策》。

22. （汉）王充：《论衡》。

23. （晋）陈寿：《三国志》。

24. （晋）王嘉：《王子年拾遗记》。

25. （晋）葛洪：《抱朴子》。

26. （南朝·宋）刘义庆：《世说新语》。

27. （南朝·宋）范晔：《后汉书》。

28. （南朝·梁）刘勰：《文心雕龙》。

29. （南朝·梁）沈约：《宋书》。

30. （隋）侯白：《启颜录》。

31. （唐）孔颖达：《五经正义》。

32. （唐）刘知几：《史通》。

33. （唐）司空图：《诗品》。

34. （唐）淳大师：《诗评》。

35. （唐）徐寅：《雅道机要》。

36. （唐）王昌龄：《诗格》。

37. （唐）魏征等：《群书治要》。

38. （唐）房玄龄等：《晋书》。

39. （宋）欧阳修：《集贤院学士刘公墓志铭》。

40. （宋）欧阳修：《新五代史》。

41. （宋）欧阳修：《六一诗话》。

42. （宋）司马光：《迂叟诗话》。

43. （宋）司马光：《资治通鉴》。

44. （宋）叶梦得：《石林诗话》。

45. （宋）李昉等：《太平广记》。

46. （宋）苏轼：《居士集·序》。

47. （宋）何薳：《春渚纪闻》。

48. （宋）庞元英：《谈薮》。

49. （宋）王观国：《学林新编》。

50. （宋）魏庆之：《诗人玉屑》。

51. （宋）计有功：《唐诗纪事》。

52. （宋）王应麟：《困学纪闻》。

53. （宋）陈亮：《与朱元晦秘书书》。

54. （元）脱脱等：《金史》。

55. （明）蒋一葵：《尧山堂外纪》。

56. （明）马愈：《马氏日抄》。

57. （明）李贽：《杂说》。

58. （明）冯梦龙：《山歌》。

59. （明）冯梦龙：《笑史》。

60. （明）乐天大笑生：《解愠编》。

61. （清）顾龙振：《诗学指南》。

62. （清）王夫之：《姜斋诗话》。

63. （清）褚人获：《坚瓠首集》。

64. （清）顾炎武：《日知录》。

65. 鲁迅著：《中国小说史略》，上海古籍出版社 1998 年版。

66. 陈望道著：《修辞学发凡》，上海教育出版社 1982 年版。

67. 王力主编：《古代汉语》，中华书局 1982 年版。

68. 李泽厚著：《中国古代思想史论》，人民出版社 1986 年版。

69. 胡裕树主编：《现代汉语》（增订本），上海教育出版社 1999 年版。

70. 吴礼权：《修辞心理学》，云南人民出版社 2002 年版。

71. 吴礼权：《现代汉语修辞学》（修订版），复旦大学出版社 2012 年版。

72. ［美］莫里斯著，罗兰、周易译：《指号·语言和行为》，上海人民出版社 1989 年版。

73. ［德］恩斯特·卡西尔著，于晓等译：《语言与神话》，生活·读书·新知三联书店 1988 年版。

修订版后记

这本名曰《唇枪舌剑：言辩的智慧》的小书，原名《游说·侍对·讽刺·排调：言辩的智慧》，1991年10月由浙江人民出版社出版，作为顾晓鸣教授主编的"中国的智慧"丛书中的一种。

这本小书是我生涯中的第一本书。当时写这本书时24岁，是在复旦大学读硕士生的最后一年。当年复旦大学历史系顾晓鸣教授已是非常著名的学者，我从历史系同学那里听说他正在主编一套丛书，于是就非常冒昧地找到他府上，跟他谈我的想法，他竟然同意了我这个年少轻狂的毛头小子的要求，让我写一本。这样，在无知无畏的心态下，我竟然斗胆命笔，三个月内一挥而就，写成了十五万字的"著作"，竟然没有草稿。

那个时候，年少轻狂的我特别向往"著书立说"的境界。不过，在那个年代，出书确实是非常难的事，头发白、胡子白的复旦老教师也不是人人都有出书的机会。所以，当时我特别激动，书出来后也非常得意。因为这本小书是丛书中之一种，定位在普及读物，丛书当时发行量非常可观。我的这本小书发行量尤其可观，第一次就印了10 820册。之后不断加印，记得好像最终印到十几万册。后来，这本小书的版权被引进到台湾，最早由台湾国际村文库书店出版。我得到两册，印刷明显比大陆版本精美，在台湾发行的情况相当好。

2009年我在台湾东吴大学做客座教授，常在课余时间去台北市到处逛书店，无意中发现我二十年前年少轻狂时写下的"小东西"竟然在台湾畅销了近二十年，而且有很多版本，仅我视野所及，就有国际村文库本、林郁出版社本、台原出版社本、新潮社本等四个版本。虽然我从1999年开始就不断到台湾参加学术会议，但因每次时间都较短，没有时间逛书店，所以一直不知道我二十年前学生时代所写的"小东西"竟然在台湾是个香饽饽，那样深受欢迎。虽然当时有点小惊喜与小得意，但很快就忘诸脑后了。因为我从留校在复旦大学做教师以后，从来就没把这本二十多年前学生时代的"小东西"当回事，没把它算作学术成果，我评讲师时也没把它拿出来作为研究成果申报。事实上，它也只是我年少轻狂时的一本习作而已，不是学术著作。

2012年暑假，我在台湾东吴大学教过的一个研究生又说起我的这本小书在台湾畅销几十年的事，我顺手用百度搜索引擎"百度"了一下，竟然意外地发现大陆也有一家出版社在叫卖这本小书。我感到惊讶了。我可从来没有授权这家出版社出版这本小书呀！台湾那么多版本也不是我授权的，我身在大陆，无力也无意为这本小书到台湾打"知识产权"官司。他们可能了解这一点，所以敢于这么干，不管我授权不授权。但是，大陆出版社不应该这样放肆啊！我就在大陆呀！不怕我控告他们侵权吗？要知道，我的研究生中就有人已经是很有名的大律师了，正开着一家律师事务所呢！

一次，暨南大学出版社人文编辑室主任杜小陆来电话约稿，偶尔跟他说起此事，问问有关出版社行业这方面的行规。聊着聊着，小陆说，当初与浙江人民出版社签约的版权期限既然已过了十年，书在海峡两岸又那么深受欢迎，何不修订一下让暨南大学出版社出版呢？我一听，觉得非常有道理，觉得这个主意好，我虽不知道大陆那家出版社印刷我的这本小书的授权依据何在，我也没精力为这本小书与他们打知识产权官司，但只要我修订了这本书，他们的书就无法再卖得出了。这倒是解决问题的根本之道。于是，我就同意了小陆的建议。

可是，答应了很长时间，却没有动笔。这有两个方面的原因：一是我的学术研究工作与教学工作、指导博士生的任务实在太繁重，实在抽不出时间修订这本小书；二是观念上的问题，认为这是一本二十多年前的非学术著作，是年少轻狂的学生时代的产物，没有什么学术价值，花时间修订它不值！两个原因之中，可能后者才是主要的。但是，过不多久，小陆又多次来电话，谈到书稿问题。加上不断有朋友与学生跟我提起我年轻时代的事，也顺带说起这本小书，说写得蛮有锐气。这样，在多重因素的作用下，最终我还是决定从每天少得可怜的休息时间中再挤压出一点时间，找出这本小书看一看，并让我的博士生与访问学者按照浙江人民出版社所出的那个原版打字录入成篇。有了这个电子稿，我修订起来就省事多了。于是，我便每天晚上抽出一点时间逐字温习起二十多年前年少轻狂时代的文字，想了很多，也感慨良多。

这次修订幅度并不大，没有对全书内容与文字进行很大的改变。之所以如此，原因有二：一是我没有更多的时间大动干戈地做这件非学术著作的修订工作（这并不意味着我瞧不起普及读物，事实上只有大家、大师才能写得好普及读物，而我只是因为没有时间）；二是因为我觉得不能以现在的我置换二十多年前的我，那样不符合历史的真实。如果我将这本小书全部修改，势必会改得面目全非，读者读了修订本，以为我二十年前就有这样老辣的文笔与丰富的知识储备了，那样会给读者错觉、误导，有篡改历史、拔高自己年少时代水平的嫌疑。年少时的青涩，现在看起来确实有些可笑，但也有可爱之处。即使有许多想法不成熟甚至显得幼稚，但也透着年轻人的朝气与锐气，"初生牛犊不怕虎"的勇气还是值得肯定的。这本在年少轻狂的学生时代所写的小书，二十多年来在海峡两岸常销不衰，深受几十万读者欢迎，也多少肯定了二十多年前年少轻狂的我以及那时的作品。就这一点来看，让这本二十多年前的小书修订后再次面世，还是有点意义的。

大体说来，这次修订的内容主要包括如下几个方面：①纠正了出版编辑中个别明显的错漏之处。二十多年前，电脑与复印机都还没普及，写作都靠手工（其实，即使电脑与复印机普及，我是一个穷学生，也不可能用得起这些奢侈品）。这本小书虽然篇幅不大，但也有十五万言，所以那时原稿交给出版社后，就什么也没剩下了（事实上，我从中学开始，写作文都是一稿而就，从不打草稿，后来写书仍然如此，没有草稿）。当年为了配合整套丛书的性质与体例，责任编辑对原稿进行删削时所删除的内容，有些需要重新补上的，现在因无原稿可查对，这次只得另花时间重新查对补足。②有个别观点或提法的表述现在看来明显不成熟的，适当作了一点改写。这方面的篇幅不多，每个改动的地方都不会超过百字。因此，不影响全书当年的整体风貌。③有个别语料例证觉得陈旧或偏僻，这次修订时换成了新的语料例证。④原版叙述历史掌故时直引的文言，特别是人物对话语言，此次都改成了白话，以方便读者阅读。因为此书的定位是普及读物，理应考虑读者的文言文阅读水平。即使现在看来，当年原书中所引的文言文仍然觉得偏难，不利于阅读。⑤将原版的文言叙事或文言对话的内容改成白话后，为了让有兴趣的读者了解掌故的原文，此次修订时将掌故原文附录文中，可以让读者将文言与白话相对照，从中学习一点文言文，增加一点古文献的阅读能力。⑥对全书目录作了调整。原版每一小节的目录都是直录文言文原话，此次全部改换成另外的表达，以方便读者一目了然地读懂每一章节的内容。⑦全书之后，增加了一个参考文献目录。其实，全书所引到的文献都在当页作了注解，之所以在全书之后再汇集全部引用文献的目录，一是为了读者参考的方便，二是为了符合现时的学术规范。二十多年前，在普及读物中这些都是不必要的。现在既然修订了，就按照现时的规范予以增补，并非有意增加篇幅，加重读者的经济负担，敬请大家体谅。

虽然现在还没到七老八十，只不过才四十多岁，但二十多年后，当年意气风发的青涩少年的锐气与激情早已荡然无存，就连写个后记都这样啰唆，看来真是"廉颇老矣"，所以重温年少轻狂时代的作品还是有些意义的。如果也能由此燃起广大读者的激情，产生这种情感共鸣，那么这次修订工作的苦心就没有白费，只是这次又要让大家破费了！实在不好意思！

最后，衷心感谢二十多年来读过我这本小书的海峡两岸的所有读者！是你们让我有信心重新翻开并温习二十多年前年少轻狂时写下的这个"小东西"。衷心感谢即将购买这本小书并花费宝贵时间阅读的所有潜在读者！希望得到你们的指教与支持，让我有信心以后重操旧业，为大家再写一本比较好看的小书。衷心感谢复旦大学历史系教授顾晓鸣先生！是他当年予我支持，让一个年少轻狂的学生由此获得信心与力量，慢慢成长为一个也能做点学问的学者。衷心感谢暨南大学出版社领导的大力支持！衷心感谢暨南大学出版社人文编辑室主任杜小陆的建议与支持！衷心感谢本次修订版的责任编辑杜小陆先生与周玉宏女士和责任校对刘璇的辛勤劳动。

吴礼权

2013 年 2 月 18 日

吴礼权主要学术论著一览

一、主要学术著作

1. 《游说·侍对·讽谏·排调：言辩的智慧》（专著），浙江人民出版社，1991 年 10 月版。

2. 《中国历代语言学家评传》（合著），复旦大学出版社，1992 年 1 月版。

3. 《世界百科名著大辞典·语言卷》（合著），山东教育出版社，1992 年 11 月版。

4. 《中国智慧大观·修辞卷》（专著），浙江人民出版社，1993 年 8 月版。

5. 《言辩的智慧》（繁体版，专著），台湾国际村文库书店，1993 年 8 月版。

6. 《中国笔记小说史》（繁体版，专著），台湾商务印书馆，1993 年 8 月版。

7. 《中国言情小说史》（专著），台湾商务印书馆，1995 年 3 月版。

8. 《中国修辞哲学史》（专著），台湾商务印书馆，1995 年 8 月版。

9. 《中国语言哲学史》（专著），台湾商务印书馆，1997 年 1 月版。

10. 《中国笔记小说史》（简体版，专著），（北京）商务印书馆，1997 年 8 月版。

11. 《公关语言学》（合著），北京工业大学出版社，1998 年 3

月版。

12.《中国现代修辞学通论》（专著），台湾商务印书馆，1998年7月版。

13.《阐释修辞论》（合著，并列第一作者），首都师范大学出版社，1998年7月版。

14.《中国修辞学通史·当代卷》（合著，第一作者），吉林教育出版社，1998年9月版。

——获第三届陈望道修辞学奖二等奖（最高奖），2000年3月；第十二届"中国图书奖"，2000年11月。

15.《修辞心理学》（专著），云南人民出版社，2002年1月版。

——获复旦大学2003年度"微阁中国语言学科奖教金"著作二等奖，2003年9月。

16.《妙语生花：语言策略秀》（专著），上海文化出版社，2002年9月版。

17.《修辞的策略》（专著），吉林教育出版社，2004年1月版。

——获2005年吉林省长白山优秀图书一等奖（吉林省政府奖）；吉林省首届"新华杯"读书节读者最喜爱的十种吉版图书，2006年12月；吉林省新闻出版奖图书精品奖，2007年1月。

18.《表达的艺术》（专著），吉林教育出版社，2004年1月版。

——获2005年吉林省长白山优秀图书一等奖（吉林省政府奖）；吉林省首届"新华杯"读书节读者最喜爱的十种吉版图书，2006年12月；吉林省新闻出版奖图书精品奖，2007年1月。

19.《演讲的技巧》（专著），吉林教育出版社，2004年1月版。

——获2005年吉林省长白山优秀图书一等奖（吉林省政府奖）；吉林省首届"新华杯"读书节读者最喜爱的十种吉版图书，2006年12月；吉林省新闻出版奖图书精品奖，2007年1月。

20. 《中国历代语言学家》（合著），上海文化出版社，2004 年 2 月版。

21. 《大学修辞学》（合著），福建人民出版社，2004 年 10 月版。

22. 《假如我是楚霸王：评点项羽》（专著），台湾远流出版公司，2005 年 6 月版。

23. 《古典小说篇章结构修辞史》（专著），台湾商务印书馆，2005 年 12 月版。

24. 《现代汉语修辞学》（专著），复旦大学出版社，2006 年 11 月版。

25. 《语言学理论的深化与超越》（主编），云南人民出版社，2007 年 1 月版。

26. 《20 世纪的中国修辞学》（合著），中国人民大学出版社，2007 年 12 月版。

——获上海市第十届哲学社会科学优秀成果奖（2008—2009）著作三等奖。

27. 《中国修辞史》（副主编，下卷第一作者），吉林教育出版社，2007 年 4 月版。

——获 2007 年国家新闻出版总署"第一届中国出版政府奖图书奖提名奖"；2008 年上海市第九届哲学社会科学优秀成果著作类二等奖；2010 年全国"高等学校科学研究优秀成果奖（人文社会科学）"一等奖。

28. 《委婉修辞研究》（专著），山东文艺出版社，2008 年 4 月版。

29. 《语言策略秀》（增订本）（专著），上海文化出版社，2008 年 6 月版。

30. 《名句经典》（专著），吉林教育出版社，2008 年 6 月版。

——获第二届吉林省新闻出版奖精品奖，2010 年 1 月。

31. 《中国经典名句小辞典》（专著），吉林教育出版社，2008 年 8 月版。

32.《中国经典名句鉴赏辞典》（专著），吉林教育出版社，2009年7月版。

33.《表达力》（专著），台湾商务印书馆，2011年8月版。

34.《清末民初笔记小说史》（专著），台湾商务印书馆，2011年8月版。

35.《现代汉语修辞学》（修订版）（专著），复旦大学出版社，2012年6月版。

36.《中文活用技巧：妙语生花》（专著），香港商务印书馆，2012年3月版。

37.《远水孤云：说客苏秦》（长篇历史小说），简体版，云南人民出版社，2011年9月版；繁体版，台湾商务印书馆，2012年6月版。

38.《冷月飘风：策士张仪》（长篇历史小说），简体版，云南人民出版社，2011年11月版；繁体版，台湾商务印书馆，2012年6月版。

二、主要学术论文

1.《试论孙炎的语言学成就》，核心期刊《古籍研究》1987年第4期。

2.《试论汉语委婉修辞格的历史文化背景》，核心期刊《修辞学习》1987年第6期。

3.《中国现代史上的广东语言学家》（合作），《岭南文史》1988年第1期。

4.《试论古汉语修辞中的层次性》，《淮北煤炭师范学院学报》1988年第4期。

5.《"乡思"呼唤着"月夜箫声"——香港诗人杨贾郎〈乡思〉〈月夜箫声〉赏析》，《语文月刊》1988年第5期。

6.《中国哲学思想在汉语辞格形成中的投影》，《营口师专学报》1989年第1期。

7.《试论吴方言数词的修辞色彩》,《语文论文集》,上海百家出版社,1989 年 10 月版。

8.《试论黄遵宪的诗歌创作与成就》,《岭南文史》1990 年第 2 期。

9.《〈经传释词〉在汉语语法学上的地位》(合作),核心期刊《复旦学报》1991 年第 1 期;中国人民大学《语言文字学》1991 年第 1 期转载。

10.《〈西湖二集〉:一部值得研究的小说》,核心期刊《明清小说研究》1991 年第 2 期。

11.《情·鬼·侠小说与中国大众文化心理》,核心期刊《上海文论》1991 年第 4 期。

——获"第一届全国青年优秀社会科学成果奖"优秀论文奖(中国社会科学院),1994 年 11 月。

12.《点化名句的艺术效果》,《学语文》1992 年第 4 期。

13.《情真意绵绵,绮思响"雨巷"——谈戴望舒〈雨巷〉一诗的修辞特色》,核心期刊《修辞学习》1992 年第 5 期。

14.《回顾·反思·展望——复旦大学组织全国部分青年学者关于中国修辞学研究的过去现状及未来的讨论综述》,《鞍山师范学院学报》1993 年第 4 期。

15.《语言美学发轫》,综合类核心期刊《复旦学报》1993 年第 5 期。

16.《汉语外来词音译艺术初探》,核心期刊《修辞学习》1993 年第 5 期。

17.《论〈文则〉在中国修辞学史上的地位》,《鞍山师范学院学报》1994 年第 2 期。

18.《汉语外来词音译的特点及其文化心态探究》,综合类核心期刊《复旦学报》1994 年第 3 期。

19.《旧学商量加邃密,新知培养转深沉——评王希杰新著〈修辞学新论〉》,核心期刊《修辞学习》1994 年第 3 期。

20.《试论赋的修辞特点》,核心期刊《修辞学习》1995 年第

1 期。

21. 《先秦时代中国修辞哲学论略》，核心期刊《上海文化》1995 年第 2 期。

22. 《试论汉语委婉修辞手法的范围》，《南昌大学学报》1995 年第 3 期。

23. 《关于中国修辞学发展的历史分期问题》，核心期刊《修辞学习》1995 年第 3 期；中国人民大学《语言文字学》1995 年第 10 期转载。

24. 《王引之〈经传释词〉的学术价值》，核心期刊《古籍整理研究学刊》1995 年第 4 期；中国人民大学《语言文字学》1996 年第 4 期转载。

25. 《修辞结构的层次性与修辞解构的层次性》，《延边大学学报》1995 年第 4 期；中国人民大学《语言文字学》1996 年第 4 期转载。

26. 《两汉时代中国修辞哲学论略》，综合类核心期刊《江淮论坛》1995 年第 5 期；中国人民大学《语言文字学》1996 年第 2 期转载。

27. 《〈经传释词〉对汉语语法学的贡献》，《中西学术》（第 1 辑），学林出版社，1995 年 6 月版。

28. 《创意造言的艺术：苏轼与刘攽的排调语篇解构》，台湾《国文天地》1995 年第 11 卷第 6 期（总第 126 期）。

29. 《旧瓶装新酒：一种值得深究的语言现象》，香港《词库建设通讯》1995 年第 4 期（总第 6 期）。

30. 《改革开放与汉语的发展变化学术研讨会综述》，1995 年 11 月《上海社联年鉴》。

31. 《〈经传释词〉之"因声求义"初探》，核心期刊《古籍研究》1996 年第 1 期。

——获 1998 年上海市（1996—1997 年度）哲学社会科学优秀成果奖三等奖。

32. 《谐译：汉语外来词音译的一种独特型态》，《长春大学学报》1996 年第 1 期。

33.《英雄侠义小说与中国人的阿 Q 精神》,台湾《国文天地》1996 年第 11 卷第 8 期（总第 128 期）。

34.《论修辞的三个层级》,《云梦学刊》1996 年第 1 期。

35.《音义密合:汉语外来词音译的民族文化心态凸现》,《西安外国语学院学报》1996 年第 2 期。

36.《咏月嘲风的绝妙好辞——晏子外交语篇的文本解构》,核心期刊《修辞学习》1996 年第 2 期。

37.《论汉语外来词音译的几种独特型态》,《雁北师范学院学报》1996 年第 4 期。

38.《触景生情的语言机趣——陶毂与钱俶外交语言解构》,台湾《国文天地》1996 年第 12 卷第 6 期（总第 138 期）。

39.《〈语助〉与汉语虚词研究》,《平原大学学报》1996 年第 4 期。

40.《关于〈声类〉的性质与价值》,核心期刊《古籍整理研究学刊》1996 年第 6 期。

41.《论夸张的次范畴分类》,核心期刊《修辞学习》1996 年第 6 期。

42.《新世纪中国修辞学的发展和我们的历史使命》,综合类核心期刊《复旦学报》1997 年第 1 期。

43.《论委婉修辞生成与发展的历史文化缘由》,核心期刊《河北大学学报》1997 年第 1 期。

44.《清代语言学繁荣发展原因之探讨》,《云梦学刊》1997 年第 1 期;中国人民大学《语言文字学》1997 年第 8 期转载。

45.《论中国修辞学研究今后所应依循的三个基本方向》,核心期刊《修辞学习》1997 年第 2 期;中国人民大学《语言文字学》1997 年第 6 期转载。

46.《80 年代以来中国修辞学理论问题争鸣述评》,《黄河学刊》1997 年第 2 期。

47.《论委婉修辞的表现形式与表达效应》,核心期刊《湘潭大学学报》1997 年第 3 期。

48. 《中国修辞哲学论略》，核心期刊《云南师范大学学报》1997 年第 4 期。

49. 《论夸张表达的独特效应与夸张建构的心理机制》，核心期刊《扬州大学学报》1997 年第 4 期。

50. 《训诂学居先兴起原因之探讨》，《语文论丛》（第 5 辑），上海教育出版社，1997 年 6 月版。

51. 《语言美学的建构与修辞学研究的深化》（第一作者，与宗廷虎教授合作），核心期刊《修辞学习》1997 年第 5 期。

52. 《"夫人"运用的失范》，核心期刊《语文建设》1997 年第 6 期。

53. 《论〈马氏文通〉在中国语言学史上的地位》，《江苏教育学院学报》1998 年第 1 期。

54. 《论委婉修辞生成的心理机制》，核心期刊《修辞学习》1998 年第 2 期。

55. 《论孔子的修辞哲学思想》，《雁北师范学院学报》1998 年第 3 期。

56. 《"水浒"现象与历史变迁》，《人民政协报》1998 年 4 月 27 日第 3 版《学术家园》。

57. 《二十世纪中国现代修辞学发展的省思》，核心期刊《社会科学》（上海）1998 年第 5 期。

58. 《修辞心理学论略》，综合类核心期刊《复旦学报》1998 年第 5 期；中国人民大学《心理学》1998 年第 11 期转载。

59. 《中国现代修辞学研究走向语言美学建构的历史嬗变进程》，核心期刊《云南师范大学学报》1998 年第 6 期。

60. 《二十世纪的汉语修辞学》（与宗廷虎教授合作），北京大学百年校庆丛书《二十世纪的中国语言学》，北京大学出版社，1998 年 6 月版。

61. 《关于中国修辞学发展的历史分期及各个时期研究成就的估价问题》，《郑子瑜〈中国修辞学史稿〉问世十周年纪念论文集》

（宗廷虎教授主编），中国社会出版社，1998 年 2 月版。

62.《潘金莲形象的意义》，台湾《古今艺文》1998 年第 25 卷第 1 期。

63.《进一步沟通海峡两岸的修辞学研究》，核心期刊《修辞学习》1998 年第 4 期。

64.《吴方言数词的独特语用效应》，《修辞学研究》（第 8 集），南海出版公司，1998 年 6 月版。

65.《中国风格学源流研究的理论与实践意义》，核心期刊《湘潭大学学报》1998 年第 6 期。

66.《语言理论新框架的建构与 21 世纪中国语言学的发展》，云南省一级学术期刊《学术探索》1999 年第 1 期。

67.《修辞学转向与现代语言学理论》，核心期刊《修辞学习》1999 年第 2 期。

68.《论夸张》，《第一届中国修辞学学术研讨会论文集》，台湾师范大学，1999 年 6 月版。

69.《论修辞文本建构的基本原则》，核心期刊《扬州大学学报》1999 年第 2 期。

70.《平淡情事艺术化的修辞策略》，《徐州师范大学学报》1999 年第 2 期。

71.《修辞主体论》，《锦州师范学院学报》1999 年第 2 期。

72.《方言研究：透视地域文化的重要途径》，云南省一级学术期刊《学术探索》1999 年第 3 期。

73.《〈请读我唇〉三人谈》（与宗廷虎教授、陈光磊教授合作），核心期刊《语文建设》1999 年增刊。

74.《看文人妙笔生花，让生命得到舒畅——评沈谦教授〈林语堂与萧伯纳〉》，台湾《中国语文》1999 年第 4 期（总第 508 期）。

75.《修辞学研究新增长点的培植与催化》（与宗廷虎教授合作），核心期刊《修辞学习》1999 年第 4 期。

76.《借代修辞文本建构的心理机制》，全国人文和社会科学核心期刊《云南师范大学学报》1999 年第 6 期；《高等学校文科学报文摘》2000 年第 2 期选摘。

77.《论中国现代修辞学发展嬗变之历程（上）》，日本京都外国语大学《研究论丛》第 54 号（1999 年）。

78.《〈金瓶梅〉的语言艺术》，《经典丛话·金瓶梅说》，江西教育出版社，1999 年 1 月版。

79.《中国古典言情小说模式与中国传统文化心理》，台湾《国文天地》2000 年第 1 期（总第 181 期）。

80.《论中国现代修辞学发展嬗变之历程（下）》，日本京都外国语大学《研究论丛》第 55 号（2000 年）。

81.《评黎运汉著〈汉语风格学〉》（与宗廷虎教授合作），《文汇读书周报》2000 年 12 月 9 日第 2 版。

82.《论比拟修辞文本的表达与接受心理》，《深圳教育学院学报》2000 年第 2 期。

83.《照花前后镜，花面交相映——论中国文学中的双关修辞模式》，台湾《国文天地》2000 年第 4 期（总第 184 期）。

84.《委婉修辞的语用学阐释》，《语文论丛》（第 6 辑），上海世纪出版集团·上海教育出版社，2000 年 9 月版。

85.《修辞学研究的深化与修辞学教材的改革创新》，核心期刊《修辞学习》2001 年第 1 期。

86.《比喻修辞文本的心理分析》，《平顶山师专学报》2001 年第 3 期。

87.《论精细修辞文本的心理机制》，《锦州师范学院学报》2001 年第 3 期。

88.《异语修辞文本论析》，核心期刊《修辞学习》2001 年第 4 期。

89.《语言的艺术：艺术语言学的建构》，核心期刊《云南师范大学学报》2001 年第 5 期。

90.《论旁逸修辞文本的建构》，《湘潭师范学院学报》2001 年第 5 期。

91.《论拈连修辞文本》，《湖北师范学院学报》2001年第4期。

92.《论结尾的修辞策略》，《江苏教育学院学报》2002年第1期。

93.《顶真式衔接：段落衔接的一种新模式》，核心期刊《修辞学习》2002年第2期。

94.《论顶真修辞文本的类别系统与顶真修辞文本的表达接受效果》，《平顶山师专学报》2002年第4期。

95.《论锻句与修辞》，《锦州师范学院学报》2002年第5期。

96.《吞吐之间，蓄意无穷——留白的表达策略》，台湾《国文天地》2002年第18卷第3期（总第207期）。

97.《关于建立言语学的思考》（合作），核心期刊《长江学术》（第3辑），长江文艺出版社，2002年11月版。

98.《论事务语体的修辞特征及其修辞基本原则》，《平顶山师专学报》2003年第1期。

99.《从统计分析看"简约"与"繁丰"的修辞特征及其风格建构的原则》，核心期刊《修辞学习》2003年第2期。

100.《与时俱进：语言学由理论研究走向应用研究的意义》，《楚雄师范学院学报》2003年第2期。

101.《基于计算分析的法律语体修辞特征研究》，核心期刊《云南师范大学学报》2003年第6期。

102.《论学习修辞学的意义》，《平顶山师专学报》2004年第1期。

103.《论起首的修辞策略》，核心期刊《湖南科技大学学报》2004年第2期。

104.《论口语体的基本修辞特征和修辞基本原则》，《语文论丛》（第8辑），上海世纪出版集团·上海教育出版社，2004年1月版。

105.《平淡风格与绚烂风格的计算统计研究》，核心期刊《云南师范大学学报》2004年第2期。

106.《韵文体刚健风格与柔婉风格的计算研究》，《湖北师范学院学报》2004 年第 3 期。

107.《庄重风格与幽默风格的计算统计研究》，《渤海大学学报》2004 年第 5 期。

108.《中国修辞学：走出历史偏见和现实困惑》，核心期刊《福建师范大学学报》2004 年第 6 期。

109.《从〈汉语修辞学〉修订本与原本的比较看王希杰教授修辞学的演进》，《修辞学新视野》，中国文联出版社，2004 年 12 月版。

110.《从计算分析看文艺语体的修辞特征及其修辞基本原则》，《修辞学论文集》（第七集），新华出版社，2005 年 5 月版。

111.《评谭学纯、朱玲〈修辞研究：走出技巧论〉》，核心期刊《福建师范大学学报》2005 年第 2 期。

112.《关于建立言语学的思考》（合作），《言语与言语学研究》，崇文书局，2005 年 8 月版。

113.《话本小说"正话"结构形式及其历史演进的修辞学研究》，《语言研究集刊》（第二辑），上海辞书出版社，2005 年 8 月版。

114.《话本小说"篇首"的结构形式及其历史演进》，核心期刊《云南师范大学学报》2005 年第 4 期。

115.《话本小说"题目"的形式及其历史演进》，《平顶山学院学报》2005 年第 6 期。

116.《话本小说"头回"的结构形式及其历史演进的修辞学研究》，综合类核心期刊《复旦学报》2006 年第 2 期；中国人民大学《中国古代、近代文学研究》2006 年第 7 期全文转载。

117.《论修辞学与语法学、逻辑学及语用学的关系》，《平顶山学院学报》2006 年第 4 期。

118.《汉语外来词音译的四种特殊类型》，《词汇学理论与应用》（三），商务印书馆，2006 年 3 月版。

119.《由汉语词汇的实证统计分析看林语堂从中西文化对比的

角度对中国人思维特点所作的论断》,《跨越与前进——从林语堂研究看文化的相融与相涵国际学术研讨会论文集》,台湾东吴大学,2006年10月版。

120.《八股文篇章结构形式的渊源》,日本京都外国语大学《研究论丛》,2006年(平成十八年七月)第67期。

121.《评朱玲〈文学文体建构论〉》,核心期刊《福建师范大学学报》2007年第1期。

122.《修辞学的科学认知观与中国现代修辞学的发展》,载《继往开来的语言学发展之路:2007学术论坛论文集》,语文出版社,2008年1月版。

123.《八股文"收结文"之"煞尾虚词"类型及其历史演进》,载《修辞学论文集》(第十一集),中国社会科学出版社,2008年4月版。

124.《比喻造词与中国人的思维特点》,综合类核心期刊《复旦学报》(社科版)2008年第2期;《高等学校文科学术文摘》2008年第3期转摘。

125.《〈史记〉史传体篇章结构修辞模式对传奇小说的影响》,核心期刊《福建师范大学学报》2008年第1期。

126.《"用典"的定义及其修辞学研究》,核心期刊《武汉大学学报》(人文科学版)2008年第1期。

127.《段落衔接的修辞策略》,《平顶山学院学报》2008年第4期。

128.《南北朝时代列锦辞格的转型与发展》,《楚雄师范学院学报》(月刊)2009年第8期。

129.《从〈全唐诗〉所存录五代诗的考察看"列锦"辞格发展演进之状况》,核心期刊《湖南科技大学学报》(社科版)2010年第1期。

130.《学术史研究与学科本体研究的延展与深化》,《外国语言文学》(季刊)2010年第1期。

131.《从〈全唐诗〉的考察看盛唐"列锦"辞格的发展演变状

况》，《阜阳师范学院学报》（社科版）2010 年第 1 期。

132.《从〈全唐诗〉所录唐及五代词的考察看"列锦"辞格的发展演进之状况》，《楚雄师范学院学报》（月刊）2010 年第 1 期。

133.《不迷其所同而不失其所异——论黎锦熙先生的汉语修辞学研究》（第一作者），核心期刊《北京师范大学学报》（社科版）2010 年第 5 期。

134.《"列锦"修辞格的源头考索》，核心期刊《长江学术》2010 年第 4 期。

135.《修辞学与汉语史研究》，核心期刊《福建师范大学学报》（哲学社会科学版）2010 年第 4 期。

136.《"列锦"辞格在初唐的发展演进》，《平顶山学院学报》2010 年第 3 期。

137.《还原海峡两岸现代汉语词汇差异的真实面貌》，《楚雄师范学院学报》（月刊）2011 年第 1 期。

138.《艺术语言的创造与语言发展变化的活力动力》，《楚雄师范学院学报》（月刊）2011 年第 5 期。

139.《网络词汇成活率问题的一点思考》（第一作者），核心期刊《江苏大学学报》（社会科学版）2011 年第 3 期。

140.《名词铺排与唐诗创作》，《蜕变与开新——古典文学国际学术研讨会论文集》，台湾东吴大学，2011 年 7 月版。

141.《海峡两岸词汇"同义异序"现象的理据分析兼及"熊猫"与"猫熊"成词的修辞与逻辑理据》，载郑锦全、曾金金主编《二十一世纪初叶两岸四地汉语变迁》，台湾新学林出版社，2011 年 12 月版。

142.《晚唐时代"列锦"辞格的发展演进状况考察》，《平顶山学院学报》2012 年第 1 期。

143.《关于中国修辞学研究走向的几点思考》，《北华大学学报》（社会科学版）2012 年第 1 期。

144.《海峡两岸现代汉语词汇"同义异序"、"同义异构"现象透析》，综合类核心期刊《复旦学报》（社科版）2012 年第 2 期。

145. 《王力先生对汉语修辞格的研究》，核心期刊《北京大学学报》（哲社版）2012年第4期。

146. 《由〈全唐诗〉的考察看中唐"列锦"辞格发展演进之状况》，核心期刊《湖南科技大学学报》（社科版）2012年第4期。